신친일파

신친일파

1판 1쇄 펴낸날 2020년 3월 27일
1판 3쇄 펴낸날 2020년 5월 6일

지은이 호사카 유지
펴낸이 김은정
펴낸곳 봄이아트북스

출판등록 제2019-000142호
주소 경기도 파주시 재두루미길 70 페레그린빌딩 308호.
전화 070-8800-0156
팩스 031-935-0156
ISBN 979-11-90494-85-4 (03340)

• 값은 뒤표지에 있습니다.
• 잘못 만들어진 책은 구입처에서 교환해드립니다.

이 도서의 국립중앙도서관 출판예정도서목록(CIP)은 서지정보유통지원시스템 홈페이지
(http://seoji.nl.go.kr)와 국가자료종합목록 구축시스템(http://kolis-net.nl.go.kr)에서
이용하실 수 있습니다. (CIP제어번호 : CIP2020010897)

신친일파

『반일 종족주의』의 거짓을 파헤친다

2019년 『반일 종족주의』라는 기이한 제목의 책이 우리나라에서
출간되었고, 뒤이어 일본에서도 출간되었다. 그 책의 저자들은 한
국인의 반일적인 '상식'이나 '정서'가 근거 없는 거짓말이라고 하
면서 일본에 대한 '노예근성'을 적나라하게 보여주었다.

　따라서 이 책에서는 그들이 책 『반일 종족주의』를 통해 주장하
는 한국인들의 '상식'이나 '정서' 중 현재 한일 양국이 외교적 갈등
을 빚고 있는 문제들, 즉 일본군 '위안부' 문제, 강제징용 문제, 독
도 문제 등에 대해 집중적으로 다루고자 한다.

　본서는 그들의 주장을 분석해 오류를 지적하고 비판하는 내용
을 담고 있다. 위 문제들에 대해서 그들이 내세우고 있는 주장은
새로운 것이 아니라, 원래 일본 우파의 논리에 자신들의 생각을

더해 저술한 내용이 대부분이기 때문이다.

사실상 『반일 종족주의』라는 책의 주장 중 핵심 부분은 일본 우파의 주장을 그대로 옮겨놓은 것이라고 해도 과언이 아니다. 그렇다면 우선 앞에서 쓴 세 가지 문제에 관해 일본 우파가 주장하는 논리가 언제 어떤 식으로 만들어졌는지를 알아볼 필요가 있다.

그 시작은 1993년 8월 자민당의 미야자와富澤 정권의 관방장관 고노 요헤이河野洋平가 '고노 담화'를 발표한 직후였다. '고노 담화'는 '위안부'가 일본군에 의해 강제적으로 동원되었다는 사실을 인정했다. 그리고 일본군 '위안부' 피해자들에게 사과와 반성의 마음도 표했다.

그러자 자민당 내 극우 세력이 반발하고 나섰다. 그들은 '위안부'가 자발적으로 매춘을 한 여성에 불과하다며, 일본군에 의한 강제연행이나 강제 동원은 없었다고 주장했다. 나아가 '고노 담화' 폐기를 목표로 본격적인 활동을 하기 시작했다.

그 결과 자민당 내에 '역사검토위원회'가 결성되었고, 우파 논객들을 강사로 초빙해 모임을 지속해서 가졌다. 그러면서 자민당 내에 극우 세력이 대두하기 시작했다.

그로부터 2년이 지난 1995년 8월 15일, 일본 정부는 '종전 50주년'을 맞이해 '무라야마 담화'를 발표했다. '무라야마 담화'는 일본의 침략 전쟁과 과거 식민지 지배에 대해 당시 무라야마 도미이치村山富市 총리가 세계 앞에 사과하는 내용을 담고 있었다. 그런데 이에 대해서도 자민당 내 극우 세력이 강하게 반발했다.

일본 우파의 최종적인 목표는 '고노 담화'와 '무라야마 담화'를 부정하는 데 있었다. 그 목표를 달성하기 위해 그들은 후지오카 노부카쓰藤岡信勝 교수 등이 내세운 '자유주의 사관'을 도입했다.

'자유주의 사관' 학설이란 일본이 침략 전쟁을 일으킨 것이 아니라, 아시아를 백인 지배에서 해방시킨 '해방 전쟁'을 수행한 것이라고 주장한다. 또한 난징 대학살이나 '위안부' 강제연행을 부정하며, 일본이 아시아 국가들을 식민지배하면서 근대화시켰다고 강변한다. 그뿐만이 아니라 일본의 과거를 사죄하는 태도를 '자학 사관'적 태도라고 매도하면서, 일본의 사과 외교는 일본의 진보 세력에 의해 만들어진 정치적 행위라고 주장한다.

1993년 '고노 담화'를 발표한 이후 자민당은 호소카와細川 내각에 정권을 넘겨주고 말았다. 창당 이래 무려 38년 동안 여당의 지위를 유지했던 자민당이 야당으로 전락한 것이다. 이와 같은 현상이 자민당 내 우파의 위기감을 자극해 우파의 논리 구축을 촉진시킨 결과 '자유주의 사관'을 도입하게 되었다.

이는 1997년 '새역사교과서를 만드는 모임'과 극우 단체 '일본회의' 결성으로 이어졌고, 일본 내에서 역사 왜곡을 심화시키는 주체적 역할을 해나갔다. 그들은 또한 틈만 나면 '좌경화된 일본인의 의식을 바꾸어 놓아야 한다'고 목소리를 높였다.

그런데 1998년 한국에서 김대중 정권이 성립된 이후, 한국 내에서도 일본과 비슷한 현상이 일어났다. 바로 진보 세력에 대항하는 '뉴라이트'의 등장이다. 한국의 '뉴라이트'는 2000년경에 등장했는데, 일본과의 유사점은 한국 내 보수 우익이 1998년 정권을 상실한 것을 계기로, 정권 재창출을 위해 보수 우익의 논리를 추구한다는 데 있다.

2005년 11월 8일에 뉴라이트 전국연합이 발족되었다. 이때 주최 측은 "역사에 대한 보복 정치로 대한민국의 가능성과 장래성이 소진되는 모습을 더 이상 좌시할 수 없다. 대한민국은 새로운 비전으로 무장하고 이를 실천할 수 있는 선진화 세력이 주도해야 한다. 건전한 우파의 가치를 일상적이고 전국적으로 국민에게 확산시켜야 한다"라고 천명했다.

이어서 2006년 안병직 서울대 명예교수가 뉴라이트재단을 창립해 초대이사장으로 취임했다. 이런 일련의 움직임은 뉴라이트의 가치관이 한국 진보 세력의 역사관에 대항하기 위해 만들어진 것이고, 결국은 보수 정권의 재창출을 목표로 했음을 보여준다.

『반일 종족주의』의 대표 저자 이영훈 낙성대경제연구소 이사장은 안병직 명예교수 등과 함께 조선시대부터 현대에 이르는 한국 경제사를 연구해왔다고 한다. 일제강점기 조선 경제를 연구한 것으로 알려진 그는 소위 '식민지 근대화론자'인 셈이다. 특히 그는 "일제강점기 한국이 땅과 식량을 수탈당했다는 한국사 교과서의 저술은 왜곡된 것"이라고 주장하며, "한국인들이 식민지 시대를 아는 집단적 기억은 상당 부분 만들어진 것이고 교육받은 것"이라고 주장해왔다.

본서에서는 그들의 정치적 색깔을 문제시하는 것이 아니라, 그들의 논리와 주장을 문제로 삼았다. 본서는 특히 강제징용 문제, 일본군 '위안부' 문제, 독도 문제 등에 관한 그들의 논리가 매우 잘못되었음을 입증해 나간다.

한국인들의 집단적 기억을 반일적이면서 거짓이라고 보는 그들의 시각은 극히 일부분에서는 맞기도 하지만, 전혀 맞지 않으면서 일본에 대한 '노예근성'을 되풀이해서 보여주는 내용이 대부분이다. 그런 점들을 입증하는 것이 본서의 목적으로, 정치적 논리를 떠나서 오로지 역사적 진실을 부각하는 데 주력했다.

이 책이 출간되기까지 격려를 아끼지 않은 많은 분께 감사의 말씀 드리며, 독자 여러분들께는 많은 관심과 지도·편달을 부탁드리고자 한다.

2020년 봄 호사카 유지

차례

제1부 강제징용 문제에서 드러난 '노예근성'

책 『반일 종족주의』의 정체

한국의 '거짓말 문화'와 『반일 종족주의』 저자들의 '노예근성'

"한국의 거짓말 문화는 국제적으로 널리 잘 알려진 사실입니다." "거짓말과 사기가 난무하니 사회적 신뢰의 수준은 점점 낮아지는 추세입니다." "이 나라의 역사학이나 사회학은 거짓말의 온상입니다." "어떤 사람이 거짓말을 하는 것은 지적 분별력이 낮고, 그에 대한 수치심이 없는 가운데 거짓말의 수익이 크기 때문입니다." "거짓말의 문화·정치·학문·재판은 이 나라를 파멸로 이끌 것입니다."

이는 『반일 종족주의』를 집필한 저자들의 대표 이영훈 낙성대경제연구소 이사장(이하 이영훈)이 그 책의 프롤로그 '거짓말의 나라'에 쓴 글의 일부를 발췌한 것이다. 한국의 모든 분야에 거짓말이 만연되어 있어서, 그것이 한국을 파멸로 이끌고 있다는 위기의식이 자신으로 하여금 『반일 종족주의』를 집필하게 한 것이라고 그는 강변했다.

이영훈은 책머리에서 다음과 같이 주장했다.

> 우리는 학문을 직업으로 하는 연구자로서 그러한 국익 우선주의에 동의하지 않습니다. 국익을 위해서 잘못된 주장을 고집하거나 옹호하는 일은 학문의 세계에선 용납될 수 없다고 생각합니다. 그러한 자세는 결국 국익마저 크게 해칠 것입니다.[1]

그런데 한국의 거짓말 문화에 그토록 위기의식을 갖고 잘못된 주장에는 동의하지 않는다는 이영훈이, 왜 자신의 글에는 문제의 핵심 부분을 싹 빼고 은폐를 일삼는 것일까? 이것이야말로 그의 '노예근성'의 발로가 아닌가. 따라서 본서에서는 이영훈을 비롯한 『반일 종족주의』 공동 저자들, 특히 이우연, 주익종 등이 은폐하거나 왜곡한 내용을 누구나 이해할 수 있도록 공개한다.

세월호 진상규명이 끝났다고 우기는 이영훈

『반일 종족주의』라는 책의 프롤로그를 읽어보면 이영훈의 사회적 인식에 문제가 있음을 금방 알 수 있다. 그는 세월호의 진상 규명이 모두 끝났다며 다음과 같이 강변했다.

> 그 거짓말의 행진은 지금까지도 이어지고 있습니다. 얼마 전 광화문에 나갔더니 세월호를 추모하는 노란색 천막이 아직도 쳐 있는 가운데 "왜 안 구했나"라는 플래카드가 걸려 있었습니다. 벌써 몇 년입니까. 5년이 지나지 않았습니까. 진상은 다 밝혀지지 않았습니까. 그런데 아직도 "왜 안 구했나"라니요.[2]

이영훈은 위와 같이 끝까지 세월호 사건의 진상을 규명하려는 시민들을 비난한다. 세월호 사건의 진상이 모두 규명되었다면서 말이다. 하지만 2019년 11월에도, 세월호 사건 당시 중태에 빠진 고등학생을 헬기에 태워서 병원으로 빨리 이송하라는 의사의 지시를 무시한 채 헬기에 학생 대신 해경 간부를 태우고 사고 현장을 떠나는 바람에 결국 학생은 숨진 것으로 조사 보도되었다.

이 사건은 특조위가 진상 규명을 경찰에 의뢰했다. 이런 사건들이 지금도 계속 터지는데 이영훈은 왜 세월호 사건이 다 해결되었다고 우기는 것일까? 혹시 인식 능력에 문제가 있는 것은 아닌지 모른다.

　박근혜 정부 시절, 새누리당이 지명해서 '세월호 특별조사 위원회 1기'에 참여했던 황전원 위원이 진상 규명을 방해했던 사실을 인정하고 2018년 5월 공개 사과한 사건이 있었다. 그는 세월호 참사를 조사하는 것이 '세금 낭비'라고 주장했던 것과, 박 전 대통령의 세월호 7시간 의혹 조사를 막으려고 했던 것 등이 모두 잘못이었음을 인정했다.

　그는 2018년 5월, 자유한국당 지명으로 '사회적 참사 특조위'에 참여했다. 황 위원은 자신의 과거 행적에 대해 공개 사과를 한 뒤, 이번 특조위에서 독립성을 침해하거나 진상조사를 방해하면 바로 사퇴하겠다는 서약도 했다.

　이런 상황으로 미루어 보았을 때 세월호의 진상 규명은 아직 멀었다. 이영훈은 그런데 왜 세월호 사건의 진상이 다 밝혀졌다고 주장하는 것일까? 그의 세월호 사건에 대한 인식이 이렇게 깊이가 없다면, 그가 연구하는 학문적 깊이도 기대하기가 어렵다.

일본군 '위안부'의 증언을 부정하는 이영훈

이영훈은 한국의 역사학이나 사회학이 거짓말의 온상이라고 주장한다. 그러면서 일본군 '위안부' 문제에 관한 증언들을 다음과 같이 비판했다.

> 거짓말의 행진은 일본군 위안부 문제에 이르러 절정에 달했습니다.
> 헌병과 경찰이 길거리의 처녀를 납치하거나 빨래터의 아낙네를 연
> 행하여 위안소로 끌어갔다는 통념은 단 한 건의 사례도 확인되지
> 않는 새빨간 거짓말이었습니다.[3]

이영훈은 '헌병과 경찰이 길거리의 처녀를 납치했다'는 등의 주
장을 새빨간 거짓말이라고 우기고 있지만, 일본군 '위안부' 피해자
인 문옥주 씨는 대구에서 조선인 헌병과 일본인 헌병에게 납치되
어 만주 동안성의 위안소로 끌려갔다고 증언했다. 그러니까 이영
훈은 일본 측의 논리를 그대로 가져와 피해 당사자의 증언마저도
거짓말이라고 주장하고 있는 셈이다.

한편, 당시 만주의 관동군이 업자들을 고용하지 않고 관동군 안
에 조선인 남녀를 연행해오는 부대를 구성해 직접 운영했다는 구
관동군 중사의 증언이 최근 일본에서 공표되었다. 그렇다면 관동
군에 의한 '위안부' 강제연행은 이것만으로도 사실임이 증명된다.
다만 이 증언에 대한 사항은 '위안부' 문제를 거론하면서 자세하게
다루도록 하겠다.

스스로 학자라는 사람이 왜 '위안부'들의 증언을 단순한 거짓말
로 일축하려는 것일까? 그것은 학자가 취해야 할 올바른 태도가

아니다. 어떠한 사실과 맞닥뜨리기 전부터 한쪽에 치우친 선입견을 갖고 있거나, 불순한 목적을 숨기고 있는 것으로 보일 수 있다.

판결이 거짓이라고 우기는 이영훈

이영훈은 2018년 10월 말 확정된 강제징용 한국인 피해자에 대한 한국 대법원의 승소 판결 역시 거짓말이라고 주장했다. 이는 일본 우파의 주장보다 훨씬 더 편협하다. 일본 우파는 1965년 한일 청구권 협정에서 다 끝난 것을 뒤집은 이상한 판결이라고 했을 뿐, 거짓 판결이라는 말은 하지 않았다. 아베 정권 또한 한국 법원의 판결은 존중하지만 1965년에 모두 끝난 일이므로 한국 정부가 책임을 지고 해결해달라고 주장한 것이지, 거짓 판결이라고까지는 주장하지 않았다.

아베 총리가 "한국은 나라 대 나라의 약속을 어겼다. 한국은 국제법을 위반했다"라고 하는 것도 한국 대법원의 판결에 대해서라기보다, 한국 정부가 판결 처리에 대한 해결책을 제시하지 않는 상태를 지적한 말이다. 그런데도 이영훈은 판결 자체가 거짓말이라고 주장했다.

『반일 종족주의』 일본판이 이미 일본에서 출간되었다. 일본인들이 그 책을 읽고 어떤 생각을 하게 될 것인지에 대해 이영훈은 걱정도 하지 않는 모양이다. 그는 어느 나라 사람이란 말인가.

필자가 분석한 결과, 특히 이영훈과 이우연 낙성대경제연구소 연구원의 글에는 큰 결함과 왜곡과 은폐 등이 다수 발견되었다. '노예근성'으로 가득 찬 잘못된 주장을 대중을 향해 펼치는 것은 정말 위험하다.

성병을 앓고 있는 환자가 자신이 성병 보균자라는 사실을 모른 채 성관계를 하면 그 피해는 시간이 흐를수록 점점 확산되어 많은 피해자를 양산하게 된다. 하지만 스스로 병을 인지하지 못한 상태에서 벌어진 일이기 때문에 비난할 명분이 크게 약화된다.

그런데 자신이 성병 보균자라는 사실을 알고 있으면서도 그 사실을 숨긴 채 불특정 다수와 성관계를 가졌다면 상황은 정반대가 된다. 어떤 이유로도 용서될 수 없는 명백한 범죄일 뿐만 아니라, 재론의 여지 없는 '악마' 그 자체라고 할 수 있기 때문이다. 사람들이 생각하는 이영훈이나 이우연은 과연 어느 부류에 속해 있는지 자못 궁금해진다.

이영훈은 은폐와 왜곡이 많은 내용을 자신이 생각하는 방식에 따라 주장하고 단정하는 버릇이 있는 듯하다. 이렇게 강하고 단정적인 주장을 접하게 되면 어떤 일에 대해 자세한 내용을 모르는 사람의 경우, 자신도 모르는 사이에 그 말을 믿는 경향이 있다. 그토록 단정적으로 말하는 데는 그럴 만한 이유가 있을 거라고 생각하면서 속아 넘어가게 된다.

이영훈은 또한 어떤 말을 서술할 때 사실의 일부분만을 떼어내 자신의 주장과 연결고리를 만들어 읽는 이들로 하여금 믿게 만드는 사람이라는 생각이 든다. 진실을 파악하기 위해 필요한 사실 100가지 중에서 그가 인용하거나 차용하는 비율은 20~30가지에 불과하며, 나머지 절대다수의 진실은 은폐하거나 왜곡하는 수법을 쓰고 있는 것으로 보인다.

그는 또한 자신이 사람들에게 말한 20~30가지 중에 논리성을 만들어 그것이 마치 100가지 사실 전체인 것처럼 오해하게 만든다. 따라서 이영훈이나 이우연의 논리는 나머지 70가지 중 몇 가지 사실만 증거로 제시해도 쉽게 붕괴될 수 있다. 자신을 따르는 극소수 신봉자에게나 통하는 논리를 일반 대중에게 주장하는 셈이다.

2018년 10월 한국 대법원 판결에 대해서도 이영훈은 원고 4명 중 2명의 이야기 일부만을 소개하며 다음과 같이 말했다.

> 일본제철은 월급의 대부분을 강제저축하고 기숙사 사감에게 통장과 도장을 보관케 했는데, 그 사감이 끝내 돈을 돌려주지 않았다는 겁니다. 그것이 원고가 입었다고 주장하는 피해의 기본 내용입니다.[4]

이영훈의 판결에 대한 이해는 원고들이 '미수금이나 미불금을 받지 못했다는 것이 그들이 주장하는 피해'라는 데 있다. 그리고 이영훈은 재판 과정에서 기숙사 사감을 조사하지도 않았고, 거짓 말일 가능성이 있는 원고들의 말을 검증하지 않았기 때문에 이 재판이 무효라고 주장한다.[5]

따라서 사건에 대한 전후 사정을 잘 모르는 사람이 이영훈의 말을 들으면 믿게 될 가능성이 있다. 어쩌면 그런 의도를 갖고 쓴 글일 수도 있다는 생각이 들기도 한다.

여기에서 이영훈은 '미불금이나 미수금의 문제가 재판의 본질'이라는 큰 거짓말을 했다. 원고가 받지 못했다고 하는 통장이나 미불금, 미수금이 이번 재판의 쟁점이 아니기 때문이다. 이영훈은 그것을 알면서 쟁점을 흐리게 만들었을 수도 있다. 그런 것이 아니라면 강제 징용자 판결에 관해 잘 모르는 상태에서 적당하게 자기주장을 쓴 셈이다. 이영훈은 한국에 거짓말 문화가 있다고 했지만, 실제로는 자신이 거짓말 문화를 조성하고 있는지 모른다.

우선 이번 재판은 임금을 받지 못했다는 소위 미불금, 미수금의 문제가 아니다. 미불금, 미수금외 지급 문제는 1965년 청구권 협정에서 모두 끝난 문제이므로, 2018년 10월의 판결로 한국 대법원은 미수금이나 미불금을 문제 삼지 않았다. 원고들도 마찬가지였다. 결국 이영훈의 판결에 대한 이해는 처음부터 잘못되어 있다. 혹은 알면서도 독자를 속였을 가능성이 있다.

다음은 한국 대법원의 이 사건에 대한 확정판결문의 주요 부분이다.

> 우선 이 사건에서 문제 되는 원고들의 손해배상 청구권은, 일본 정부의 한반도에 대한 불법적인 식민지배 및 침략 전쟁의 수행과 직결된 일본 기업의 반인도적인 불법 행위를 전제로 하는 강제 동원 피해자의 일본 기업에 대한 위자료 청구권이라는 점을 분명히 해두어야 한다. 원고들은 피고를 상대로 미지급 임금이나 보상금을 청구하고 있는 것이 아니고, 위와 같은 위자료를 청구하고 있는 것이다.[6)]

위 판결문에서 알 수 있듯이 강제징용 피해자들은 전범 기업 일본제철을 상대로 미지급 임금이나 보상금을 청구한 것이 아니라 불법 행위에 대한 위자료(배상금)를 청구한 것이었다. 하지만 이영훈은 그와 같은 사실을 왜곡해 이 재판의 본질을 미지급, 미수금 임금 문제로 바꾸어 놓았다. 매우 심각한 왜곡이 아닐 수 없다. 과연 누가 진실과 국가의 존엄을 훼손하고 있는지 가늠할 수 있는 대목이다.

독자들의 이해를 돕기 위해 원고들이 호소한 피해를 확인할 필요가 있는데, 이는 대법원 판결문(4~6쪽)에 걸쳐 명시되어 있으며, 그 내용을 정리하면 다음과 같다.

(1) 구 일본제철이 1943년경 평양에서 오사카제철소의 공원 모집 광고를 냈는데, 그 광고에는 오사카제철소에서 2년간 훈련을 받으면 기술을 습득할 수 있고 훈련 종료 후 한반도의 제철소에서 기술자로 취직할 수 있다고 기재되어 있었다. 이에 2명이 응모하여 오사카로 갔다.

(2) 2명은 화로에 석탄을 넣고 깨뜨려서 뒤섞거나 철 파이프 속으로 들어가 석탄 찌꺼기를 제거하는 등 화상의 우려가 있는, 매우 위험하지만 기술 습득과는 별 관계가 없는 고된 노역에 종사했다. 그러므로 2명이 원했던 기술 습득이라는 기업 측 약속은 지켜지지 않았다.

(3) 제공되는 식사의 양이 매우 적었고, 경찰이 들러 감시하거나 기숙사에서도 감시하는 사람이 있었다. 원고 중 1명은 도망치려다가 발각되어 사감으로부터 구타당하고 처벌받았다. 일종의 노예 상태에 놓여 있었던 것이다.

(4) 2명은 강제로 저금통장을 만들어야 했고 사감이 통장과 도장을 관리했는데 끝내 그 통장과 도장을 돌려받지 못했다.

(5) 일본은 1944년 2월경부터 훈련공들을 강제로 징용했고, 이후 아무런 대가도 지급하지 않았다. 1945년 3월경 오사카제철소가 미군의 공습으로 파괴된 후 6월경 2명은 함경도 청진에 있는 제철소로 이동 배치되었다.

(6) 사감도 청진으로 함께 갔으나 그 후에도 그는 통장과 도장을 2

명에게 돌려주지 않았다.

(7) 2명은 청진에서 하루 12시간 공장 건설을 위한 토목공사를 했지만, 임금을 전혀 받지 못했다. 1945년 8월 청진공장이 소련군의 공격으로 파괴되자 2명은 서울로 도망쳤고 거기서 일제로부터 해방된 사실을 알게 되었다.

이상은 원고 여운택(2013년 작고) 씨와 신천수 씨의 피해 사실이다. 당시 조선인 노동자들에게 강제로 저축을 시키고 만기 퇴직 시가 아니면 통장을 돌려주지 않는 것이 기업들의 방침이었다. 도주방지용이었고 은행의 예금고를 높이기 위해서이기도 했다. 그러므로 도주하거나 중도 퇴직하면 저금을 돌려받지 못했는데, 패전에 의해서도 마찬가지였다. 기업들이 일본인 노동자에게는 통장과 도장을 본인 보관으로 했고 중도 퇴직 시 강제저축도 모두 돌려주었으니, 조선인에 대한 분명한 차별대우였다.

원고 이춘식 씨의 피해 사실은 다음과 같다.

(1) 1941년 이춘식 씨는 대전시장의 추천으로 보국대로 동원되었고, 구 일본제철의 모집 담당관 인솔로 일본으로 건너가 일본 동북 지방 이와테(岩手)현 소재 구 일본제철의 가마이시(釜石)제철소에서 일했다.

(2) 그는 코크스를 용광로에 넣고 용광로에서 철이 나오면 다시 가

마에 넣는 등의 노역에 종사했다.

(3) 원고는 심한 먼지로 어려움을 겪었고, 용광로에서 나오는 불순물에 걸려 넘어지면서 배를 다쳐 3개월간 입원하기도 했다. 임금은 저축해준다는 말을 들었지만, 전혀 돌려받지 못했다.

(4) 일본 헌병들이 보름에 한 번씩 와서 인원을 점검했고, 일을 나가지 않는 사람들에게는 꾀를 부린다며 발길질하기도 했다.

(5) 원고는 1944년 징병되어 군사훈련을 마친 후 고베에 있는 부대에 배치되었고, 미군포로 감시원으로 근무하다가 해방이 되어 귀국했다.

이춘식 씨가 동원된 곳은 보국대였는데, 보국대는 동원 기간 자체가 원래 짧아서 길어야 3개월이었다. 그러니 이춘식 씨는 일본 내에서 다시 현지 징용된 것으로 보인다.

원고 김규수 씨는 다음과 같이 피해 사실을 밝혔다.

(1) 원고는 1943년 1월경 현재의 군산시 지시로 모집되어 구 일본제철의 인솔자를 따라 일본으로 건너가 규슈 후쿠오카(福岡)현 소재 야하타(八幡)제철소에서 일했다.

(2) 원고는 거기서 각종 원료와 생산품을 운송하는 선로의 신호소에 배치되어 선로를 전환하는 포인트 조작과, 열차의 탈선 방지를 위한 포인트의 오염물 제거 등의 노역에 종사했다.

(3) 원고는 도주하다가 발각되어 약 7일 동안 심한 구타를 당했고 식사를 제공받지 못하기도 했다. 일하는 동안 일체의 휴가나 개인 행동을 허락받지 못했다.

(4) 임금은 전혀 지급받지 못했다. 일본 패전 후 귀국하라는 구 일본제철의 지시를 받고 고향으로 돌아오게 되었다.

이상과 같이 원고 4명의 피해는 개별적으로 다소간의 차이는 있지만, 다음과 같은 공통점이 있다. 첫째는 헌병이나 경찰의 감시에 시달리면서 일하지 않거나 도망치다 잡히면 심한 폭행을 당했고, 휴가 등의 자유가 제한되는 등 사실상 노예 상태에 있었다. 둘째는 고된 노역으로 위험에 노출되었고, 크게 다친 사람이 있었다. 셋째는 강제로 저축한 돈을 돌려받지 못했거나 임금 자체를 받지 못했다.

이와 같은 내용은 일본 법원의 재판 과정에서도 사실로 확인된 것들이다. 따라서 원고들이 거짓말했을 가능성이 있다는 이영훈의 말 자체가 문제적 발언이라 하지 않을 수 없다.

원고 중 여운택 씨와 신천수 씨는 원래 일본 측에 소송을 제기했다. 그러나 일본의 오사카지방재판소는 1941~1943년 구 일본제철에서 강제 노역한 두 사람이 낸 손해배상 청구소송에서 두 사람의 피해를 인정하면서도 "구 일본제철의 채무를 신 일본제철이 승계했다고 볼 수 없다"며 원고 패소 판결을 내렸다. 이 판결은 또한 2003년 10월 일본 최고재판소(대법원)에서 그대로 확정되었다. 그래서 원고들은 2006년 한국 법원에 다시 제소한 것이다.

여기에서 중요한 점은 일본의 지방법원에서부터 최고재판소까지 모두 원고들의 피해 주장을 부정하지 않았다는 사실이다. 따라서 원고들의 정신적·육체적 피해 사실을 확인할 수 없다는 식으로 비판하는 이영훈의 말에는 심각한 문제가 있다. 또한 원고들은 일본 측의 불법 행위에 대해 배상을 위자료로 청구한 것이지, 이영훈이 주장한 것처럼 받지 못한 저금이나 미불 임금 지급을 요구하면서 제소한 것이 아니다.

그런데도 이영훈은 이 재판이 사감과 원고 사이의 문제이니 사감을 조사해야 하는데, 사감은 사망했으니 재판 자체가 성립되지 않는다고 주장했다. 원고들은 사감을 고소한 것이 아니라 일본제철을 고소한 것이고, 사감의 일은 내용 중 일부에 불과한데도 이영훈은 이 재판을 원고가 마치 사감을 고소한 사건인 것처럼 태연하게 왜곡했다. 하지만 재판의 내용을 모르는 사람들이 이영훈의 단정적인 글을 읽으면 그의 말에 현혹될 우려가 매우 크다.

영화 『엑소시스트The Exorcist』(1973)에서 악마와 사투를 벌인 신부가 남긴 "악마가 하는 말에 귀를 기울이면 안 된다. 악마는 거짓말에 교묘히 진실을 섞는다"라는 말을 떠올리게 한다. 현대의 '악마'는 사람들을 속이기 위해 하는 '말' 속에 존재한다. 따라서 오늘날을 살아가는 우리는 어떤 말이 '악마'의 속삭임인지를 분별할 수 있는 스스로의 안목과 지혜를 키워야 한다.

이영훈 등이 주장하는 '반일 종족주의'의 정체

이영훈은 '반일 종족주의'에 대해 이야기하면서 먼저 "어떤 사람이 거짓말을 하는 것은 지적 분별력이 낮고, 그에 대한 수치심이 없는 가운데 거짓말의 수익이 크기 때문"[7]이라고 주장했다. 그리고 사회가 거짓말에 관대하면 그러한 현상이 집단 문화가 되는데 그 저변에 물질주의가 흐르고 있다[8]고 주장한다. 또한 이영훈은 "더 장기적이고 거시적인 시야에서 물질주의 근원을 추구해 들어가면 한국의 역사와 함께 오래된 샤머니즘을 만나게 됩니다"[9]라고 다소 이해하기 힘든 이야기를 늘어놓는다.

그의 주장은 사회가 거짓말에 관대하면 그 저변에는 물질주의가 자리 잡고 있고, 그 뿌리는 샤머니즘이라는 데 있는 것 같다.

그런데 필자가 『반일 종족주의』를 꼼꼼히 읽어본 결과 이 책 자체가 물질주의나 물질만능주의, 바꾸어 말하자면 배금주의적 개념을 토대로 쓰여 있다는 사실을 알 수 있었다.

이영훈이 힘을 줘서 쓴 '일본군 위안부' 부분만 해도 그는 "전쟁은 돈과 섹스로 흥청거리는 후방의 지원으로 치러졌"고, "그 시장에서 채무노예로 침전한 여인들이 없지 않았지만 침소봉대해서는 곤란"[10]하다고 강변한다. 게다가 그는 "직업으로서의 위안업은 어디까지나 위안부 개인의 영업이었으며, 수익이 발생하지 않는다면 애당초 성립하기 힘든 시장"[11]이었다고 주장해 '위안부'의 주된 성립 요인으로 돈을 꼽았다.

즉 '위안부'들이 대부분 돈을 벌기 위해 스스로 '위안부'가 되었다고 주장하고 있는 것이다. 취업 사기로 끌려간 여성이나 채무노예가 된 여성들의 사례는 그의 생각으로는 아무것도 아닌 것이다. 이런 주장은 그가 비판하는 물질주의·배금주의를 배경으로 나올수 있는 견해다. 이를 부연해 설명하자면 인간은 돈을 위해서라면 어떤 위험도 감수하며 그 어떤 일이라도 한다는 것이 이영훈의 기본적 사고방식으로 읽힌다. 이영훈은 물질주의를 비판하면서 자신의 발상 자체가 물질주의·배금주의라는 점을 모르고 있는 듯싶다.

그리고 그는 자신을 '역사가'[12]라고 책 속에서 자칭했지만, 그의 전공은 경제학이었다. 따라서 그를 기본적으로는 경제학자로 볼수밖에 없다. 결국 경제학자가 물질주의와 배금주의 의식에 빠져 책을 쓴다면 독자들을 잘못된 생각에 빠뜨릴 우려가 있다.

이영훈이 자신을 '역사가'라고 소개한 이유가 경제학을 역사적으로 공부했다는 뜻인지는 모르겠지만, 자신을 경제학자라고 말한 문장을 그 책에서는 발견하지 못했다. 그가 왜 이 책에서 자신을 경제학자라고 말하지 않고 역사가라고 했는지 이해하기 어렵다. 어쩌면 그는 자신의 전공까지 숨기면서 '한국의 거짓말하는 역사'를 가장 잘 아는 사람으로 자신을 부각해, 한국의 역사학을 바로잡는 적임자임을 자칭하고 싶었는지도 모른다.

네이버의 인물 정보에 따르면 이영훈은 서울대학교에서 학사부터 박사까지 경제학을 전공했고, 이후 한신대·성균관대·서울대 등에서 경제학과 교수를 역임했다. 그리고 각종 경제연구소의 임원을 역임했으며, 현재는 낙성대경제연구소의 이사장이다. 역사학과 관련 있는 것으로 보이는 경력은 2003년부터 2년간 한국고문서학회 회장을 지낸 경력 정도이다.[13]

한편, 이영훈이 말하는 샤머니즘, 종족주의가 무엇을 의미하는지 일단 알아볼 필요가 있다. 그는 "샤머니즘의 세계에는 선과 악을 심판하는 절대자 신은 없"[14]다면서 "샤머니즘의 현실은 벌거벗은 물질주의와 육체주의"[15]라고 주장한다. 하지만 이 주장도 이해하기 어렵다. '반일 종족주의'라는 말을 억지로 만들기 위한 억지 논리로밖에 보이지 않는다.

샤머니즘이라고 하면 필자는 일본의 신도神道와 신사神社, 그리고 한국의 무당을 떠올리게 된다. 이영훈은 아마도 한국의 무당 문화를 염두에 두고 이야기한 듯싶다. 무당을 찾는 사람들은 그 자신 또는 가정의 행복을 기원하거나 어떤 위험을 피하기 위한 목적을 갖는 경우가 대부분이다.

이는 기복신앙적인 목적이므로 물질주의와 직결되기 쉽다. 그러나 물질주의보다 좀 더 넓은 개념으로, 현세에서의 성공이나 위험의 회피라고도 할 수 있다. 일본의 신도나 신사참배도 마찬가지다. 일본의 신도 사상에는 전생이나 내세가 없으므로 오로지 현세에서의 성공을 중시하는 사상을 중심으로 삼고 있다. 그리고 샤머니즘이란 자신이나 가족, 혹은 공동체에서 행사를 할 때 그 공동체, 즉 이영훈이 말하는 '종족'의 성공을 위한 샤머니즘적 행사를 뜻한다고 할 수 있다.

그런데 이영훈은 이어서 "종족은 이웃을 악의 종족으로 감각"[16] 한다는 일방적이고 상당히 왜곡된 이야기를 한다. 모든 종족이 이웃과 대립하는 것이 아닌데도 말이다. 인류학자에 의하면 아프리카의 부족(종족)들은 혈연과 토지를 중심으로 형성되었지만, 그들이 평화적으로 서로 합체되어 보다 큰 민족으로 성장한 사례가 많다. 그러므로 종족이 이웃 종족을 적으로 간주한다는 말은 이영훈이 만들어낸 일방적인 주장에 불과하다. 이영훈이 말한 내용을 수정해 정확히 말한다면 다음과 같을 것이다.

"종족이 이웃을 적으로 간주할 때에는 이유가 있다. 이웃이 자신들에게 잘못된 행동을 했는데도 이웃이 그 사실을 계속 인정하지 않을 때, 그 종족이나 민족은 이웃에 적대적인 감정을 갖는다. 혹은 종족 내부에서 이웃에 대한 왜곡된 교육이 실시되고 이웃을 적으로 간주하라고 가르친다면 종족 구성원들은 이웃을 적으로 간주하기 시작한다."

한마디로 이영훈 등이 말하고 싶은 부분이 바로 한국 안에서 이루어진다고 그들이 말하는 '반일 교육'이다. 그러나 여기서 중요한 것은 반일 교육이든 반일 감정을 억제하기 위한 논리든 간에 본질적 문제는 거짓말을 동원해도 되느냐는 문제다.

이영훈은 종족적 특징으로 이웃에 대한 적대 감정이 일어난다고 하는데 앞에서 소개했듯이 실제로는 그렇지 않은 사례가 많다. 종족이 이웃에 적대 감정을 갖는 원인은 이웃이 저지른 갖가지 범죄 행위 때문일 텐데 이영훈은 그런 메커니즘에 대해서는 눈감아 버리는 치명적인 단점이 있다. 그러므로 이영훈은 샤머니즘이나 종족이 "객관적 논변이 허용되지 않은 불변의 적대 감정"[17]을 갖고 이웃과 대립하여 "거짓말이 선으로서 장려"[18]되고 "거짓말은 종족을 결속하는 토템으로 역할"[19]을 한다고 하는데, 그런 이야기는 그의 창작에 불과하다. 종족이나 민족이 이웃에 적대 감정을 갖게 한 원인을 제공한 이웃의 행위에 대해서 이영훈은 철저하게 침묵한다.

물론 일본은 자신들의 범죄행위를 잘 가려주는 논리를 크게 환영한다. 이와 같은 영향 때문인지 2020년 1월 출간된 일본어판 『반일 종족주의』는 판매 부수가 38만 부를 돌파했다고 한다. 일본인들은 한국인 스스로가 '노예근성'으로 한국을 폄하시켰다고 크게 환영한 것이다.

한국인의 정신문화는 이런 샤머니즘, 즉 '반일 종족주의'에 긴박

되어 있다[20]고 이영훈은 호소한다. 그리고 '반일 종족주의'를 안고 간다면 한국은 "선진화는커녕 후진화할 것"[21]이라면서 "거짓말의 문화·정치·학문·재판은 이 나라를 파멸로 이끌 것"[22]이므로 위기의식을 가져야 한다고 호소한다.

그런데 이영훈의 논리에는 자신이 '거짓말'로 간주한 것들을 공격하기 위한 또 다른 허위나 은폐가 너무나 많이 동원되었다.

이영훈이 말한 내용, 즉 "종족은 이웃을 악의 종족으로 감각"한다는 것은 잘못된 인식이다. 종족 모두가 이웃을 적으로 본다는 것은 말이 되지 않기 때문이다. 그러므로 그가 쓴 책 『반일 종족주의』는 전제 자체가 잘못되어 있다고 할 수밖에 없다.

또한 한국인의 정신문화를 '반일 종족주의'라고 폄하하는 이영훈의 논리는 일본 극우세력에게 면죄부를 주는 '이적행위'와도 같다. 필자는 '노예근성'을 되풀이하는 이영훈의 논리와 글이 한국을 파멸로 이끌 수도 있다는 우려스러움을 떨쳐낼 수가 없다. 필자는 그 우려스러움을 확실히 해결하기 위해 본서를 썼다. 독자 여러분은 본서를 통해 거짓에 사실을 섞어 사람을 속이고 나라를 파멸로 몰아가려는 악마가 있다면 그 본질이 무엇인지를 알게 될 것이다.

강제징용 문제에서
드러난 '노예근성'

.

제1장

조선인들이 강제연행된 일본 탄광의 실상

이우연 낙성대경제연구소 연구원(이하 이우연)을 비롯하여 일제강점기 조선인 강제연행을 부정하는 사람들의 논리는, 2000년을 기점으로 일본 우파가 주장하기 시작한 논리와 핵심 부분이 거의 흡사하다. 그 논리란 '조선인들이 자발적으로 일본으로 갔다', '임금차별은 없었다', '일부러 조선인을 어려운 노동에 배치하는 등의 민족차별은 없었다', '식사 등의 차별은 없었다' 등이다.

일본 우파의 논리적 목적은 1939년 9월부터 시작된 전시 조선인 동원 체제에서 주로 일본 내 탄광으로 연행된 조선인들이 일본인 노동자와 똑같은 대우나 더 좋은 대우를 받았다는 것을 주장하는 데 있다. 이우연 등 소위 '강제연행설 허구론자'들은 이런 일본 우파의 논리를 수용하여 그 바탕 위에 자신들의 새로운 논리를 추가해 나가고 있다.

그런데 문제의 핵심 중 하나인데도 그들이 거의 취급하지 않는 사안이 있다. 그것은 본래 일본의 탄광 노동자는 주로 어떤 사람들이었고, 그 사람들을 대신하기 위해 일제는 왜 조선인과 중국인을 비롯한 기타 전쟁 포로 등을 탄광 노동자로 연행했는가 하는 점들이다.

다시 말하자면 일본 내 탄광에서는 원래 어떤 사람들이 광부로 일해왔는가 하는 점이 문제를 풀기 위한 중요한 요소이다. 그리고 조선인, 중국인, 전쟁 포로 등이 왜 일본 내의 일본인 노동자 대신 연행되어 탄광에 투입되었는가 하는 점도 살펴보아야 한다. 그래야만 조선인 강제연행의 실태를 전체적인 틀에서 파악할 수 있다.

그러기 위해서는 전시 동원 체제하에서 조선인들의 주된 송출처였던 일본의 탄광 사정을 우선 알아보아야 한다. 특히 탄광에서 노무관리가 어떻게 되어 있었는지가 중요하다. 그와 같은 사실들을 살펴보기 위해 일본의 최대 탄광으로 알려진 규슈 미이케三池탄광의 노무 정책을 중심으로 조선인 강제연행의 본질을 알아보기로 한다.

죄수를 광부로 사용한 일본 탄광

미이케탄광은 일본인에게 가장 잘 알려진 탄광이다. 일본에서 탄
광이라고 하면 거의 모든 사람이 곧바로 미이케탄광을 떠올릴 정
도다. 그 이유는 미이케탄광을 주제로 한 '탄광 부시節'라는 민요
가 매우 유명한 데다, 매년 8월에는 일본에서 전국적으로 '탄광 부
시'에 맞춰 춤을 추는 행사가 열리기 때문이다.

그래서 미이케탄광은 폐광이 된 지 오래되었지만, 아직도 일본
인들에게는 친숙한 탄광으로 남아 있다. 하지만 일본인들이 그토
록 친숙하게 느끼는 미이케탄광의 역사 속에는 그곳에서 일한 수
많은 노동자가 겪어야 했던 엄청난 고통과 고난이 숨겨져 있다.

미이케탄광의 역사는 18세기까지 거슬러 올라가는데, 1873년
에는 일본 정부의 관영 탄광이 되었다. 그때부터 미이케탄광은 사
업을 확장하기 위해 노동력 확보에 심혈을 기울였다.

사실상 광부라는 직업을 좋아서 하는 사람은 거의 없을 것이다.
지하로 내려가 힘든 중노동을 해야 하고, 생명을 위협하는 갖가지
사고에 늘 노출되어 있기 때문이다. 따라서 사무직보다 임금이 훨
씬 많지만 탄광 일을 하겠다고 나서는 사람들을 확보하기란 결코
쉬운 일이 아니었다.

이에 탄광 측은 고민을 거듭한 끝에 주변 형무소와 의논해 감옥
에 수감된 죄수들을 작업장에 투입하기로 합의했다. 원래 탄광 일

을 하는 사람들은 극빈층이 대부분이었는데, 힘들고 위험한 일이지만 임금이 높은 편이어서 그들이 목숨 걸고 일을 했던 것이다. 하지만 죄수를 투입하면 비싼 임금을 지불할 필요가 없다.

그렇게 해서 미이케탄광은 사업 확장에 필요한 광부들을 확보했다. 값싼 데다가 마음껏 부릴 수 있는 죄수 노동력을 사용하기 시작한 것이다. 그 이후 19세기 후반에는 일본의 여러 대형 탄광까지 위험하고 힘든 노동에 죄수들을 투입했다. 당시 탄광에서 일하는 광부는 일본에서 천시받는 사람들이었다.[23] 그래서 일반인 노동력 확보가 더욱 어려웠고, 이에 탄광들은 일본 정부의 허가를 얻어 죄수 노동을 적극적으로 도입한 것이다.

결국 조선인, 중국인, 전쟁 포로 등을 전시 동원 체제로 연행해 탄광에 투입한 것은 이와 같은 '죄수 노동'을 계승한 정책이었다. 일본의 『브리태니커국제백과사전 소항목사전』 인터넷판은 '죄수 노동'에 대해 다음과 같이 설명하고 있다.

죄수 노동 : 단순한 형벌로서의 징역과는 달리 자본주의 초기의 이른바 자본의 원시적 축적을 수행하는 과정에서 국가 권력을 이용해서 실시된 특수한 임노동 형태. 선진국에서는 식민지 노동, 개발도상국에서는 기간산업의 급속한 육성을 위한 노동으로써 중요한 위치를 차지했다. 일본에서도 막부 말기부터 메이지 초기에 걸쳐 관영 공장, 광산 등에서 그 전형을 볼 수 있다. 또한 민간 부문에서의

헛간제도, 감옥방 또는 제2차 세계대전하의 중국인과 조선인 강제 노동, 전후 외국인 포로를 노동력으로 사용한 일 등도 똑같은 성격으로 죄수 노동의 한 형태로 볼 수 있다.[24]

위 인용문을 보면 죄수 노동은 국가 권력을 이용해서 실시한 특수한 임노동 형태라고 정의하면서, 선진국에서는 식민지 노동, 일본에서는 제2차 세계대전하의 중국인과 조선인 강제 노동과 전후 외국인 포로를 노동력으로 사용한 일 등이 죄수 노동의 한 형태라고 설명하고 있다. 결국 조선인 강제연행은 죄수 노동의 한 형태였다는 사실을 알 수 있다.

탄광에서의 노동은 사람들이 원하지 않는 만큼 처음부터 매우 강제적이었다. 일제는 자신들이 일으킨 침략 전쟁을 수행하기 위해 필요한 석탄을 채굴하려고 죄 없는 조선인과 중국인, 나아가 포로까지 동원해서 탄광 노동이라는 죄수 노예 노동을 시킨 것이다. 하지만 이우연 등은 이런 역사적 사실에 대해서는 거의 침묵하고 있다.

일본 탄광에서의 노무관리 실태

1883년 일본 정부는 약 2,000명의 죄수를 수용할 수 있는 '미이케

집치감集治監'을 건설한 뒤, 일본 서쪽 일대에서 무기징역형과 이에 필적하는 형량을 선고받은 죄수들을 탄광에 투입했다. 집치감이 란 내무성 직할의 죄수 수용시설로, 도쿄·미야기宮城·후쿠오카· 홋카이도에 설치되었다. 이처럼 정책적으로 죄수 노동을 도입한 결과, 1888년에는 미이케탄광에서 일하는 노동자의 약 70%를 죄 수들이 차지하게 되었다. 죄수들은 열악한 환경에서 석탄 채굴에 종사해야 했고, 식사도 제대로 배급받지 못했다.[25]

1913년 고베유신일보神戸又新日報가 미이케탄광의 죄수 노동에 대 해 보도했다. 이 신문의 기사에 따르면 갱내에서의 노동을 매우 괴롭게 느낀 죄수들이 자해하면서까지 작업을 쉬었고, 극한 노동 을 견딜 수 없었던 죄수들의 자살이 증가해 미이케 집치감에서는 죄수들에게 허리끈을 주지 않았다고 한다.[26]

당시 탄광에서는 탄광 노동자들을 관리하기 위해 '나야納屋 제 도'로 불리는 노무관리 제도를 도입했다. '나야'란 창고를 뜻하는 일본어인데, 창고 같은 곳에 광부들을 거주시키면서 관리인에게 관리를 맡기는 제도를 말한다. 나야 제도는 19세기 후반부터 20 세기 중반에 걸쳐서 일본에서 볼 수 있었던 노무관리 제도로, 탄 광 자본가는 노동자를 직접 관리하지 않고 노동자의 고용이나 관 리를 나야 관리자에게 모두 맡겼다.

더 자세히 설명하자면 탄광 사업주는 나야 관리자를 고용하고, 나야 관리자는 광부의 '모집'과 '고용', '탄광 노동', '임금 배분' 등을 담당한다. 결국 나야 관리자가 광부들의 탄광 생활을 전반적으로 책임지고, 광부는 회사가 아닌 나야 관리자에 소속된 일종의 간접 고용 형태가 나야 제도였다.

일본군 '위안부' 역시 이 제도를 도입해 일본 정부나 일본군은 포주를 선정해 포주들에게 여성들을 모집하게 했다. 또한 위안부의 해외 이송과 현지 위안소 경영 등을 책임지게 했다. 결과적으로 탄광 나야 제도의 관리자 역할과 일본군 '위안부' 제도의 포주 역할은 그 뿌리가 같다고 할 수 있다.

나야 관리자는 광부의 몸 상태가 좋지 않아도 폭력적인 방법을 동원해 광부들을 갱 안으로 밀어 넣었다. 광부의 임금은 나야 관리자가 광부들의 실적에 따라 탄광 측으로부터 일괄적으로 받았다. 나야 관리자는 일괄적으로 받은 임금을 광부들에게 분배했는데, 그때 나야 관리자는 일정 비율을 공제한 뒤 광부들에게 임금을 나누어 주었다. 광부를 많이 거느리고 광부들이 많이 일할수록 나야 관리자의 수입도 늘어나기 때문에 나야 관리자는 광부들을 쉴 틈조차 주지 않고 탄광 노동에 투입했다.

19세기 중반에 시작된 나야 제도는 광부가 나야 관리자 소속이므로, 회사가 광부를 직접 통제하지 못해 문제가 발생하기도 했다. 그래서 20세기 초반 몇몇 탄광들은 나야 제도 대신 회사가 광부를 직접 고용하는 '직접고용 제도'로 바꾸기도 했다.

여하튼 나야 제도는 1945년 일본이 패전을 선언할 때까지 광범

위하게 잔존하며 광부들을 괴롭혔다. 나야 제도하에서 일했던 광부들의 사망률이 상당히 높았는데, 탈출을 시도한 광부들에게는 무조건적인 폭행이 가해졌다. 나야 제도는 광부들에게 말할 수 없이 잔인한 노예 제도였다.

결국, 메이지시대 일본 정부와 대규모 탄광들의 죄수 노동 정책이 나야 제도하에서 광부들을 착취하는 시스템을 만들어냈고, 그것은 조선인, 중국인, 전쟁 포로들의 강제연행과 강제 노동으로 이어졌다. 일본 정부와 기업들이 일본인들도 기피하는 노예 노동에 조선인 등 타민족을 강제적으로 동원한 것이다. 이처럼 일본인들에게 노예 노역이었던 탄광에서의 지옥 같은 착취 중노동을 타민족에게 시켰다는 사실을 '강제연행설 허구론자'들은 왜 모르는 척하는 것일까.

미이케탄광 폭동 사건과 다수의 도주자

회사나 관리자가 광부들을 착취하고 학대하는 환경 속에서 죄수들을 비롯한 광부들이 반기를 들고 나섰다. 1883년 9월, 미이케탄광의 오우라大浦갱도 내에서 죄수들이 나야 제도에 불만을 품고 폭동을 일으킨 것이다.

광부들은 목숨이 위험한데도 갱내 기계와 기둥에 불을 질렀다.

그런데 나야 관리자 측은 폭동을 진압한다는 명목으로 갱을 폐쇄했고, 그 바람에 갱내에 남아있던 죄수 24명, 일반 갱부 22명이 사망하고 말았다. 그 사건은 나야 관리자가 죄수 등 탄광 노동자들의 생명을 얼마나 경시했는가를 보여주는 대표적인 사례였다.

그런데 사태는 그것으로 끝나지 않았다. 나야 관리자 측은 폭동을 종식시킨다는 명목으로 갱 밖으로 나와 있던 죄수들을 모두 죽창으로 찔러 죽이는 만행을 저지르기까지 했다. 당시의 탄광 노동자들에게 인권은 전혀 존재하지 않았던 것이다.

이 사건 이후 구마모토熊本현은 탄광 측에 인권 문제를 거론하며 구마모토현 소속 죄수들을 모두 철수시켰다. 하지만 죄수들의 폭동은 쉽게 수습되지 않아 1884년과 1885년까지 미이케탄광은 불안정한 상태가 이어졌다.

그와 같은 상황에서 1889년 대기업 미쓰이三井가 미이케탄광사를 만들었고, 1893년에는 미쓰이광산합명회사(이하 미쓰이광산)를 설립해 본격적으로 미이케탄광 경영을 시작했다. 미쓰이광산에서도 값싸고 공급이 안정적인 죄수 노동이 매력적이었지만, 인권론이 고조되면서 1902년까지 미이케 집치감 지역의 죄수 이외에는 미이케탄광에서 모두 철수했다.

미쓰이광산은 일본의 극빈층 출신을 중심으로 일반 광부를 적극적으로 모집해 취업시켰다. 하지만 일반인 광부들은 대부분 탄광에서 일하다가 중도에 도주한 것으로 알려져 있다.[27] 나야 제도라는 노예 노동을 도저히 견뎌낼 수가 없었던 까닭이다. 그 결과 미쓰이광산은 나야 제도를 폐지하기에 이르렀고, 규슈뿐만이 아니라 지리적으로 멀리 떨어진 시코쿠四國나 서쪽 일본에서 일반 광부들을 모집했다. 이때부터 미쓰이광산은 먼 곳에서 온 일반 광부들을 위해 주거 시설을 마련했고, 나야 관리자 대신 광부들의 생활 지도를 하는 감독관을 두어 도주 방지에 주력했다.

이와 같은 감독관 제도는 나야 제도의 연장선상에 있었지만, 광부와의 계약관계는 회사의 직접고용 상태라는 차이가 있었다. 따라서 광부들에 대한 나야 관리인의 부당한 착취는 사라지게 되었다.

그러나 탄광 노동이라는 중노동 때문에 광부들의 도주는 끊이지 않았고, 1910~1912년에는 고용한 노동자들과 거의 같은 수의 광부들이 퇴직했는데, 퇴직 이유의 약 80%가 도주였다.[28] 취업할 때의 이야기와는 달리 저임금에다, 노동 조건 역시 여전히 열악했기 때문이다. 전시 동원 기간에 미이케탄광으로 연행된 조선인 노동자들도 다수가 탄광에서 도주했는데, 탄광 노동자가 도주하는 현상은 1945년까지 환경이 개선되지 않았던 일본 대부분의 탄광이 비슷했다.

미이케탄광으로 연행된 조선인 노동자

1946년 일본 후생성 근로국에 의하면 1940년부터 미이케탄광으로 잡혀간 조선인 연행자는 1945년까지 총 9,264명으로 조사되었다.[29] 반면에 미이케탄광으로 연행된 중국인은 총 2,480명 정도였고, 포로는 총 1,700명이었다.[30] 1944년 11월을 기준으로 한 광부의 숫자는 일본인 약 1만 7,000명, 조선인 3,459명, 중국인 917명, 포로 1,117명이었다.

그러니까 1944년 11월 기준, 미이케탄광으로 연행된 조선인 전체 인원 약 9,000명 중에서 38% 정도인 3,459명만이 남아 있었다는 것을 알 수 있다. 이 통계는 계약 만기로 귀국한 사람과 도주한 사람 등 중도 퇴직자를 뺀 숫자이다. 그리고 또 하나의 특징은 일본인들보다 조선인이나 중국인 및 포로 등이 압도적으로 위험한 탄광 갱내 노동에 투입되었다는 사실이다. 이 부분은 추후에 다시 논의하기로 한다.

미이케탄광으로 연행된 조선인의 증언도 있다.

1943년 4월에 연행된 이강원 씨는 미이케탄광의 요쓰야마四山 갱의 기숙사로 들어갔는데, 기숙사는 가시철사로 둘러싸여 있었다고 했다. 지하 깊숙한 곳에서 노동하면서 목숨을 잃은 사람도 있었다. 작업을 게을리하면 기숙사 사무소에서 매질을 당했고, 쪼갠 대나무 위에 무릎을 꿇리고 그 사람의 몸에 묶은 무거운 돌을 무릎 위에 올려놓는 체벌을 받기도 했다. 이강원 씨는 "어차피 죽을 거라면 도망치는 것이 낫다"고 생각해 탈출했고, 그 후 규슈 미야자키, 구마모토, 가고시마 등을 숨어 다니다 광복을 맞이했다.[31]

다음은 1943년 11월 일본으로 연행된 이종필 씨의 증언이다.

이종필 씨는 22세 때 고향 사람들 60여 명과 함께 미이케탄광의 요쓰야마 갱으로 연행되었다. 그는 갱도를 500미터 정도 내려가 석탄 깨는 작업을 했는데, 하루 할당량은 2톤짜리 상자 15개, 임금은 하루에 70전에서 1엔 정도였다. 이종필 씨 그룹에서 사망한 사람은 없었지만, 이틀에 한 명은 부상을 당했다. 부상하거나 병을 앓아 쉬게 되면 양을 3분의 1로 줄인 결근식을 먹어야 했다. 도주 방지를 위해 임금의 30~40%가 강제로 저축되었지만, 도주하는 사람들이 계속 늘어나 1945년 2월에는 고향에서 함께 온 60명 중 4명을 뺀 인원이 도주했다. 나머지 4명 역시 후쿠오카에서 B29 폭격 소식을 듣고 "조만간 일본이 항복할 것이다. 이런 곳에서 죽을 수는 없다"는 생각에 함께 탈출했다.[32]

1945년 5월에 징용된 신영재 씨의 경우 자신이 살던 면에서 7명, 김천金泉군 전체로는 27명이 연행되었다. 징용당할 때 부모님이 "죽지 말고, 도망쳐서 돌아오라"고 하면서 도주용 쌀가루를 건네주었다고 했다. 부산을 출발해 하카타博多에 도착했을 때 4명이 도주다. 5월 17일 미이케탄광 미카와三川 갱으로 연행되었는데, 수용된 기숙사는 약 10평방미터의 방이었고 6명이 함께 지냈다. 식사는 콩깻묵에 보리를 섞은 것이었다. 물이 많이 나오는 현장으로 투입되어 하루 12톤의 출탄을 강요받았고, 노동 시간은 하루 14~15시간이었다. 그렇게 보름이 지나자 12명이 도주했다. 도주에 실패한 사람을 목도木刀로 폭행했는데, 기절하면 물을 끼얹어 깨운 뒤 폭행을 이어갔다. 탄광으로 연행된 지 한 달 반 정도가 지난 7월 초에 외출증을 받은 신영재 씨는 갱내에서 착용하던 옷을 입은 채 다른 3명과 함께 도주했다.[33]

　위와 같은 여러 증언으로 집단적 연행이 실시되었다는 사실이 확인되었다. 또한 부상이 일상적이었고 일을 쉬면 식사량이 줄어들었다는 점, 탄광 측이 조선인을 심하게 구타하는 등 폭력적으로 관리했다는 점, 조선인들은 강제로 저축해야 했다는 점, 장시간의 과중 노동으로 목숨을 보전하기 위해 도주하는 조선인들이 속출했다는 점 역시 사실임을 확인할 수 있다. 인간으로서는 감당하기 힘든 노예 사역이라고 하지 않을 수 없다.
　그러나 '강제연행설 허구론자'들은 위와 같은 조선인에 대한 노예 노동을 부정한다. 그들이 일본 정부나 일본 기업의 변호사나 대변인 역할을 하고 있는 셈인데, 지금부터 그들의 주장을 분석해 반박하고자 한다.

제2장

강제징용의 진실은 무엇인가

조선인 강제연행을 부정하는 사람들의 계보

이우연은 다음과 같이 주장했다.

> 이 강제징용에 대해 대법원은 2018년 10월 30일, 일본 기업으로 하여금 한국인 한 명당 1억 원의 위자료를 지급하라고 판결하였습니다. 하지만 이 판결 또한 명백한 역사왜곡에 의해 근거한 황당한 판결입니다.[34]

낙성대경제연구소의 한 연구원이 한국 최고 사법기관인 대법원이 내린 최종 판결을 '역사 왜곡에 의한 황당한 판결'이라고 단정했다. 물론 한국 대법원이 내린 판결에는 개개인의 성향에 따라 여러 의견이 있을 수 있다. 그러나 이 판결은 역사적으로 중요하므로 연구원 이우연이 어떤 논리로 이처럼 단정적으로 대법원의 판결에 반발하는지 살펴볼 필요가 있다.

여기에서 우리가 확실하게 알아두어야 하는 것은 일제강점기 '조선인 강제연행' 시기가 도대체 어느 때를 말하고 있는가 하는 점이다. 그 시기는 1939년 9월부터 1945년 4월까지 5년 8개월 동안이다. 그리고 이 기간은 다시 세 단계로 나뉜다.

첫 번째는 1939년 9월부터 시작된 조선인 '모집' 기간이고, 두 번째는 1942년 2월부터 시작된 '관 알선' 기간이며, 마지막 세 번째는 1944년 9월부터 1945년 4월까지의 '징용' 기간이다.

그동안 조선사 연구자 박경식이 1965년 일본에서 펴낸 『조선인 강제연행의 기록』이 토대가 되어, 한국의 주류 연구자들은 이 세 시기 모두 일본에 의해 조선인들이 강제로 연행되어 전쟁 수행을 위한 희생양이 되었다고 주장해 왔다. 바로 이 세 시기 모두를 '조선인 강제연행' 기간으로 보는 견해가 한국 사람들의 주된 생각이다.

그런데 2000년 일본의 우파 논객으로 알려진 니시오카 쓰토무西岡力가 '강제연행설 허구론'을 주장하기 시작했다. 그는 실제로 조선인에 대한 '강제징용'이 실시된 시기는 1944년 9월부터 1945

년 4월까지 약 8개월의 '징용' 시기뿐이고, 1939년 9월부터 시작된 '모집'과 그 이후에 이어진 '관 알선'은 강제연행이 아니라 조선인들이 자발적으로 참여한 일본행이었다고 강조한다. 이우연은 이와 같은 일본 우파 논객들의 '강제연행설 허구론'을 수용한 뒤, 이에 자신의 연구를 추가해 나가는 입장으로 보인다. 그리고 이우연은 '징용' 시기에 일본으로 연행된 조선인은 10만 명 이하였다고 주장한다.[35]

결국 조선인 강제연행을 말할 때 이와 같은 두 가지 흐름이 있는데, '강제연행설 허구론'은 1997년 일본에서 결성된, 일본 우익의 역사관을 대표하는 '새역사교과서를 만드는 모임'(이하 '새역모')과 그 동조자들의 주장을 계승한 것이다.

'새역모'는 먼저 일본군 '위안부' 문제와 난징 대학살 등을 부정하다가 2000년쯤 강제 노동 문제를 부정하기 시작했다. 그러므로 한국의 이우연 같은 학자들의 논점은 일본 '새역모'의 논점과 거의 같다.

'조선인 강제연행설 허구론자'들의 주장을 요약하면 다음과 같다.

(1) 1937년 9월부터 시작된 '모집'과 그다음 단계인 '관 알선'은 강제연행이 아니었다.

(2) 1944년 9월부터 시작된 '징용'으로 조선인들이 강제로 작업장으

로 연행되었지만, 당시에는 일본인들도 마찬가지로 '징용'되어 민족적 차별은 없었다.

(3) 노동 내용, 작업장에서의 취급, 정해진 임금 등에서 민족차별이 없었다.

(4) 기타

이처럼 '조선인 강제연행설 허구론자'들은 강제연행과 민족적 차별 모두를 부정한다. 일본 우익의 논리를 계승한 것으로 보이는 이우연은 1939년 9월부터 실시된 '모집'과 1942년 2월부터 실시된 '관 알선'은 강제징용이 아니었고 "법률적인 강제성이 없었"[36]다고 강조한다. 조선인들이 자발적으로 일본으로 건너갔다는 주장이다. 이우연은 '법률적 강제성'이라는 말을 사용했다. 이 말은 서류상 강제는 아니었다는 뜻이고, 조선인들이 계약상 자발적으로 일본으로 간 것으로 되어 있다는 의미다. 그런데 그의 주장대로 계약상 자발적으로 일본으로 갔다고 할지라도, 일본의 작업장에 도착한 이후는 대부분의 조선인이 강제 노동에 시달린 것은 역사적 사실이다. 이우연도 그런 사실을 알고 있기에 '법률적 강제성'이 없었다고 말한 것이다. 대단히 작위적이면서도 교묘한 기술이라 하지 않을 수 없다.

많은 조선인들이 일본으로 가면 공부할 수 있다, 돈을 벌 수 있다, 또는 좋은 취업 자리를 얻을 수 있다 등의 감언에 속아 일본으로 향했다. 다시 말하자면 취업 사기에 휘말린 셈인데, 이런 구조는 여성들이 취업 사기로 끌려가 현지에서 일본군 '위안부'가 될 것을 강요당한 구조와 동일하다.

'법률적인 강제성'이 없었다고 하더라도, 결국 작업장에서는 본인의 의사에 반한 노동을 강요당한 것은 사실이다. 다음 인용문을 보면 그와 같은 사실을 확인할 수 있다.

'모집'은 후생성·내무성 양 차관 연명의 지방장관 앞으로 보내진 통첩 '조선인 노무자 내지(일본 본토) 이주에 관한 건'(1937년 7월 19일) 및 조선총독부의 '조선인 노무자 모집 및 도항 단속 요강'(동 9월 1일), 기획원의 '노무 동원 계획' 등에 입각했는데, 그 특징은 기업의 신청에 기초하여 모집 지역·모집 인원·모집 기간은 조선총독부가 할당하지만, 모집 활동 자체는 기업의 책임으로 실시한다는 점에 있었다.

그러나 '모집' 방식에 의한 노동력 조달도 경찰과 행정의 관여 없이는 사실상 불가능했다. 미쓰비시광업 나오시마(直島)정련소 노무계로 총 11회에 걸쳐서 강제연행에 관여한 이시도 츄에몬(石堂忠右衛門)은 『조선인 노무자 모집일기』에 그런 내용을 극명히 적어놓았다. 그리고 홋카이도 주요 15탄광에서는 제1~제3차분(1939년 10월~1940년 3월)으로 5,890명의 조선인 모집을 할당받았는데, 스미토모(住友)광업의 내부 자료에 의하면 '모집'은 형식적인 것이었고 '조

선 관헌에 의해 각각의 도와 군, 면에서 강제 공출'하기로 되어 있었다.[37]

위 인용문에서 말하는 것처럼 '모집'은 형식적인 절차에 불과했다. 당시 조선 관헌에 의해 각각의 도, 군, 면에서 강제적으로 조선인을 공출했다는 것이 역사적 사실이다.

강제연행을 자발적인 선택으로 왜곡하는 이우연

이우연은 다음과 같이 조선인들이 자발적으로 일본으로 갔다고 주장한다.

> 일본에서 온 기업체 사원들에게 조선인이 내가 가겠다고 의사를 표시하면 심사를 거쳐 일본으로 가는 것이었습니다. 다시 말해 조선인들의 '자발적인 선택'에 맡겨졌습니다.[38]

여기서 이우연이 사용하는 논리는 '조선인들의 자발적인 선택'이다. 조선인들이 강제가 아니라 '자발적인 선택'으로 일본으로 갔기 때문에 일본 측에 책임이 없다는 논리다. 하지만 일본 기업들이 조선인 노동자들을 '모집'했을 때 '감언'이 동원된 것으로 확인되었다. 예를 들면 다음과 같다.

정청정 씨는 1924년생으로 경북 고령군 출신이다. 1941년 2월에 요
시쿠마(吉隈)탄광으로 연행되었다. 일본으로 가면 취업처가 있고 생
활이 좋아진다는 소문이 농촌 젊은이들 사이에 진짜인 것처럼 퍼져
있었는데, 그것은 사람을 사냥하기 위한 감언이었다. 1941년 1월
28일 면사무소로 불려갔고, 다음 날 경찰서로 출두하라고 했다. 다
음 날 경찰서에는 150명 정도가 있었고, 호명된 후에 내지로 간다
는 말을 들었다. 감시를 받고 있어서 질문할 수 있는 상황이 아니었
다. (중략) (탄광에서) 도시락 반찬은 단무지 3개, 물병은 하나였다.
중노동을 감당할 수 없어서 지하에서 나오는 거품 같은 물을 마셨
다. 하루 정도 쉬고 싶다고 말하면 반죽음을 당하므로 휴일을 달라
고 하는 사람이 아무도 없었다. 도망치려고 한 사람은 공개적으로
반죽음을 당했다.[39]

위 인용문을 보면 '일본으로 가면 취업처가 있고 생활이 좋아진
다는 소문'이 퍼져서 정청정 씨는 그 소문을 믿고 모집에 응했다.
그러나 그런 감언을 믿고 모인 150여 명은 경찰의 감시하에 일본
으로 이송되었고, 일본 규슈 후쿠오카현의 아소麻生[40]계 요시쿠마
탄광에 도착했다. 이후 조선인들은 고국에서 들었던 소문과는 달
리 심하게 혹사당했다. 식사를 제대로 제공받지 못했고, 휴일도

없이 중노동을 강요당했으며, 도망치다가 반죽음을 당했다. 그러다 정청정 씨 등 3명은 1941년 8월경에 탄광에서 다른 노무자 합숙소로 도주했다.[41]

아소계 탄광에서는 조선인 도주자가 상당히 많았다. 후쿠오카현 자료 '노무 동원 계획에 의한 이입移入 노무자 사업장별 조사표'에 적힌 아소계 탄광에서의 조선인 동향을 보면, 탄광 측은 1939년부터 1944년 1월까지 조선인 7,996명을 연행했는데, 그들 중 4,919명이 도주했고 56명이 사망했다고 기록되어 있다.[42] 조선인 노동자의 도주율이 약 62%였으니, 아소계 탄광이 조선인을 '모집'했을 때 사용한 감언과는 달리 조선인 노동자를 노예 취급하며 혹사했다는 것을 짐작할 수 있다. 이런 증거는 수없이 많이 남아 있다. 그런데도 이우연은 이러한 '모집'의 실태를 고발하는 증거를 무시하듯 법적인 문제가 없었다고 주장한다.

'관 알선'이라는 강제연행

'모집'에 이어 1942년 2월부터 시작된 연행 방식은 '관 알선'이었다. '관 알선'의 특징은 '종래의 이입 방법인 민간 일반 모집에 의한 집단 이입을 더욱 발전시킨 형태로, 노무자 공급의 방법을 조선총독부 및 동 지방청의 관 알선으로 이행하여 출신지별로 부대

조직을 편성시킨 점'[43]에 있었다.

그러므로 조선인 '사냥'을 담당한 것은 행정과 경찰, 조선노무협회였고, 조선인 '이입'을 신청하여 조선인을 일본 본토나 사할린 등으로 연행한 사람들은 기업의 '노무계'였다.[44]

이우연은 '관 알선'도 조선인과 일본 기업 간의 자유계약에 의거했다는 '자유계약론'을 주장하지만, '관 알선'이 대부분 강제연행이었다는 것을 보여주는 잘 알려진 문서가 있다. 그것은 바로 1944년 7월 31일 내무성 촉탁 오구레 야스치카小暮泰用가 내무성 관리국장 다케우치 도쿠지竹內德治 앞으로 보낸 다음과 같은 '복명서'다.

> 징용을 한다면 몰라도 기타 어떤 방식에 의한 것도 (조선인의) 출동은 완전히 납치와 같은 상황이다. 왜냐하면 사전에 이것을 알리면 다 도망치기 때문이다. 그러므로 야습, 꾀어냄, 기타 각종 방책을 강구하여 인질적 약탈 납치 사례가 많아지는 것이다.[45]

위의 인용문은 '징용을 한다면 몰라도'라고 하면서, 당시 조선에서 실시된 '관 알선'이 '징용'이 아니었기 때문에 오히려 납치와 같은 방법을 쓰지 않으면 조선인들이 모두 도망갔다는, 일본 내무성 조사 보고서의 내용 중 일부다. 이 조사 보고서는 조선인에 대한 국민징용령 적용(1944년 9월)을 앞두고 내무성이 오구레를 조선에 파견해서 조선의 민정과 행정을 조사한 결과다. 오구레는 일본으로 송출된 조선인의 조선 잔류 가족에 대해 다음과 같이 보고했다.

> 그렇다면 생억지를 써서 내지로 송출된 조선인 노무자 잔류 가족의 실상은 과연 어떨까. 한마디로 말하면 실로 참담하여 눈 뜨고 볼 수 없다고 해도 과언이 아니다. 과연 조선인 노무자가 내지로 송출되었을 때의 인질적 약탈적 납치 등이 조선 민정에 미치는 악영향도 그렇지만 송출은 즉 그들의 가계 수입의 정지를 의미하는 경우가 극히 많은 것으로 보인다.[46]

오구레는 위와 같이 '복명서'에 당시 조선인이 송출되었을 때의 '인질적 약탈적 납치'로 조선의 민정이 악영향을 받았다고 하면서, 잔류 가족들의 상황이 '참담하여 눈 뜨고 볼 수 없다'고 표현했다. 그리고 오구레는 조선인들의 일본으로의 송출은 잔류 가족들의 '가계 수입의 정지를 의미'한다고까지 경고했다.

일본으로 송출된 조선인 노동자들은 기업에서 저축이 강제되었는데, 그들은 그 저금을 거의 돌려받지 못했다. 일본 기업들이 조선인 노동자들에게 저축을 강제한 이유는 그들의 도주를 방지하기 위해서였고, 또 하나의 목적은 그 지역 은행의 예금액을 올리기 위해서였다. 이 부분에 관한 오구레의 '복명서' 내용은 다음과 같다.

대구에서 관 알선에 의해 동원된 야마구치현 오키우베(沖宇部)탄광 노무자 967명을 조사했더니, 한 명당 월평균 76엔 26전의 수입 중 작업장에서의 지출인 월평균 62엔 58전을 공제하면 잔액 13엔 68전이 매달 한 명당 실수령액이다. 말하자면 이 금액이 가족의 생활비로 충당되어야 하는 금액이다. 이렇게 한 명당의 월수입이 극히 근소하여 현재와 같은 물가고의 시대에 이것으로 잔류 가족이 생활할 수 있다고 생각할 수 없으며, 다음과 같은 한층 심한 상황도 있었다.

(가) 위 순수입 중에서 약간은 노무자 자신의 사적 지출이 있다는 사실.

(나) 내지 작업장에서의 저축 목표 달성과 도주 방지책으로서 저축의 반강제적 실시 및 지출의 사실상의 금지 등으로 도저히 위 금액에서 송금은 불가능함.

(다) 평균액이 위와 같지만 개별적으로는 차이가 있음. 노무자 중에는 병 등으로 적자가 된 사람도 있음. 게다가 수입이 많다고 하더라도 말이 안 되는 정도의 극히 근소한 금액만 송금이 가능한 것.

이상과 같으므로 그들에 있어 노무 송출은 가게 수입의 정지가 되는 것이고, 작업 중에 불구가 되거나 질병을 앓고 귀향할 경우 그 가족은 파멸될 수도 있다.[47]

위 인용문으로 우리는 여러 가지 사실을 알 수 있다. 먼저 조선인 탄광 노동자 1,000명 정도의 월평균 수입이 76엔 정도였다는데, 1940년대 100엔이면 현재의 200만 원 정도로 추산되므로, 따라서 76엔은 현재의 152만 원가량이다. 그런데 그중 약 63엔은 작업장에서의 여러 경비로 공제되었다. 공제된 금액의 내역은 식비와 잡비, 그리고 강제저축이다. 강제저축에 대해서는 후술하겠지만, 아마도 63엔 중 반 정도를 차지하고 있었을 것이다.

그리고 63엔이 공제되었다면 현재로 환산했을 때 월급 152만 원에서 126만 원이 공제되었다는 이야기다. 이것은 조선인 노동자를 노예 취급하는 것과 마찬가지인 수치다. 나머지 13엔 즉 26만 원 중 일부는 조선인 노동자가 써야 했기 때문에, 사실상 송금할 수 있는 금액이 거의 없었다는 것이 당시의 실상이었다.

우리가 당시 조선인 노동자의 입장이었다면 그런 일본 기업의 부당한 처사에 대해 분노할 수밖에 없었을 것이다. 2018년 10월 한국 대법원 확정판결로 승소한 한국인 강제 동원 피해자 4명은 모두 강제로 저축해야 했고 그 강제저축은 돌려받지 못했다고 진술했는데, 내무성의 '복명서'가 그들 4명의 증언을 뒷받침하고 있다. 당시 조선인들은 만기까지 일한 사람만 강제저축을 돌려받을 수 있었다. 중도에 퇴직했거나 일본이 패전한 이후에는 기업이 강제저축을 돌려주지 않았음은 명백한 사실이다.

오구레의 '복명서'를 일부 탄광의 사례일 뿐이라고 주장하는 연구자들이 있으나, 당시 내무성의 촉탁이었던 인물이 일부만의 상황을 보편화할 리가 없다. 그리고 만약 일부의 상황이었다 하더라도 대구에서 연행된 약 1,000명의 조선인 노동자의 상황을 무시해도 되는 이야기가 아니다.

사감이 조선인 노동자 몰래 고향의 가족에게 송금했을 수 있다고 이영훈이 말하지만, '복명서'를 보면 그런 여지는 없다. 이영훈을 비롯한 『반일 종족주의』 저자들은 사실을 제대로 알고 말해야 한다. 물론 그들은 모든 것을 알면서 사실을 왜곡하고 있는지도 모른다. 그리고 이우연은 강제징용 문제를 연구한 연구자로서 이런 사실을 모를 리 없는데, 왜 '강제징용이 허구'라고만 강변하는지 그 까닭을 알 수가 없지만, '노예근성'이 발휘되어 그가 일본 앞잡이가 된 것이라면 그 주장을 이해할 수 있다.

조선인들의 도주는 노무 동원이 자발적이었다는 증거?

그런데 이우연은 앞에서 살펴본 모든 실상을 무시하면서, 많은 조선인들이 탄광 현장에서 도주한 현상을 강제성이 없었기 때문이라고 강변한다.

당시 전쟁 때문에 젊은 노동력이 부족했고, 특히 인력 부족이 심각한 탄광에 징용된 조선인 중 64%가 배치되었다고 이우연은 말한다.[48] 그러나 조선인들이 대부분 농촌 출신이었기 때문에 광

산에서의 지하 노동을 매우 두려워해 건축 현장과 같은 곳으로 도주했다고 이우연은 설명한다.[49]

하지만 이우연의 주장은 대단히 작위적이라고 할 수밖에 없다. 일본인 광부의 출신 지역도 농촌이 많았을 것이기 때문이다. 결국 이유가 되지 않는 이유를 특별한 근거도 없이 늘어놓았음을 알 수 있다. 더욱이 이우연의 주장이 말이 안 되는 것은, 기업 측에서 처음부터 좋은 일자리가 있다는 사기 수법을 썼다는 사실을 스스로 인정하는 말이기 때문이다. 좋은 일자리라고 설명했는데 왜 도주하게 되었는지에 관한 설명이 없다. 기업은 '모집'이나 '관 알선' 때 처음부터 거짓말을 늘어놓고 조선인들을 속인 것이다. 그리고 사람들이 피하는, 목숨이 위태로운 탄광으로 조선인을 배치했다는 사실 자체가 조선인들의 '자발적인 취업'이 아니었다는 점을 증명하고 있다.

이우연은 조선인들이 농촌 출신자이므로 광산과 같은 지하에서의 노동을 두려워해서 도주했다고 사실을 왜곡했다. 조선인들이 탄광에서 도주한 것은 지하 노동이 두려워서가 결코 아니었다. 도주의 이유 중 하나는 작업장에서의 폭행이었다.

> 연행된 사람들은 수용소로 들어가야 했고 감시를 당하면서 때로는 케이블 선으로 구타당했다. 더욱이 전쟁으로 인한 석탄 증산은 노동자들의 혹사를 강화했고 폭력으로 강제 노동이 실시되었다.[50]

증산 태세 중의 혹사와 대나무, 목도, 벨트 등으로 구타하면서 폭력적인 강제 노동이 실시되었다. 부상을 당해도 충분히 치료해주지 않았다.[51]

위와 같이 일본 기업이 조선인 노동자에게 강제 노동을 시켰을 뿐만이 아니라 폭력을 가하고 노에 취급했기 때문에 조선인 노동자들이 도주한 것이다. 이우연은 작업장에서의 폭행에는 일본인과 조선인의 차별이 없었다고 말한다. 그런데 일본인들이 같은 민족인 일본인한테 폭행당하는 것과 조선인들이 이민족인 일본인한테 폭행당하는 것을 같은 차원에서 볼 수 없다.

그리고 전시 동원 기간에는 젊은 일본인들은 거의 다 전쟁터로 '징병'되었기 때문에 탄광에서 일하는 일본인들은 징병 조건에 맞지 않는 사람들이었을 것이다. 그런 사람들은 나이가 상당히 많은 사람들이므로 폭행할 수도 없었을 것이다. 결과적으로 폭행당한 사람은 조선인이나 중국인, 전쟁 포로들이 대부분이었다고 할 수 있다.

그런데 탄광의 조선인과 중국인 광부들을 관리한 일본인 관리자는 일본이 패전한 즉시 도주했다는 다음과 같은 관리자 측 증언이 있어 주목된다.

종전(일본 패전)은 8월 15일 밤 8시 혹은 9시경에 외근본부가 전화로 알려왔다. 노동자들에게는 알리면 안 된다고 하면서. 우리가 자포자기로 술을 마시고 있었는데, 회사 측에서 배를 보내왔으니 중국인과 조선인의 일본인 관리자를 그 밤중에 하시마(端島, 군함도)로부터 피난시켰다. 우리가 우왕좌왕했기 때문에 중국인들이 상황을 파악했고, '만세, 만세'라는 소리가 밤늦게까지 울려 퍼졌다. 나도 다음 배로 하시마에서 나와 벳푸의 보양원으로 가서 한 달 반 정도 있었다.[52]

위의 증언은 군함도로 알려진 나가사키長崎현의 작은 섬 하시마에서 외근계로 근무한 고사코 마사유키小迫正行 씨가 증언한 내용으로, 1973년 10월 25일자 아사히신문 나가사키판에 실렸다. 기록상 그가 1973년 시점에서 56세였으니 패전 당시에는 만 28세였을 것으로 추정된다. 고사코 씨는 조선인과 중국인을 식사 등에서 차별했다고 말했다. 그는 일본이 패전했다는 연락을 받아 군함도 관리자들이 먼저 섬을 빠져나갔다고 증언했다. 그들은 조선인과 중국인 노동자를 관리한 일본인 관리자를 먼저 내보냈는데, 조선인과 중국인들의 '복수'를 두려워해서 한 행동이었다. 이와 같은 일본인 관리자들의 증언은 일제강점기에 일본인이 조선인과 중국인을 얼마나 불법적으로, 그리고 부당하게 노역시켰는가를 고스란히 증명하고 있다.

'모집', '관 알선' 기간에서도 조선인 노동자들을 혹사하거나 학대한 책임은 주로 기업에 있었다. 기업이 직접적으로 조선인들을 관리했기 때문이다. 혹사와 학대는 기업의 자본 축적 방법이나 노무관리 방침과 연결되어 있었다. 당시 조선인 노동자 등에 대한 혹사와 학대를 상징하는 것은 기업의 노무계에 의한 폭행과 살해였다.[53]

『특고월보』가 증명한 조선인 노무자 혹사와 학대

이우연은 조선인 노동자의 노예 노동과 강제 노동을 계속 부정하는데, 그 실상을 보여주는 자료들이 많다. 먼저 일본의 특별고등경찰이 내부 자료로 발행한 『특고월보』를 살펴볼 필요가 있다. 특별고등경찰은 보통 '특고경찰'이라고 불렸으며 사상 단속·반체제 인사 탄압 등이 그들의 업무였는데, 재일조선인에 대한 감시도 그들의 주된 업무 중 하나였다.

따라서 『특고월보』에는 재일조선인의 움직임이나 일본으로 강제연행된 조선인 노동자에 관한 기사가 상당수 실려 있다. 『특고월보』는 그런 특고경찰의 내부 자료이므로 소위 '반일'적인 관점에서 기록된 기사는 하나도 없다. 반일 인사를 탄압하는 것이 특고경찰의 임무였기 때문이다.

『특고월보』를 보면 작업장에서 조선인의 이직이나 자유 이탈은 경찰이 저지했고, 조선인 노동자에 대한 폭력이 다반사였으며, 구타 정도의 폭력은 단속 대상이 아니었음을 알 수 있다.

또한 이우연이 '로망'[54]으로 표현한 일본으로의 취업이 작업 현장에서는 '지옥'으로 바뀐 사실도 확인할 수 있다. 예컨대 『특고월보』의 복각본(1973)에는 1943년 10월 사할린의 가네야마金山 숙소에서 살인 사건이 일어났다는 기사가 실려 있다. 내지인(일본 본토인) 노무계원 등 5명이 도주하려 한 조선인 노동자 2명을 사람들이 보는 앞에서 구타한 뒤 대들보에 매달게 하는 등의 폭행을 가했는데, 한 명은 죽었고 또 한 명은 중상을 입었다고 기록되어 있다.[55]

그리고 『특고월보』의 1944년 4월호 기사에는 후쿠오카현 오미네大峯탄광에서 있었던 사건이 기록되어 있다. 1944년 4월 조선인 노동자가 탄광 갱구로 들어가기 전, 지도원 5명이 절도와 도주 혐의가 있는 조선인 이산홍린李山興麟을 발견하여 초소로 연행한 다음 구타하여 결국 숨지게 했다.[56]

이때 조선인 노동자를 살해한 범인 중 한 사람이 "조선인 한 명 죽였다고 해도 별 죄의식이 없는데, 특고경찰이 왜 조사하는지 납득이 가지 않았다"[57]고 진술한 것으로 기록되어 있다. 조선인 노동자를 살해해도 죄의식이 없었다는 일본인 지도원들의 끔찍한 진술은 당시 조선인 노동자들을 인간으로 취급하지 않았다는 단적인 증거다. 나야 제도가 계속 남아 있던 곳에서는 이런 일이 허다했다. 나야 관리자들은 탄광 노동자가 일한 만큼 벌 수 있으므로 심한 강제 노동을 시킨 것이다.

그리고 지도원들이 조선인을 죽여도 된다고 인식한 이유 중 하나는 나야 제도가 아니라도 도주 미수나 회사 규칙을 위반한 조선인 노동자에게 제재를 가하는 것이 기업의 기본적인 노무관리 방침이었기 때문이다.

홋카이도 몬베쓰紋別시에 있던 스미토모 본사 고노마이鴻之舞광업소의 『반도 노무원 통리 강요』(1941)를 보면, 이 광업소에서는 '반도 노무원', 즉 조선인 노동자에 대한 제재 방법으로 '특별 지도법'을 만들어 놓고 있었다. 이 지도법은 일본인에게는 적용되지 않았다. 이에 의하면 '문제의 정도가 무겁다'고 판단되는 조선인에 대해서는 '때려서 혼내줌', '경찰 감옥에 가둠', '열악한 방에 가둠' 등의 조치를 취하는 것으로 기록되어 있다.[58] 기업이 '조선인 특별 지도법'을 갖고 있었다는 사실은 충격적이다.

일본강관日本鋼管의 노무차장이었던 다카하마 마사하루高浜政春는 그의 저서 『반도 기능공의 육성』(1943)에서 "어떤 사정으로 반드시 때려서 혼내줘야 할 때는 내지 훈련공도 마찬가지지만, 사람의 눈에 띄지 않도록 하는 것이 필요하다. 혹은 반드시 훈련공 전원 앞에서 벌을 줘야 할 경우에는 경찰에 부탁해서 경찰관의 손을 빌려서 때린다면 처벌의 의미도 철저하게 각인되어 반감도 일어나지 않는다"[59]라고 서술했다. 기업의 방침으로 반도인, 즉 조선인을 '때려서 혼내주는 일'이 다반사였음을 알 수 있는 대목이다.

조선인들이 저금을 돌려받지 못하게 한 차별 구조

이우연은 조선인 노동자의 강제 노동, 노예 노동의 자료가 이렇게 많이 있는데도 강제 노동은 "과장을 넘어서 역사왜곡, 솔직히 말해 '날조'"[60]라고 주장한다.

이우연의 주장은 다음과 같다.

(1) 임금은 정상적으로 지불되었다.

(2) 강제저축은 일본인도 마찬가지였다.

(3) 2년의 계약 기간이 끝나면 이자와 함께 저축액을 모두 인출했고, 조선에 있는 가족에게 송금할 수 있었다.

이우연이 정말로 이렇게 믿고 있다면 그는 사실을 정확하게 파악하지 못한 것이다. 그렇지 않다면 자신만의 어떤 목적을 위해 사실을 은폐, 왜곡하려는 것이 아닌가 하는 의심을 하지 않을 수 없다.

위에서 (1)은 조선인에게 책정된 임금 체계만 보면 그렇게 말할 수 있을 것이다. 그런데 문제는 일본인과 차별 없이 임금이 책정되었는데도 조선인들이 현금으로 받은 금액이 일본인들보다 훨씬 적었다는 사실이다. 이 문제에 대해서는 (2)를 반박하면서 조선인의 임금 실수령액이 적었던 이유를 살펴보기로 한다.

(2)에서 말한 강제저축은 일본인도 해야 했던 것이 사실이다. 그러나 일본인과 조선인을 비교하면 강제저축의 저축률이 큰 차이가 났다. 예를 들어 1940년의 『반도인 노무자에 관한 조사보고』를 보면 조선인의 경우 저축률이 22.1%인데, 일본인에 대한 강제저축은 1.5~2.0%로 매우 큰 차이가 있었다.[61]

그 후 일본인의 강제 저축률이 증가하기는 했지만, 1943년 11월을 보면 월수입 30엔 미만의 경우는 6.7%, 월수입 50~70엔의 경우는 10%, 월수입 150엔 이상이라고 해도 일본인의 저축률은 13.3%에 불과했다. 그에 반해 1945년의 조선인 노동자의 경우 강제 저축률이 61.3%였다는 보고까지 있다.[62] 시기별로 그리고 임금의 총액별로 차이가 있지만, 조선인 노동자들의 강제 저축률은 일본인보다 훨씬 높았던 것이 사실이다. 그 이유는 다음 (3)을 설명하면 답이 나온다.

(3)에 대해 규슈 후쿠오카현에 있던 메이지광업주식회사 히라야마平山광업소의 사례를 들면서 반박하기로 한다. 이 부분이 차별의 핵심적 내용이라 할 수 있다.

히라야마광업소에서는 당시 조선인이 가입해야 할 저축이 있었는데, 애국저축, 강제저축, 보통저축 등 세 가지였다. 애국저축은 독신일 경우 임금에서 매달 8엔 75전을 공제하고 회사가 보관하며 조선인 노동자가 만기 퇴직할 때만 돌려주는 저축이었다. 그러므로 조선인이 도망치거나 중도 퇴직할 경우에는 돌려받지 못했다. 그런데 일본인들은 만기가 아니더라도 중도 해지가 가능했다. 이것이 민족차별의 핵심적인 내용이다. 도주, 중도 퇴직, 패전 등으로 조선인들이 강제적으로 가입한 애국저축은 모두 기업의 돈이 되었다.

통계를 보면 도주한 조선인 노동자 수가 상당히 많았는데, 그런 경우 회사는 노동자들의 저금을 전액 회사 돈으로 만들 수 있었다. 그러므로 회사로서는 조선인들의 도주를 피해라고 생각하지 않았을 수 있다. 탄광으로 온 지 얼마 안 되는 조선인이 도주하면 곤란하지만, 만기가 다가온 조선인의 도주는 회사로서는 오히려 원하는 일이었을 것이다.

히라야마광업소에서는 애국저축과는 별도로 강제저축이 있었다. 이것은 강제적으로 매달 10엔씩을 조선인 노동자의 임금에서 공제하여 회사가 보관하는 저축 제도였다. 강제저축은 30엔까지 저축되었고, 만기 퇴직하는 경우에만 지불되었다. 역시 도망치거나 만기 이전에 중도 퇴직하는 조선인 노동자는 강제저축을 한 푼도 돌려받지 못했다. 그러나 일본인 노동자들은 강제저축이라도 중도 해지가 가능했다.

나머지 하나는 보통저축이다. 조선인들은 애국저축과 강제저축 외에는 보통저축을 해야 했다. 그런데 보통저축도 "본인이 어쩔 수 없이 인출해야 한다는 사정이 있다고 인정될 때 되돌려준다"고 규정되어 있었다. 결국 자유롭게 인출할 수 없는 제도였다.[63] 보통저축도 도망칠 때는 인출할 이유가 되지 않으니 그럴 경우 저축된 보통저축은 기업의 돈이 되고 말았다.

그렇다면 도망치거나 중도 퇴직한 조선인 노동자들은 어느 정도였는지 알아볼 필요가 있다. 1945년 6월 10일부 '후쿠오카현 지사 갱송更送 사무인계서'에 따르면 1940년 이후 후쿠오카현으로 동원된 조선인 노동자는 14만 2,701명이었고 이들 중 중도 퇴직자(도주자 포함)는 10만 2,020명이었는데, 이는 전체의 71.5%에 달하는 숫자다.[64] 그러므로 1940년 이후 후쿠오카현으로 동원된 조선인 노동자 중 71.5%가 애국저축과 강제저축을 돌려받지 못했고, 도주한 사람은 보통저축마저 돌려받지 못했다는 뜻이다.

이우연은 이와 같은 자세한 이야기를 생략한 채, 독자들로 하여금 마치 조선인들이 저축한 저금 전액을 돌려받은 것으로 착각할 가능성이 큰 글쓰기를 서슴지 않았다. 형식적인 사실만을 말하면서 그 이면에 있는 부당한 진실을 숨기는, 의도하는 바가 무엇인지 몹시 의심스러운 서술 방법을 사용한 것이다. 결과적으로 이우연은 일본 기업이 조선인 노동자를 상대로 저지른 가장 악랄한 행위를 지적하지 않고 은폐했다.

한편 일본인 노동자의 경우, 중도 퇴직할 경우에도 애국저축, 강제저축, 보통저축 모두 돌려받을 수 있었다. 일본인들은 처음부터 통장과 도장은 자신들이 보관했는데, 조선인들의 통장과 도장은 회사가 보관했다. 그런 차별은 조선인들도 알고 있었다. 화가 났지만 참을 수밖에 없는 상황이었다.

그런데 이우연은 다음과 같이 썼다.

> 생활은 대단히 자유로웠습니다. 밤새워 화투를 쳐 잠을 설친다거나, 근무가 끝나면 시내로 나가 과음하고 다음날 출근을 못하는 경우도 많았습니다. 어떤 사람은 조선 여인이 있는 소위 '특별위안소'라는 곳에서 월급을 모두 탕진할 정도로 그들은 자유로웠습니다.[65]

이우연은 광부들의 생활이 자유로웠다고 주장한다. 일본인들은 그랬을 수도 있다. 하지만 조선인들은 외출할 때 외출증이 필요했다. 과음하고 다음 날 출근을 못 하면 폭행을 당하니 조선인들은 그렇게 하지 못했을 것이다. 따라서 이우연의 주장은 조선인 노동자에게는 해당하지 않는 사항이었다. 혹은 가끔 휴가가 있었으니 그럴 때만의 이야기일 것이다.

그리고 탄광에서 화투 같은 도박은 회사에서 오히려 장려했다. 광부들의 도주를 방지하는 목적 때문이었다. '특별위안소'를 설치한 이유도 도주를 방지하기 위해서였다. 군함도의 '특별위안소'에서는 18세의 조선인 '위안부'가 인생을 비관해서 스스로 목숨을 끊었다. 그런 비극적인 '위안소' 이야기를 이우연은 어떻게 이렇게 가볍게 여길 수 있는지, 그 속내가 매우 궁금하다.

탄광에서의 작업상 민족차별을 부정할 수 있는가

이우연은 이어서 조선인 노동자들이 "작업상의 또는 작업배치상의 민족차별"[66]을 받지 않았다고 다음과 같이 주장한다.

> 예를 들어, 탄광에서 갱외보다는 갱내, 갱내에서도 가장 어렵고 위험한 일, 다시 말해서 탄을 캐는 채탄부, 갱을 파나가는 굴진부, 갱도가 무너지지 않도록 목재 등으로 구조물을 만드는 지주부(支柱夫), 이와 같은 일에 조선인들을 강제로 배치하였다는 것입니다. 그러나 이러한 작업현장에서의 민족차별론은 사실과 전혀 다릅니다.[67]

이우연은 위와 같이 조선인 노동자가 일본인보다 갱내의 위험한 곳에 배치되어 위험한 노동에 시달렸다는 민족차별론은 사실과 다르다고 주장한다. 그렇다면 이우연의 주장이 사실인지 확인해볼 필요가 있다.

1945년 7월 31일자 '홋카이도 각 탄광별 노동자 수 조사' 결과에서 뽑은 대탄광의 조선인과 일본인 노동자 갱내 취업률 상황표를 다음과 같이 확인할 수 있다. 표는 원래의 표에서 큰 탄광 부분을 뽑아 필자가 다시 작성한 것이다.

표를 보면 조선인 노동자가 일본인 노동자보다 압도적으로 갱내 취업률이 높은 것을 알 수 있다. 이것은 처음 취업시킬 때부터 조선인을 갱내 노동자로 취업시킨 비율이 높았다는 사실을 말해 준다. 탄광 사고가 주로 갱내에서 일어난다는 것을 감안하면, 조선인 노동자가 일본인보다 압도적으로 위험에 노출되어 있었다는 사실도 알 수 있다.

출전: 홋카이 지방 상공국 '홋카이도 각 탄광별 노동자 수 조사'(1945.7.31.)[68]

탄광명	조선인(%)	일본인(%)
유바리	4,793(88.3)	2,527(51.2)
미쓰비시 미우타	2,525(90.0)	2,096(47.3)
소라치	2,220(83.2)	893(43.2)
미쓰이 수나가와	1,838(82.1)	1,895(45.7)
미쓰이 아시베쓰	1,662(85.4)	790(37.7)
다이유바리	1,613(94.4)	999(48.8)
호로나이	1,408(81.1)	781(40.3)
미쓰이 미우타	1,381(90.8)	1,271(56.1)
신호로나이	1,081(72.5)	531(35.4)
아카히라	1,015(87.6)	294(31.1)

〈대탄광의 조선인 갱내 취업률〉

표에서 확인할 수 있는 것처럼, 홋카이도의 대탄광에서 조선인의 갱내 취업자 비율이 72.5~94.4%인 데 비해 일본인의 갱내 취업자 비율은 31.1~56.1% 정도이다. 그러므로 탄광에 취업할 때부터 조선인은 일본인보다 대략 2배 혹은 그 이상의 비율로 갱내에서 노동하도록 계획되어 있었음을 알 수 있다.

이우연은 "조선인과 일본인이 각각, 네 명과 세 명, 세 명과 두 명, 이런 방식으로 작업조를 짜서 같이 일했다는 것"[69]이라고 하면서 조선인만 위험한 곳에서 일한 것이 아니라고 주장한다. 그러나 이우연도 인정하듯이 같은 조에서 조선인은 많고 일본인은 적었다. 그 이유는 처음부터 갱내에서 일하는 노동자로 조선인을 일본인보다 약 두 배의 비율로 많이 뽑았기 때문이다.

이우연은 1939년부터 1945년 사이에 탄광에서의 사망률이나 부상률이 일본인보다 조선인이 훨씬 높았다는 점을 인정하고 있다.[70] 그리고 그는 "1943년에 일본인은 60%가 갱내부였는데, 조선인은 무려 92%가 갱내부"[71]였다는 점, "가장 위험한 작업을 맡은 조선인들의 비율은 일본인들보다 2배나 높았고, 조선인의 사망률이 일본인의 2배에 가깝게 된 것"[72]도 인정했다.

그런데도 이우연은 민족적 차별을 부정한다. 조선인들이 일본인들보다 위험한 노동을 한 이유로 그는 다음과 같이 일본의 전쟁수행을 거론한다.

군인으로 징병된 일본인들은 모두 청장년층이었고, 이것은 탄광에서도 마찬가지였습니다. 탄광으로부터 징병된 일본인들은 갱외부보다는 갱내부, 갱내부 중에서도 비교적 강한 완력을 갖고서 더 위험한 작업에 종사했던 채탄부·굴진부·지주부 출신자가 훨씬 더 많았습니다.[73]

이와 같이 말하면서 이우연은 전쟁터로 징병된 일본인 광부들이 주로 갱내부였고, 그것도 더 위험한 작업을 하는 채탄부·굴진부·지주부 출신자였다고 말한다. 그러므로 조선인 노동자들은 이런 일본인들의 결원을 보충하기 위해 '모집', '관 알선', '징용'이라는 방법으로 동원되어, 결과적으로 전쟁터로 징병된 일본인 노동자가 맡았던 위험한 갱내에서의 일을 맡게 되었다고 그럴듯하게 설명한다. 하지만 그 근거가 어디에 있는지 궁금하다. 일본에서 징병할 때는 연령으로 정했을 뿐 체력으로 정하지 않았다. 따라서 가장 위험한 일을 하는 광부들을 골라서 일제가 징병했다는 이야기는 이우연의 개인적인 생각으로 볼 수밖에 없다.

설령 그렇다 치더라도 '모집'이나 '관 알선' 때는 조선인들을 속여서 취업 사기로 연행했고, '징용'했을 때도 일본인과 차별 대우를 하면서 자신들의 필요에 의해 조선인에게 위험한 노역을 시킨 것은 정당화되지 않는다.

그리고 이우연은 전쟁으로 징병된 일본인의 결원을 메우기 위한 조선인들의 동원을 말한 후에, 곧이어 이와 모순되는 이야기를 다음과 같이 늘어놓았다.

전쟁 이전에도 일본의 대규모 탄광회사는 조선에서 광부를 모집하여 채용했습니다. 이때도 조선인들의 갱내부 비율과 갱내부 중 3개 중요 작업을 담당하는 광부들의 비율은 1939년부터 1945년까지의

전쟁 기간과 동일하게 일본인보다 훨씬 높았습니다.[74]

이우연은 앞에서 전쟁 때문에 탄광으로부터 일본인 갱내부를 징병하고 그 대신 조선인 노동자를 갱내부로 충원했기 때문에 조선인 갱내부의 비율이 일본인보다 높았다고 말했다. 그런데 그 이야기가 끝난 다음에 이우연은 전쟁 이전에도 위험한 갱내부로 채용된 사람들의 비율이 일본인보다 조선인이 높았고, 그것은 1939년부터 1945년까지와 마찬가지였다고 언급했다. 결국 이우연은 자신이 스스로 거짓말을 인정한 셈이다. 전쟁과 관계없이 조선인 갱내부의 비율은 일본인보다 항상 높았다.

결과적으로 일본 기업들은 탄광업을 시작했을 때부터 일본인보다 조선인 노동자에게 위험한 일을 시켜온 것이 사실이다. 위험한 탄광 일을 하려고 하는 일본인이 처음부터 많지 않았기 때문에 조선인을 투입한 것이다.

그런데 이우연은 조선인들이 이런 위험한 탄광으로 취업한 이유에 대해 다음과 같이 말한다.

젊고 건장한 조선 청년들이 돈을 벌기 위해 일본으로 갔기 때문입니다. (중략) 조선인의 재해율이 높은 것은 인위적인 '민족차별'이 아니라, 탄광의 노동수요와 조선의 노동공급이 맞아떨어진 불가피한 결과였습니다. (중략) 전시기 '작업배치상의 민족차별' 문제는 인

위적인 것이 아니라, 노동수요와 노동공급이 맞아떨어진 자연스러운 결과일 뿐입니다.[75]

　이우연은 조선인들이 위험한 일에 종사한 것은 조선인들이 돈을 벌기 위해 일본으로 갔고, 당시 노동수요와 노동공급이 맞아떨어진 결과이지 결코 '민족차별'이 아니었다고 주장한다. 그는 일본 기업의 변호사 역할을 적극적으로 하고 있는 셈이다. 이런 이우연의 주장은 당시 자발적으로 일본으로 간 조선인들과 '모집', '관 알선', '징용'으로 강제연행된 조선인을 고의적으로 혼동해서 한 말이다.

　1945년 8월 15일 패전 시점에서 강제적으로 동원되어 작업 현장에 있던 조선인 노동자 수는 32만 2,890명이었고, 조선인 군인과 군속은 11만 2,718명이었기 때문에 양자를 합하면 패전 시 일본에 있던 '징용'과 '징병'의 범주에 속하는 조선인들은 모두 43만 5,608명이었다.[76] 이 수치는 패전 시 일본에 있던 조선인 총인구 약 200만 명의 22% 정도이자 1939년부터 1945년의 전시 동원 기간에 증가한 일본 내 조선인 인구 약 120만 명의 약 36%에 해당한다.

　자발적으로 일본으로 건너간 조선인이 많았기 때문에 강제 동원이나 강제연행이라는 단어 자체가 잘못 사용되고 있다고 하면서, '강제연행설 허구론'을 주장하는 사람들이 있다. 이우연도 이

'강제연행설 허구론'의 입장이다. 당시 돈을 벌기 위해 도일한 조선인도 분명히 있었지만, 그렇다고 해서 강제연행이나 강제 동원을 합리화할 수는 없다. 실제로 조선인 약 43만 5,000명은 강제연행된 사실이 있기 때문이다.

이우연이 말하는 "젊고 건장한 조선 청년들"은 주로 일본 정부와 기업에 의해 전시 동원되었고, 나이가 많거나 어린 조선인들은 전시 동원 기간에 도일한 120만 명 중 나머지 64%에 해당하는 사람들로 보인다. 그러므로 전시 동원 기간에 일본으로 건너간 조선인들 3명 중 1명은 강제연행되었다는 이야기다.

일본이 조선인들을 강제연행해 데려간 곳은 주로 탄광이었다. 그러므로 일본 측이 처음부터 강제연행의 대상으로 삼은 조선인들은 '젊고 건장한 남자들'이었다. 마찬가지로 당시 '젊고 건강한 여자들'은 '위안부'나 '근로 정신대'로 끌려갔다.

일본 기업들은 자신들의 수요를 보충하기 위해 식민지 주민이라는 약한 입장에 있는 젊고 건강한 조선인 노동자들을 강제연행했다. 전쟁 시 동원이니 당연하다는 논리는 타당치 않다. 전범 기업들은 조선인들이 도주하지 못하도록 하는 데만 신경을 썼고, 일본인들과 평등한 대우를 해주지도 않았다. 강제로 시킨 저축은 계약 기간 만기가 된 조선인 노동자에만 돌려주었고, 도주하거나 중도 퇴직자의 저금은 모두 기업이 가로챘다.

작업장에서의 대우가 일본인과 조선인이 완전히 평등했다면 모르지만, 그렇지 않았으므로 '민족차별'이라는 본질적인 문제를 안고 있었다. 그리고 조선인 노동자의 불만이 쌓여서 패전 후에도 그 한이 풀리지 않는 이유는 불평등한 대우뿐만이 아니라, 불법적인 일제 강점으로 인해 일어난 부당한 동원이었기 때문이다. 또한 침략 전쟁을 수행하기 위해 전쟁과는 아무런 상관이 없는 한민족을 강제로 가담시킨 일제의 만행 때문이다.

임금 차별은 없었는가

이우연은 '조선인에게 임금을 차별해서 지급했다'는 말은 사실과 다르다고 주장한다. 그는 다음과 같이 그 이유를 설명했다.

(1) 당시 임금은 기본적으로 성과급이었기 때문에 회사는 민족을 막론하고 근로자가 일한 만큼 지불했다.
(2) 월급에서 밥값, 저축, 세금 등 여러 항목을 공제하고도 월급의 45% 이상이 현금으로 조선인들에게 직접 지급되었다. 조선인들은 그 돈으로 놀거나 조선으로 송금했다.
(3) 박경식이 펴낸 『조선인 강제연행의 기록』(1965)이 문제가 많은데도 그대로 인용하는 연구자가 많아 사실이 왜곡된다.

먼저 이우연이 말한 (1)에 대해 반론을 제기하고자 한다. '민족을 막론하고 근로자가 일한 만큼 지불했다'라는 이우연의 주장이 사실과 다르다는 것을 보여주는 자료가 있다. 1944년 7월 2일부 『유바리夕張탄광 개황』이라는 자료로, 일본의 아시아역사자료센터 (https://www.jacar.archives.go.jp/)에서 검색이 가능하다.

이 자료의 '9. 훈련 상황'을 보면 '신규채용 광원의 훈련에 관한 개황'이라는 내용이 있다. 훈련 기간은 내지인 5일간, 반도인 15일간, 근보대원(근로보국대원) 3일간이라는 기재가 있다. 근로보국대

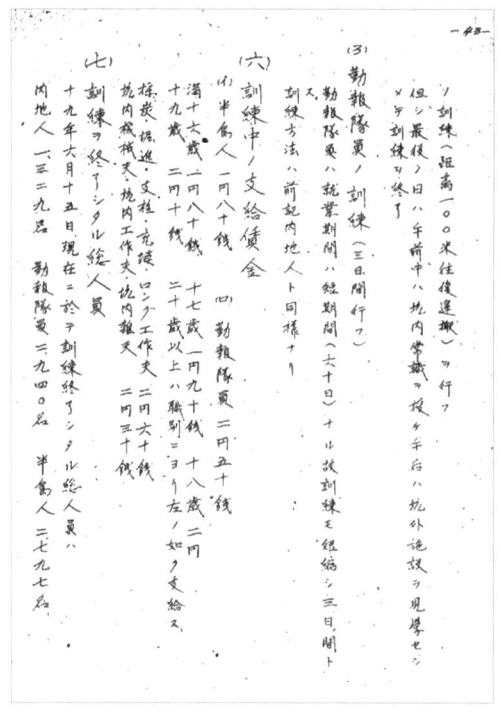

〈유바리탄광 개황〉(일부)

원이란 1941년 12월 1일 시행된 칙령 '국민근로보국협력령'에 따라 동원된 사람들인데, 조선이나 대만에서도 동원되었다.

이 칙령에 따라 학교나 직장마다 14세 이상 40세 미만의 남자와 14세 이상 25세 미만의 미혼 여성을 대상으로 근로보국대가 편성되면서 군수공장이나 광산, 또는 농가 등에서 무상 노동에 동원되었다. 무상 노동이었기 때문에 기간은 짧았다.

그런데 이 자료의 주목할 만한 부분은 훈련 기간 중의 지급 임금, 다시 말하자면 훈련 수당의 차별대우다. 조선인은 일률적으로 하루 1엔 80전의 훈련 수당이 지급되었는데, 근보대원은 원래 무상인데도 하루 2엔 50전으로 조선인보다 70전이나 많이 지급되었다. 이 조건으로 볼 때 여기서 말하는 근보대원은 일본 본토인들로 편성되어 있었을 것이다.

그리고 일본인의 훈련 수당으로 판단되는 금액이 적혀 있는데, 연령별·작업별로 다음과 같이 기재되어 있다. 만 16세 1엔 80전, 17세 1엔 90전, 18세 2엔, 19세 2엔 10전, 20세 이상은 채탄·굴진·지주·충만·롱 공작부 2엔 60전, 갱내기계부·갱내공작부·갱내잡부 2엔 30전 등이다.

이 자료를 통해 알 수 있는 것은 신규 채용 훈련 때 조선인은 훈련 수당이 1엔 80전으로 정해져 있었다. 이는 만 16세 일본인 신규 채용자의 훈련 수당과 같았으며, 최저임금에 해당되었다. 하지만 일본인의 경우 나이에 따라 훈련 수당이 10전씩 올라갔고, 20

세 이상이면 채용된 작업 내용별로 훈련 수당이 정해졌다. 그러므로 이 자료는 신규 채용 훈련 때부터 조선인에 대한 임금 차별이 존재했다는 사실을 확인해주는 확실한 증거다.

징용된 조선인의 나이가 모두 16세였던 것은 아니었다. 모든 조선인이 16세였다면 이 훈련 수당은 공평했다고 할 수 있다. 그런데 1944년 10월의 조반常磐탄광[77]의 통계 자료[78]에 따르면 조선인 광부의 연령은 21세부터 30세가 전체의 62.1%로 가장 많았다. 이처럼 조선인들의 연령이 다양했는데도 훈련 기간의 조선인 임금을 일본인 만 16세 광부에게 주는 최저임금으로 책정했다는 사실 자체가 민족차별이 존재했다는 증거이다.

이 자료를 통해 알 수 있듯이 일본인의 경우 처음부터 연령별, 작업별로 첫 임금이 결정되었는데, 조선인들은 첫 임금 자체가 일률적으로 일본인의 최저임금으로 정해져 있었다. 이우연이 이 자료를 보고 조선인은 차별받지 않았다고 단언할지 자못 궁금하다.

그리고 (2)에서 이우연은 조선인들이 월급에서 식비와 저축 금액 등을 공제한 후 월급의 45% 정도는 현금으로 받았다고 주장했는데, 이에 대해 반론을 제기하고자 한다.

우선 여기에서 언급한 45%라는 숫자가 무엇을 근거로 나온 것인지 알 수가 없다. 이우연은 "1939년부터 1945년까지 조선인에 대한 여러 차례의 조사가 있었"[79]다고만 썼고, 실제적인 자료를 제시하지 않았다.

앞에서 인용한 1944년 7월의 내무성 '복명서'에서 보고자 오구레 야스치카는 "야마구치현 오키우베沖宇部탄광 노무자 967명을 조사했더니 평균 76엔 26전의 수입 중 작업장에서 지출한 월평균 62엔 58전을 공제하면 잔액 13엔 68전이 매달 한 명당 실수령액"이었다고 내무성에 보고했다. 여기에서 확인되는 실수령액은 월급의 45%가 아니라 18%이다. 그런데 이우연은 어떤 근거로 45%라는 수치를 주장했는지 궁금하다.

조선인들이 현금으로 받은 액수가 매우 적었다는 자료는 여러 가지가 있다. 조선인 광부의 실제 임금은 실수령액이었고, 많은 기업이 한 명당 한 달에 10엔 정도밖에 지급하지 않았다는 연구 결과가 많다.[80]

예를 들어 규슈 오이타大分현의 사가세키佐賀関 광산에서는 조선인의 "수입금 중 5엔을 현금 지급하여 나머지는 저축, 송금하고 통장은 노무계가 보관한다"라는 방침이 있었고, 홋카이도의 모든 탄광에서는 "용돈은 한 달에 10엔 이상 주지 않음을 원칙으로 할 것"이 방침이었다. 또한 이바라키현의 이리야마入山탄광에서는 "임금 정산금에서 4엔 이상 5엔 이하를 지급하고, 나머지 전액을 일시 예금 원부에 기입하여 정리 보관한다"[81]라는 기록이 있다. 그러니까 각 기업이 조선인 노동자에게 지급한 현금은 용돈 정도밖에 되지 않았던 것이다.

특히 홋카이도의 고노마이광업소로 동원된 조선인 20명에 관한 『임금대장』(1941년 11월~1942년 4월)을 보면, 조선인 한 명당 월수입은 평균 74엔 40전인데, 실수령액은 6엔 43전에 불과했다.[82]

그런데 이우연은 (2) 조선인이 월급의 45%를 실수령했다는 자신의 이야기를 증명하기 위해 자신이 발굴한 일본질소의 에무카에탄광의 1944년 5월 『임금대장』이라는 회사 문서를 제시했다. 에무카에탄광은 규슈 나가사키현 북부에 있었다. 그는 이 문서가 석탄을 운반하는 운탄부의 1944년 5월분 노동과 보수에 대한 내용이라고 했다.[83]

이 『임금대장』에 따르면 월수입은 조선인이 평균 100엔, 일본인은 116엔이었고 이 금액에서 조선인은 평균 58엔, 일본인은 평균 32엔이 공제되었다. 조선인은 나머지 42엔, 일본인은 84엔을 현금으로 받았다는 계산이 된다. 하지만 현금 수령액도 일본인이 조선인보다 훨씬 많았다.

그런데 이우연은 현금으로 받은 금액에 큰 차이가 있는 이유를 다음과 같이 설명한다. 조선인들은 기숙사 생활을 하면서 식비 등을 지불해야 했지만, 일본인들은 사택이나 개인 주택에 거주했기 때문에 식비 등의 공제가 없었다는 것이다.

그리고 또 하나는 강제저축의 액수 차이인데, 조선인은 평균 26엔, 일본인은 18엔을 강제적으로 저축해야 했다. 이 액수의 차이 역시 일본인들은 가족이 있는 경우가 많았기 때문이라고 이우연은 설명한다.

　그런데 전술한 바와 같이 조선인은 만기가 되어야 강제저축을 인출할 수 있었을 뿐, 중도 퇴직한 사람에게는 기업들이 강제저축을 돌려주지 않았다는 사실을 이우연은 말하지도 않고 서술하지도 않았다. 그것이 강제연행한 조선인에 대한 일본 기업들의 핵심적 횡포인데도 이우연은 전혀 언급하지 않았다.

　예를 들면 2년 계약을 하고 1년 만에 어떤 이유로 중도 퇴직한 조선인 노동자에게는 1년 동안 강제로 저축한 312엔이 지급되지 않았다. 하지만 일본인의 경우 중도 퇴직해도 저금은 모두 돌려받았다. 그런데도 이우연은 조선인 노동자들이 월 임금 100엔 중 42엔을 현금으로 받았고 송금할 수 있었다고 말한다. 그리고 조선의 가족들이 송금받은 돈으로 빚을 갚거나 전답을 샀다는 증언이 많다고 주장한다.[84] 그러나 앞에서 언급했지만 실제로 각 기업의 방침은 조선인에게 현금으로 주는 돈은 10엔 정도로 제한되어 있었다. 이것은 엄연한 사실이다.

　그렇다면 기업들이 42엔에서 10엔을 뺀 나머지 32엔을 어떻게 했는지도 알아볼 필요가 있다. 앞에서도 말했지만, 기업들은 용돈을 뺀 나머지를 보통저축으로 은행에 맡긴 뒤, 특별한 사정이 있는 경우를 제외하고는 조선인 노동자가 저금을 인출하지 못하게 했다. 그렇게 해야 그 지역 은행이 자금을 유용할 수 있기 때문이었다. 이와 같은 보통저축 내역은 『임금대장』에 기록되지 않았다. 그리고 송금할 경우 20엔 이하인 경우가 많은 것으로 알려져 있다.

기업은 조선인이 조선으로 송금하는 액수를 제한했다. 스미토 모 고노마이광업소가 펴낸 『반도 노무원 통리 강요』에는 "반도 여성들은 생활을 잘하지 못해 낭비를 하므로 최저 생활비로 20엔 을 송금하면 된다"[85]라고 명기되어 있다. 조선에 남은 가족들, 특히 조선인 노동자들의 아내들이 "생활을 잘하지 못해 낭비를 하므로"라는 근거 없는 편견을 내세우면서 조선에서의 최저 생활비로 조선인 노동자는 월 20엔을 조선에 송금하면 된다는 부당한 방침 을 정한 것이다.

이렇게 일본 기업들은 조선인 노동자들에게는 가능한 한 현금 을 주지 않고 조선으로의 송금도 억제해 저축을 많이 하게 했다. 결과적으로 식비 등 경비와 강제저축과 보통저축을 합해 70엔이 강제적으로 기업의 돈이 되었고, 송금 20엔에 용돈 10엔이 월 임 금 100엔인 조선인 노동자들의 실상이었다.

이처럼 조선인 노동자들은 일본 탄광에서 철저하게 착취당했 다. 액면상 한 달 수입이 100엔이었다 하더라도 주거비나 식비 그 리고 강제저축 명목으로 58엔이 공제되었고, 남은 42엔 중 10엔 정도를 용돈으로 받았다. 나머지 32엔 중 20엔은 조선에 있는 가 족들에게 송금했다고 하는데 송금을 가로챈 관리자들이 많았다고 하니 일본 기업들은 식민지 국민을 학대한 것과 마찬가지였다. 그리고 나머지 12엔은 보통저축으로 저축하게 했는데, 통장이나 도장은 관리자가 보관했고 노동자가 도주할 경우 결과적으로 기업이 가로챘다.

그러므로 이우연이 (2)에서 언급한 내용, 즉 '월급의 45% 이상이 현금으로 조선인들에게 직접 지급되었고 조선인들은 그 돈으로 놀거나 조선으로 송금했다'라는 내용은 보통저축을 해야 했던 당시의 조선 노동자들의 실상을 외면한 이야기에 불과하다.

이제 (3) 항목으로 넘어가 '박경식이 펴낸 『조선인 강제연행의 기록』이 문제가 많은데도 그대로 인용하는 연구자가 많아 사실이 왜곡된다'라는 이우연의 주장에 대해 반박할 차례가 되었다.

박경식의 『조선인 강제연행의 기록』이 출판된 것은 1965년이므로 이미 반세기가 지났다. 따라서 박경식의 저서는 현재 시점에서 비판하거나 극복해야 하는 부분이 있다고 하더라도, 1965년 당시 일본의 식민지배에 대한 희박한 인식을 바꿔 놓았다는 점에서 의미가 있는 저서라고 할 수 있다. 그 이후 조선인 강제연행에 관한 많은 연구가 본격적으로 시작되었다는 점에서도 박경식의 저서는 전환점의 계기를 제공했다는 역사적 의미가 있다.

그리고 박경식 이후 연구가 상당히 많이 진척되었기 때문에 이우연이 비판하는 내용이 있다 하더라도 현재는 충분히 수정되거나 보완되었다. 그 무엇보다 박경식이 처음으로 조선인 강제연행에 대한 전체적인 기록을 남겼다는 점에서 연구사적 가치 또한 크다고 할 수 있다.

가족 송금과 조선인 탄광부의 임금 수준

이우연은 조선인 노동자들이 조선에 있는 가족들에게 송금을 잘할 수 있었다고 주장했지만, 실상은 그렇지 않았다는 자료들이 다수 있다. 예를 들면 1944년 9월 1일부 '조선인 노무자 내지 송출개선 강화책'(석탄통제회[86] 동부지부)에는 조선에 있는 가족들에게 송금이 잘 이루어지지 않고 있다는 점을 지적하며, 송금이 이루어지도록 (1) 일괄 송금 기타 특별한 조치를 강구할 것, (2) 송금처는 조선의 군도郡道로 할 것, (3) 가족 송금은 매달 장려할 것[87] 등을 지시하고 있다.

　　조선총독부는 가족 송금이 잘 되도록 하겠다고 조선인 노동자에게 약속한 바 있다. "가족에게 송금하는 방법은 어떻게 되어 있는가? 매달 송금되는 것이 아니라서 곤란하다고 들었다"라는 국민총력조선연맹에서 온 질문에 조선총독부 광공鑛工국 노무과 사무관 다하라 미노루田原実는 "사업주에게 책임을 지게 하고 가족 송금이 절대 끊어지지 않도록 하라고 이야기하고 있다. 앞으로는 잘 될 것으로 생각한다"라고 답했다.[88]

그러나 이 약속은 지켜지지 않았다. 예컨대 홋카이도 각 광업소 앞으로 보낸 조선총독부 광산국장의 통달 '반도 송출 노무자의 송금 기타의 연락 방법에 관한 건'(1945년 3월 27일)에는 가족 송금에 대해 아직도 실시하지 않는 광업소가 많다고 지적하는 내용이 있다.[89] 그리고 가족 송금이라는 약속을 탄광 측이 지키지 않아 "잔존 가족의 지원, 지도상은 물론 현재 반도에서의 근로동원 실시상 최대의 지장이 되어 있다는 것이 참으로 유감"이라고 탄광 기업을 비판하는 내용도 있다. 광업소, 즉 탄광 측이 송금하지 않고 있다는 뜻이고, 송금한다고 모은 조선인 노동자의 돈을 탄광 측이 보관하고 있었을 가능성이 있다는 내용으로, 일본의 탄광들이 조선인 노동자의 가족 송금에 소극적이었음을 증명하고 있다.

이우연은 또한 조선인 탄광부의 임금 수준이 매우 높았다고 주장한다. 조선의 다른 직종이나 일본의 다른 직종과 비교해도 매우 높았다는 것이다. 이우연은 일본의 '석탄통제회 규슈지부'가 기획하고, 오우치 노리오大內則夫가 쓴 『탄산에서의 반도인의 근로관리炭山に於ける半島人の勤勞管理』(1945)의 수치를 인용하면서, 조선인 탄광부들이 고임금이었다고 주장한다.

이 책에서 오우치는 "조선인 광부들의 월수입은 수당을 포함해서 보통 150~180엔이고, 일본인 광부와 비교해도 매우 좋다"고 하면서 "일본의 대졸 사무계가 수당까지 포함해서 150엔 정도이므로 그들보다 대우가 좋다"고 주장했다.[90]

하지만 연구자들은 오우치의 주장이 사실과 다르다고 지적한다. 조선인 광부의 임금은 일본인 광부의 70% 정도였다는 통계가 있고, 액면상으로는 일본인과 조선인은 차이가 없었다는 통계도 있기 때문이다. 후자의 경우 조선인 광부의 가동률이 일본인보다 높았고, 일본인보다 장시간 노동을 한 결과이기 때문에 조선인 광부가 고임금이라는 이야기는 사실이 아니라고 연구자들은 주장한다.[91]

스미토모 본사의 고노마이광업소에서는 『반도 노무원 통리 강요』에 "(조선인의) 임금은 내지인의 80% 정도의 수입으로 하는 것을 방침으로 한다"[92]라고 기재되어 있다.

이처럼 오우치 노리오의 책에 오류가 많은데도 일본 우파는 이 책을 근거로 2000년대부터 조선인 광부 고임금론을 주장해왔다. 이우연은 그런 일본 우파의 논리를 수용한 것으로 보인다.

지금까지 논의해온 바와 같이 일본 기업들은 조선인 노동자와 중국인 노동자, 전쟁 포로들을 착취할 수 있는 만큼 착취하겠다고 생각한 모양이었다. 조선인 노동자 등을 죽지 않을 정도로 혹사하면 된다는 식의 생각이었는지도 모른다. 한 달에 10엔 정도의 용돈은 현재 가치로 2만엔, 즉 20만 원 정도라고 하니 고등학생이 받는 용돈 수준이었다. 이렇게 기업의 관리자들은 여러 명목으로 월급의 많은 부분을 조선인 노동자가 관리할 수 없도록 만들었다.

1965년 청구권 협정과 함께 일본이 지급한 무상 3억 달러의 보상금으로 모두 탕감된 것이 아니냐는 의견이 있지만, 일본이 당시 보상금을 지급할 때 생환자, 즉 살아서 귀환한 자에게 보상금을 줄 수 없고 사망한 자에게만 준다고 했다. 따라서 1945년 시점에서 생존해 있던 강제징용 피해자들은 1965년의 청구권 협정의 지급 대상이 아니었다. 그런 중요한 사실을 이우연이나 일본 우파는 절대로 밝히려 하지 않는다. 그 대신 일부 부분적인 사실만을 부풀려 그것이 마치 전체적인 진실인 것처럼 목소리를 높이기도 한다. 이와 같이 일본 우파 논리의 노예가 된 사람들의 정신 상태는 구제하기가 어렵다. '노예근성'이 정신을 파괴해버린 것이다.

애당초 청구할 게 별로 없었다?

주익종 낙성대경제연구소 연구원(이하 주익종)은 한일회담(1951~1965년) 당시 "애당초 한국 측이 청구할 게 별로 없었"[93]다고 주장한다. 주익종은 다음과 같은 이유를 들어 한국 측이 이제 와서 일본 측에 배상을 요구할 수 없다고 주장한다. 그가 그렇게 주장하는 이유는 다음과 같다.

(1) 국제법이나 국제 관계에서 식민지배 피해에 대한 배상 같은 건 인

정하지 않으니 한국이 배상을 받으려고 해도 그렇게 할 수 없었다.

(2) 일본과 연합국이 맺은 샌프란시스코 조약상, 한국은 일본의 식민지 피해국이 아니라 단지 '일본에서 분리된 지역'이었으니, 일본은 한국이 일방적으로 배상을 청구할 수 있는 상대가 아니었다.

(3) 한일회담 첫 회의에서 한국 측은 식민지배 기간 입은 피해에 대한 배상이 아니라 본래의 한국 측 재산의 반환을 청구한다는 입장을 일본 측에 밝혔다.

(4) 미국이 한국 내의 일본인 재산을 몰수해서 한국으로 인도했으니 한국의 대일 청구권은 어느 정도 충족되었다는 미국 측 입장을 한국이 수용했다.

(5) 한국 측이 일본 측에 요구한 8항목 중 제5항에 속하는 피징용 한국인 노무자의 미수금이나 미불금은 일본 국민과의 형평상 살아 돌아온 생환자에 대한 보상은 불가능하다고 일본 측이 한국 측에 통보했다. 그러나 사망자에 대해서는 지급하겠다고 합의했다.

(6) 1965년 4월 17일 한국 측은 이동원 – 시이나 합의로 개인 청구권이 소멸되었다고 확인했다.

(7) 피징용 한국인 노무자의 정신적 피해 보상 문제가 청구권 회담 때 논의되었으나 반영되지 않은 채 협정이 맺어졌으니 새로 제기할 수 있다는 것이 한국 대법원의 입장이다. 그러나 한일회담 당시 한국 측이 일본 측에 식민지배에 대한 배상이나 보상이 아니라, 한국 측 재산의 반환을 요구하기로 스스로 결정했고 그것은 모두 다 끝

났다. 그러므로 1965년 한일 청구권 협정으로 일본과의 과거사가 매듭지어졌고 청산되었음을 한국 측이 인정해야 한다.[94]

이제 위 내용에 대한 반론을 제기한다.

먼저 (1), 즉 국제법이나 국제관계에서 식민지배 피해에 대한 배상 같은 건 인정하지 않는다는 주장인데, 이는 가해자인 제국주의 국가들의 논리일 뿐이다. 그리고 이번 대법원 판결은 개인이 국가에 대해 제기한 소송에 대한 판결이 아닌, 개인이 기업에 제기한 소송이므로 기업의 범죄 행위가 인정되면 기업이 개인에게 배상해야 한다는 것은 당연하다.

실제로 2012년 5월 당시 신 일본제철(현 일본제철)이 패소하면서 4명의 한국인 강제징용 피해자(원고)에게 1억 원씩의 위자료를 지급하라고 한국 대법원이 선고를 내렸을 때, 기업 측은 처음에 그렇게 깨끗이 처리하고 싶다고 밝히기도 했다. 한국 대법원 판결대로 하겠다는 의사 표현을 한 것이다. 하지만 얼마 후 일본 정부가 끼어들어 방해하면서 개인 대 기업의 재판을 마치 나라 대 나라의 재판인 것처럼 왜곡했다. 그러므로 본래의 입장, 즉 개인 대 기업의 입장에서 생각하면 일본 기업은 당연히 한국인 피해자 개인에게 배상해야 마땅하다.

다음은 (2)에서 말한 샌프란시스코 조약은 일본과 연합국이 맺은 조약일 뿐, 한국은 조약의 당사자가 아니다. 그러므로 샌프란시스코 조약의 조문은 기본적으로 한국을 구속하지 못한다. 그리고 샌프란시스코 조약상 한국이 일본에서 분리된 지역으로 규정되었으니 한국이 일본에 배상을 청구할 수 없다는 주장은 참으로 이해하기 어려운 논리다.

샌프란시스코 조약 제4조는 일본국 및 그 국민에 대한 피해국 당국 및 그 주민의 청구권 처리는 일본과 피해국 당국 사이에서 특별히 결정하는 주제로 한다고 밝혔으므로, 일본은 한국의 청구권 문제를 특별히 결정해야 했다. 일본이 각 나라와 개별적으로 협상해야 한다고 연합국과 일본이 합의한 이와 같은 샌프란시스코 조약의 조문으로 한국은 일본에 보상이나 배상을 요구할 수 있다. 한국이 일본으로부터 분리된 지역이므로 배상을 요구할 수 없다는 주익종의 논리가 어디서 나오게 되었는지 이해할 수가 없다.

그리고 (3)의 주장, 즉 한일회담 첫 회의에서 한국 측은 배상이 아니라 한국 측 재산의 반환을 청구한다는 입장을 일본 측에 밝혔기 때문에, 이제 한국은 일본에 배상을 요구할 수 없다는 말도 이상한 논리다. 한국이 일본에 한국 측 재산의 반환을 요구했다고 해도 국민이 그것을 청구한 것이 아니므로 국민 청구권은 남아 있기 때문이다.

(4)에서는 미국이 한국 내의 일본인 재산을 몰수해서 한국으로 인도했으므로, 한국의 대일 청구권은 어느 정도 충족되었다고 주장했다. 그런데 한국 입장에서 볼 때 일본인의 한반도 진출 자체

가 침략 행위이자 불법 행위였으므로 한국 내에 남은 일본인 재산은 원래 한국의 재산이고, 그 재산은 당연히 한국으로 귀속되어야 하는 성격을 띤다. 따라서 한국인들이 배상을 요구하는 문제와는 별개다. 더구나 일본은 한국을 35년간이나 불법으로 지배했으므로 몰수한 일본인의 재산으로 충족되는 한국 측 피해는 극히 일부에 불과하다고 할 수 있다. 그러므로 몰수한 일본인의 한국 내 재산으로 배상이 어느 정도 상쇄되었다는 주장은 터무니없는 주장이다.

(5)에서는 일본이 일본 국민과의 형평상 살아 돌아온 생환자에 대한 보상은 불가능하다고 하는 것은 일본 측 입장에 불과하다. 일본은 가해자이기 때문에 살아서 한국으로 돌아온 한국인들에게는 당연히 보상과 배상을 해주어야만 한다. 2018년 10월 한국 대법원의 확정판결은 살아 돌아온 생환자들이 낸 소송에 대한 선고였다. 일본이 피해당한 한국인에 대해, 특히 생환자에 대해 보상과 배상을 하는 것은 지극히 당연한 일이다. 더구나 1965년 청구권 협정에 생환자의 보상금이나 보상금이 포함되지 않았으니 개인이 기업에 배상금을 청구할 권리는 그대로 남아 있다.

(6)에서는 1965년 4월 17일 이동원 − 시이나 합의로 개인 청구권이 소멸되었다는 주장이다. 하지만 그 합의는 당시 대한민국 정부의 입장일 뿐, 피해를 입은 당사자들의 입장이 아니다. 비록 국가에 의해 국민의 청구권이 소멸되었다고 해도 국민들이 동의하

지 않으면 소용이 없다. 국가의 주체는 국민이기 때문이다.

더구나 한일회담을 통한 국가 대 국가의 교섭에 있어서도 일본 정부는 한국 측에 성실한 태도를 보여주지 않았다. 일본 측은 한일회담에서 당초부터 한국 정부가 증거를 제출하지 않는다면 보상할 수 없다는 태도를 유지했다. 그래서 한국 정부는 법률관계와 사실관계를 밝히기 위해 일본 정부에 피징용자들의 피해 등에 관한 자료 제출을 요구했다.

실제로 일본 정부는 당시 한일국교정상화를 준비하기 위해 각 기업에 명령하여 피징용자의 미불 임금 등에 대해 조사했다. 그 결과 일본 정부는 1953년 시점에서 각 기업의 피징용자에 관한 정보를 수집한 상태였다. 그 자료는 기업명, 미불금의 종류와 액수, 피징용자 인원수 등에 관한 정보였다.

하지만 일본 정부는 그 자료를 한국 측에 넘겨주지 않았다.[95] 주익종은 한일회담 당시 '애당초 한국 측이 청구할 게 별로 없었다'고 주장하지만, 그것은 일본 측이 자료를 은닉한 결과였다. 결국 일본 측의 불공평한 태도로 결정된 1965년 한일 청구권 협정 자체가 근본적으로 문제를 안고 있으므로, 일본 측도 1991년에는 개인 청구권이 소멸되지 않았음을 스스로 인정하게 되었다.

일본 정부는 개인 청구권을 인정했다

2018년 10월 한국 대법원의 판결이 확정되었을 때 당시 일본 외무상 고노 타로河野太郎도 11월 14일 일본 국회 외무위원회에 참석해 개인 청구권이 남아 있음을 인정했다. 그런데 개인 청구권이 법적으로 구제받지는 못한다고 말을 바꾸었다.

그러나 개인의 배상 문제가 1965년의 청구권 협정에 포함되지 않았음을 일본 정부는 역시 인정했다. 한국 대법원 판결에 대한 일본 정부의 견해는 일본의 국회의사록에서 다음과 같이 확인할 수 있다.

■ 고쿠타 위원(일본공산당 고쿠타 게이지 의원) : 한국 대법원은 전 징용공의 개인 청구권은 소멸되지 않았다고 판정했다. 개인 청구권에 대해 일본 정부는 국회 답변 등에서 청구권 협정에 의해 한일 양국 간 청구권 문제가 해결된다고 하더라도 피해를 입은 개인의 청구권을 소멸시킬 수 없다고 공식적으로 표명해왔다.

■ 고노 타로 외상 : 개인 청구권이 소멸되었다고 말하는 게 아니다. 다만 개인 청구권을 포함해 한일 간 재산 청구권 문제는 한일 청구권 협정에 의해 완전하고 최종적으로 해결되었다. 한일 청구권 협정에 있어서 청구권의 문제는 완전하고 최종적으로 해결되고, 개인의 청구권은 법적으로 구제되지 않는다는 것이 일본 정부의 입

장이다.

■ 고쿠타 위원 : 한국 대법원 판결은, 원고가 요구한 것은 미지불 임금이나 보상금이 아니라 한반도에 대한 일본의 불법적 식민지 지배와 침략 전쟁 수행과 직결된 일본 기업의 반인도적 불법 행위를 전제로 한 강제 동원에 대한 위자료, 이것을 청구한 것이라고 되어 있다. 그리고 한일 청구권 협정 교섭 과정에서 일본 정부는 식민지 지배의 불법성을 인정하지 않았고 강제 동원 피해의 법적 배상을 근본적으로 부정했다고 지적하고 이런 상황에서는 강제 동원 위자료 청구권이 청구권 협정의 적용 대상에 포함되었다고 볼 수 없다고 했다. (현 일본) 정부는, 한일 청구권 협정 체결 시 한국 측으로부터 제출받은 대일 청구 요강, 이른바 8개 항목에 피징용 한국인의 미수금, 보상금 및 기타 청구권이라고 기술되어 있고, 합의 의사록에는 이 대일 청구 요강의 범위에 속하는 모든 청구가 포함되어 있다고 하는데, 그 안에 위자료 청구권은 들어 있는가?

■ 미카미 정부 참고인(외무성 국제법국장) : 그러한 청구권도 포함해서 전부 대상이 되었다는 입장이다.

■ 고쿠타 위원 : 언제부터 그렇게 범위가 확대되었나? 그런 이야기는 적혀 있지 않다. (외무성의) 야나이 조약 국장은 "쇼와 40년(1965년) 이 협정을 체결해서 그것으로 일본에서 한국과 한국 국민의 권리, 여기서 말하는 재산, 권리 및 이익에 대해 일정한 것을 소멸시키는 조치를 취한 것이지만 그런 것들 중에 이른바 위자료 청구라

는 것이 들어 있었다고는 기억하지 않는다"라고 분명히 위자료 청구라는 것이 들어 있지 않았다, 들어 있었다고는 기억하지 않는다고 대답했다. 따라서 개인의 위자료 청구권은 청구권 협정 대상에 포함되지 않았다는 것이 분명하지 않은가. 어쨌든 쇼와 40년 이 협정을 체결해서 일본에서 한국과 한국 국민의 권리, 여기에 말하는 재산, 권리 및 이익에 대해서 일정한 것을 소멸시키는 조치를 취한 것인데, 그런 것들 중에 이른바 위자료 청구라는 것이 들어 있었다고는 기억하지 않는다고, 그래서 분명히 이 일련의 청구권 협정과 관련된 협상 과정에서 이뤄진 문제에 대해 위자료 청구권은 들어있지 않았다는 것을 몇 차례 분명히 했다. 이것이 그동안의 답변 아닌가. 그 답변을 부정한다는 말인가?

■ 미카미 정부 참고인 : 야나이 국장의 답변을 부정할 생각은 없다. 일본 내에서 법률을 만들어 그 실체적인 재산, 권리, 이익에 대해서는 소멸시킨 것이다. 그러나 청구권이라는 것은 그런 재산, 권리, 이익과 같은 실체적 권리와 다른 잠재적인 청구권이기 때문에 그것은 국내법으로 소멸되지 않았다는 것을 야나이 국장이 말했다고 생각한다. 국내법으로 소멸시킨 것은 실체적인 채권이라든가, 이미 그 시점에서는 확실한 재산, 권리, 이익이므로 그 시점에서 실체화되지 않았던 청구권은 여러 가지 불법 행위라든가 재판을 해보지 않으면 모르는 것도 포함되어 있어, 그런 것에 대해서는 소멸되지 않았다. 따라서 앞에 말한 대로 권리 자체는 소멸되지 않았다. 그러

나 재판에 갔을 때 구제받지 않는다, (구제는) 실현되지 않는다는 것을 양국이 협약했다고 생각한다.

■ 고쿠타 위원 : 분명히 이 문제에 대해서는 위자료 청구권은 들어 있지 않았다는 것이 지금 답변으로 지극히 명백해졌다. 게다가 당시의 답변은 그대로였다는 것을 확인해 두고 싶다.

(2019년 11월 14일 일본 국회 중의원 외무위원회 회의록)[96]

이상의 인용문을 보면 2018년 11월 시점에서도 일본 정부는 개인 청구권은 소멸되지 않았고, 배상 문제는 한일 청구권 협정에 포함되지 않았다고 분명히 인정했다. 그런데도 일본 측은 양국이 약속했기 때문에 재판에서 개인은 구제받지 못한다는 또 다른 주장을 내놓았다. 일본 측은 한국이 1965년에 일본과 맺은 약속을 어겼다고 강변하기 시작했다.

일본 정부의 주장은 항상 국가 대 국가의 약속이라는 말로 마지막을 장식한다. 그러나 개인 청구권이 남아 있다는 뜻은 개인이 해당 기업에 보상이나 배상을 청구할 수 있다는 의미다. 더구나 이번 소송들은 한국인 피해자가 일본이라는 국가를 상대로 제기한 것이 아니라, 개인이 기업을 상대로 소송을 제기했다. 그리고 일제강점기의 불법성에 의해 기업이 피해자들에게 불법 행위를 저지른 사실에 대한 배상을 대법원이 명령했기 때문에 국가는 이번 판결 문제에서 빠지고, 전범 기업들이 성실히 판결을 이행하는 것이 올바른 순서다.

　기업이 판결을 지키지 않는다면 기업의 한국 내 자산을 압류해 현금화한 뒤 피해자들에게 나눠줘야 한다. 그것만이 답이다. 한국 측의 판결 결과 집행에 대해 일본 정부가 한국에 대한 경제 보복을 다시 시작한다면, 그 결과는 일본의 국제적 고립으로 이어질 뿐이다.

제2부

일본군 '위안부' 제도는
최전선 성노예 제도

제1장

위안부 관련 문서의 중요 부분을 은폐하는 사람들

미군의 '위안부' 심문 보고서 원문의 중요 부분을 은폐해도 되는가

이영훈은 1916년 이후 조선 내에서 '공창제가 대중화'되었다고 주장한다. 그리고 "일본군 위안부로 나간 여인의 상당수가 기생 양성소인 권번 출신이거나 요리옥의 기생 출신"[97]이라고 주장하는데, 그렇게 말하는 근거가 어디에 있는지 궁금하다. 권번 출신이거나 요리옥의 기생 출신자가 일본군 '위안부'가 된 사례가 있다 하더라도 그것은 일부에 불과하다. 대부분의 피해 여성들은 매춘에 대해 잘 모르는 보통 여성들이 업자의 말에 속아서 전선으로 끌려갔다.

조선인 '위안부' 대부분은 매춘과 관계없는 여성들로, 속아서 강제적으로 '위안부'가 되었다는 증거 기록은 1944년 10월의 미국 전시정보국 심리작전반이 작성한 「일본인 포로 심문 보고서 제49호」가 대표적이다. 이 보고서에는 조선인 '위안부'들이 속아서 버마(미얀마)까지 연행된 사실을 밝혀놓았다.

그런데 이영훈은 이 심문 보고서에서 다음과 같은 핵심 부분을 인용하면서도 매춘과 관계없는 여성들이 속아서 '위안부'가 될 수밖에 없었다는 사실을 인정하지 않았고, 조선의 '위안부'는 기생이나 조선의 공창 출신이라고 주장했다. 먼저 이영훈이 책 『반일 종족주의』에 게재한 미군의 포로 심문 보고서의 일부를 살펴보도록 하자. 그 내용은 다음과 같다.

> 일본군의 의뢰인이 위안 서비스를 할 여인을 모집하기 위해 조선에 도착하였다. 서비스의 내용은 부상병 위문이나 간호를 포함하여 일반적으로 장병을 즐겁게 해 주는 일로 소개되었다. 의뢰인들은 다액의 수입, 가족 부채의 면제, 고되지 않은 노동, 신천지 싱가포르에서의 신생활을 미끼로 제공하였다. 많은 여성이 그 허위의 설명을 믿고 전차금(前借金, 가불금)을 받고 응모하였다. 그들 중 몇몇은 이전부터 매춘업에 종사해 왔지만, 대부분은 무지하고 교육을 받지 못한 여인들이었다. 그들은 받은 전차금의 크기에 따라 6개월 또는 1년간 군의 규칙과 위안소 업주에 묶였다.[98]

위와 같은 미군의 포로 심문 보고서를 보면 먼저 조선 여성들이 부상병을 위해 간호사와 비슷한 일을 하거나 병사들을 기쁘게 하는 일을 한다고만 듣고 모집되었다는 사실을 알 수 있다. 그들이 속아서 성매매를 강요당해 '위안부'가 될 수밖에 없었다는 뜻이다.

이렇게 모집된 여성들이 배를 탄 후 되돌아갈 수 없는 상황에서 강제연행이 시작되었다. 즉 조선에서의 위안부 강제연행은 업자들이 먼저 취업 사기로 여성들을 속여서 모집한 다음 군용선에 승선시켜 위안소까지 강제연행하는 수법을 사용했다.

이영훈은 미군의 포로 심문 보고서의 이런 핵심 부분을 인용하면서도 가장 중요한 내용을 왜곡했다. 그는 "이처럼 동남아 위안소의 개설에는 다른 지역에 비해 일본군과 총독부의 개입이 두드러졌[99]"다고 그의 저서에 적었다. 이 말은 원래는 "다른 지역과 마찬가지로 일본군과 총독부의 개입이 두드러졌다"라고 써야 할 것이다.

이영훈은 동남아 위안소의 개설은 "일본군과 총독부"가 주도했다는 역사적 사실이 있음을 인정했다. 그런데 그는 금방 다음과 같이 말을 바꾸었다. 즉 "그렇지만 군에 의해 편성된 공창제라는 그 본질에 있어서 동남아 위안소는 다른 지역의 위안소와 하등의 차이를 보이지 않았[100]"다고 주장한 것이다.

왜 갑자기 일본군의 위안소는 "군에 의해 편성된 공창제"라고 주장하는지 이영훈의 논리의 일관성을 볼 수 없다. 여성들이 취업 사기에 속아서 본인의 의사에 반해 매춘을 강요당했는데, 그런 일본군과 조선총독부의 범죄를 가리기 위해 이영훈이 '공창제'라는 말을 끌어들였다고밖에 보이지 않는다.

일본군 '위안부'가 조선 공창제의 연장이라는 그의 주장은 미군의 포로 심문 보고서가 완전히 부정한 내용이다. 버마에서 미군에 의해 포로가 된 조선인 '위안부' 중 대부분이 기생이나 공창과는 관계가 없었다는 사실이, 업자들이 보통 여성들을 속여서 해외로 연행했다는 것을 증명하고 있기 때문이다.

그런데 업자들이 마치 조선의 성매매 여성들을 일본군 '위안부'로 해외로 데려간 것처럼 주장하는 이영훈의 글은, 허위를 독자들의 마음에 심어놓으려는 의도가 있다고 하지 않을 수 없다. 오히려 그는 자신의 주장을 정당화하기 위해 미군의 포로 심문 보고서의 몇 가지 부분을 다음과 같이 짜깁기해서 인용했다.

위안부란 일본군에 부속된 직업적 창녀들이다. 그녀들은 남자를 가지고 노는 방법을 알고 있다. 개인별로 독방에서 생활하고 영업하였다. 식사는 위안소의 업주가 제공하였다. 그녀들의 생활을 비교적 사치스러웠다. 식료와 물자를 구입할 수 있는 충분한 돈을 가지고 있었기에 그녀들의 생활은 좋았다.[101]

위의 이영훈이 인용한 글은 미군의 포로 심문 보고서 속 몇 군

데에 있는 여러 문장들을 가져와서 마치 한 단락인 것처럼 만든 글이다.

먼저 첫 번째 문장에 '위안부란 일본군에 부속된 직업적 창녀들'이라는 표현이 있는데, '위안부'를 단순한 매춘부로 주장하는 일본 우파가 즐겨 인용하는 부분이다. 그들은 전체적인 포로 심문 보고서의 맥락을 무시하고 자신들의 논리에 필요한 극히 일부분만을 인용하는데, 이영훈도 일본 우파가 쓰는 방법을 그대로 따른 것으로 보인다.

이 문장은 미군의 작전으로 20명의 '조선인 위안부'가 잡혔는데 '위안부'란 어떤 뜻인가, 라는 맥락에서 '권두언preface'에 나온 설명문이다. 일본군이 '위안부'라는 단어를 '종군하는 성매매 여성들'을 가리키기 위해 사용한다는 설명문으로, 이 문장 뒤에는 보통 여성들이 속아서 연행되었다는 문장이 이어진다.

그리고 '그녀들은 남자를 가지고 노는 방법을 알고 있다'라는 글은 포로 심문 보고서의 '성향personality'이라는 제목의 글에 나온다. 이 글이 포함되어 있는 영어 원문은 'Her attitude in front of strangers is quiet and demure, but she "knows the wiles of a woman."'[102]이다. 번역하면 '(위안부들은) 잘 모르는 사람들 앞에서는 조용하고 얌전하지만, 그녀들은 "남자를 가지고 노는 방법을 알고 있다"'라는 뜻이 된다.

이영훈이 인용한 글의 원래 문장에는 큰따옴표(" ") 부호가 붙어 있다. 이 부호가 붙었다는 것은 누군가의 말을 인용했다는 것인데, 일본군 '위안부' 문제 연구자들은 큰따옴표 속의 이 말이 조선인 '위안부' 20명과 함께 연합군에 의해 포박된 2명의 일본인 포주들이 말한 내용이라고 결론 내렸다. 즉 큰따옴표 속의 글은 포주들이 '위안부'들을 표현한 말이다. 그런데 이영훈은 이 부호를 빼고 인용해, 포주들의 말이 아닌 미군의 견해로 보이게 만들었다. 이런 인용 방법은 뉘앙스를 왜곡하는 인용 수법이다.

이영훈은 2명의 포주들도 20명의 조선인 '위안부'들과 함께 미군에 의해 포박되었다는 사실도 동시에 은폐했다.

그리고 이어지는 문장, 즉 "(그녀들은) 개인별로 독방에서 생활하고 영업하였다. 식사는 위안소의 업주가 제공하였다. 그녀들의 생활은 비교적 사치스러웠다. 식료와 물자를 구입할 수 있는 충분한 돈을 가지고 있었기에 그녀들의 생활은 좋았다"라는 내용은 마치 '위안부'들이 '행복한 생활'을 했다는 인상을 주는 문장이다. 이 글들도 일본 우파가 '위안부'가 '성노예'는 아니었다는 논지로 즐겨 인용하는 글들이다.

그런데 이영훈은 일본 우파와 똑같이 이런 내용과 배치되는 다음과 같은 문장은 인용하지 않았다.

많은 "포주"들이 식료, 기타 물품의 대금으로 그녀들에게 높은 금액을 청구했기 때문에 그녀들은 생활이 매우 어려웠다. 〈원문〉 Many "masters" made life very difficult for the girls by charging them high prices for food and other articles. [103]

이 문장은 같은 포로 심문 보고서에 있는 내용인데, 이영훈이 인용한 부분과 모순된다. 이영훈이 인용한 내용, '식사는 포주가 제공했고, 그녀들의 생활은 비교적 사치스러웠고, 그녀들은 식료와 물자를 구입할 수 있는 충분한 돈을 가지고 있었기에 그녀들의 생활은 좋았다'라는 내용과 위 원문의 '위안부'들의 생활이 매우 어려웠다는 내용은 서로 모순된다. 따라서 '위안부'들의 생활 수준이 좋았다는 부분은 포로가 된 2명의 일본 포주들이 진술한 내용으로 판단된다.

그런데 앞에서도 말했지만 이영훈은 2명의 일본인 포주들도 미군에 의해 포박되어 심문받았다는 사실을 은폐했다. 일본인 포주들 2명은 자신들의 범죄를 면하기 위해 조선인 '위안부'들에게 좋은 대우를 해주었다는 이야기를 과장해서 진술했을 것이다. 결국 이영훈이 인용한 원문들은 그가 주장하고 싶은 내용에 맞게 필요한 부분만 짜깁기한 것이므로 대단히 작위적이라고 하지 않을 수 없고, 그가 일본 우파와 매우 흡사한 인용 수법을 사용했음을 알 수 있다.

미군의 포로 심문 보고서에는 "여성들이 (중략) 200~300엔의 전차금을 받았다", "그녀들이 맺은 계약은 가족의 빚을 갚기 위해 가불된 금액에 따라서 6개월에서 1년 동안 그녀들을 '군의 규칙'과 '위안소의 포주'를 위한 역무에 속박했다"[104]고 적혀 있다.

이 내용으로 알 수 있는 것은 업자들은 먼저 여성 가족에게 '고액의 전차금'을 지급했다는 점이다. 이 전차금 때문에 여성들은 결국 성매매라는 본인이 원하지 않는 일에 속박되었다. 이 수법은 이미 돈을 받았기 때문에 여성들이 성매매를 거절할 수 없게 된다는 점을 최대한 이용한 범죄다. 이런 계약을 '노예 계약'이라고 한다. 그러므로 '위안부'가 '성노예'라는 말은 이와 같은 계약 형태를 봐도 맞다. 미군의 포로 심문 보고서에는 여성들이 6개월이나 1년 동안만 '위안부'로 일하고 그 후에는 귀국을 허가받을 수 있었다는 기술이 있다. 이것으로 '위안부'들은 '성노예'가 아니었다는 단락적인 주장을 이영훈도 하지만, 적어도 계약 기간이 끝나거나 혹은 전차금을 모두 갚을 때까지는 여성들이 '성노예'였다는 사실에는 변함이 없다.

전차금을 다 갚은 여성들을 귀가시켜도 일본군은 여성들 스스로가 자신들이 속아서 '위안부' 생활을 했다고 신고하지 않을 것임을 잘 알고 있었다. 당시는 일본이나 조선, 대만 등에서는 여성의 인권 자체가 인정되지 않았고, 일제가 '위안부' 동원 시스템을 만들어 놓았기 때문에 피해 여성들이 조선이나 일본의 경찰에 업자나 일본군의 범죄를 신고해도 귀를 기울여주는 사람은 아무도 없었을 것이다. 일본 정부나 일본군은 그런 당시의 여성에 대한 사회적 시선과 통념을 최대한 이용했다.

미군의 포로 심문 보고서에는 다음과 같은 부분이 있다.

그녀들의 공통된 말에 의하면 연합군에 의한 폭격이 매우 격렬했기 때문에 그녀들은 마지막 시기의 대부분을 방공호 속에서 지냈다고 한다. 그런 상황 속에서도 계속 일을 한 사람도 1~2명은 있었다. 위안소가 폭격되었고, 위안부 수 명이 부상하고 사망했다.[105)

포로 심문 보고서의 이런 기술이야말로 군 위안소의 특징을 잘 말해주고 있다. 일본군 '위안부'는 최전선의 군부대 안이나 바로 옆에 배치되었다. 최전선은 그녀들의 생명을 앗아갈 위험성이 컸다. 그런 위험한 곳으로 여성들이 자발적으로 찾아갔다고 보기 어렵다. 모두가 속아서 끌려간 사람들인 것이다. 그런데도 일본 우파나 아베 정권처럼, 이영훈을 비롯한 『반일 종족주의』 저자들은 '위안부' 여성들의 강제연행 피해를 극구 부정한다.

미군의 포로 심문 보고서에는 다음과 같은 내용도 있다.

그녀들은 '위안부'가 포로가 되었음을 보도하는 리플릿은 사용하지 말아 달라고 (미군 부대에) 요망했다. 그녀들이 포로가 되었다고 일본군이 알게 된다면 아마도 다른 곳의 '위안부'들의 생명이 위험

해지기 때문이다.[106]

위와 같이 포로가 된 조선인 '위안부'들의 증언은, 군 위안소에 있는 조선인 '위안부'들이 언제라도 일본군에 의해 살해당할지도 모르는 상황에 놓여 있다는 것을 보여준다. 이는 일본인이 아닌 조선인을 비롯한 타민족 '위안부'들의 운명이었다.

이 심문 보고서 내용은 그녀들이 일본군의 성 착취의 도구였고, 일본군이 적군에 밀리면 언제든지 증거 인멸을 위해 조선인을 비롯한 타민족 '위안부'들을 살해하고 도주할 수 있었다는 사실을 상기시키는 이야기다. 그런데 이영훈은 이런 부분을 인용하지 않고 철저히 외면했다. 그러면서 그는 다음과 같은 억지 주장을 했다.

요컨대 미군의 심문기록은 위안소가 군에 의해 편성된 공창제로서 고노동, 고수익, 고위험의 시장이었음을 더없이 생생하게 뒷받침하고 있습니다.[107]

관련 연구자라면 모름지기 '위안부'들의 상황을 정확하게 파악해야 한다. 여성들은 취업 사기로 속아서 버마로 연행되었고, 본인이 원하지 않은 매춘을 강요당했지만, 전차금 때문에 도망갈 수 없는 상황에서 성을 착취당했다. 계약 기간이 끝나면 귀국 허가가 나왔다 하더라도 계약 기간 중에는 폐업의 자유가 없었던 '성노예'

였다는 것은 엄연한 사실이다.

그러나 이영훈은 자신의 논리 ― '위안부'들은 좋은 대우를 받았고, 돈도 많이 벌었으며, 자유롭게 지내며 폐업도 자유롭게 했으니 성노예가 아니었다 ― 라는 논리에 유리해 보이는 부분만 인용했고, 자신의 논리와 맞지 않는 부분은 외면했다. 그와 같은 행위가 학자로서 올바른 태도인지 묻지 않을 수 없다.

동남아 위안소와 조선인 위안부들

버마 전선에서의 일본군 '위안부'에 대해 조금 더 이야기해야 할 필요가 있다. 이영훈은 "1942년 5월경 동남아 일본군은 조선군사령부와 조선총독부에 여인들을 보내 달라고 부탁"[108]했다고 지적했다. 이 지적은 버마 전선의 일본군과 조선총독부가 여성들의 '모집'을 주도했다는 점을 이영훈 스스로가 인정한 말이다.

그런 다음 이영훈은 자신의 상상을 적었다. "짐작건대 조선군사령부는 중앙시장에 해당하는 거물 주선업자 몇 명에게 그 일을 부탁하였을 겁니다."[109]

결과적으로 대략 800명의 조선 여성들이 동남아로 송출되었는데 "여인들이 신분증명서와 여행 허가서를 받고 일본군 수송함을 타는 데에는 총독부 경찰의 협조가 필수적"[110]이었다고 이영훈은

'위안부' 동원에 일본군과 조선총독부가 개입했음을 스스로 인정했다.

그렇다면 이 사건만 봐도 일본군 '위안부' 문제는 일본군과 조선총독부의 범죄인데, 왜 이영훈을 비롯한 『반일 종족주의』 저자들은 일본의 범죄를 부정하는 것인지 이해가 되지 않는다.

이렇게 해서 버마의 일본군 '위안부'가 된 조선인 여성 20명은 1944년 8월경 미군의 포로로 잡혔고, 그 미군의 포로 심문 보고서에 관해서는 앞에서 이야기했다. 이영훈이 미군의 포로 심문 보고서의 중요 부분을 외면했다는 것도 전술한 바와 같이 명백하다.

그런데 이영훈은 '위안부'가 된 여성들이 속아서, 본인의 의사에 반해 성매매를 강요당했다는 점은 전혀 문제 삼지 않는다. 여성들이 괜찮은 월 소득을 얻었다면 1년 이상 성노예가 되어도 문제없다는 것인가. 돈만 벌 수 있다면 아무리 납치를 당해 성매매를 강요당했다 하더라도 문제가 되지 않는다고 생각한다면 인권유린의 대표적인 견해라 하지 않을 수 없다.

결국 돈만 주면 성노예로 삼아도 된다는 논리는 돈이 가장 가치가 있으니 다른 것은 눈감아줄 수 있다는 물질만능주의, 배금주의의 발상이다. 이영훈은 '반일 종족주의'의 본질은 물질만능주의라고 스스로 비판하는데, 그의 견해가 물질만능주의 그 자체다.

이영훈은 경제학자이니 돈이 제일 가치가 있다는 발상을 하는지 모른다. 그렇다고 모든 경제학자가 돈을 인권보다 중요한 가치로 보는 것은 아니다. 이영훈을 비롯한 『반일 종족주의』의 저자들은 물질만능주의나 배금주의 신앙에 빠진 사람들이 아닐까 하는 의구심이 든다. 그렇다면 그들이야말로 종족주의자일 텐데, 왜 한국 사람들의 정신문화를 '반일 종족주의'라고 비판하는지도 알 수 없는 일이다. '종족주의'라는 말은 아마도 자신들을 관찰해서 나온 말일지도 모른다. 그런 뜻으로 그들을 '친일 종족주의'자라고 할 수도 있다.

미군의 포로 심문 보고서는 일본군 '위안부' 제도가 일본군에 의한 취업 사기 및 납치의 좋은 사례이자, 군이 통제하면서 형식은 여성들을 포주의 사창으로 만들어 일본군의 책임을 회피하려는 대단히 악덕한 장치였음을 보여주고 있다. 이것은 탄광에서 기업들이 사용한 나야納屋 제도와 흡사하다. 기업이 나야 관리인과 계약하고 나야 관리인이 광부의 모집, 나야라는 숙소 관리, 광부들의 생활 관리, 노동 관리 등을 모두 책임지는 것이 나야 제도였다. 즉 광부들이 기업과 직접 계약을 맺는 것이 아니라 나야 관리인과 계약하는 형태였다. 일본군 '위안부' 제도 역시 일본군은 포주를 선정하고, 포주가 여성들의 모집, 인솔, 현지에서의 위안소 관리 등을 모두 맡았다. 그러므로 '위안부'들은 일본군과 직접 계약한 것이 아니라 일본군의 지시로 포주와 계약한 것이다.

이영훈은 자신의 견해를 뒷받침하는 내용이라며 다른 사례를 꺼내 들었다. 그 사례는 '어느 위안소 조바帳場[11]의 일기'라는,

1942년 7월부터 1944년 말까지 버마와 싱가포르의 위안소에서 근무한 박치근이라는 실재 인물의 일기다. 필자는 이 일기를 현대어로 번역한 책 『일본군 위안소 관리인의 일기』(2013. 안병직 번역, 해제)를 분석했다.

그런데 이 책을 출판하기 위한 연구회에 번역과 해제의 책임을 맡은 안병직 서울대 명예교수 외에 『반일 종족주의』의 저자인 이영훈과 이우연도 참여한 사실을 책의 출간사[112]를 통해 알게 되었다. 그런데 흥미로운 점은 이영훈이 『반일 종족주의』에서 주장하는 내용과, 그가 연구회에 참여해 펴낸 『일본군 위안소 관리인의 일기』의 내용이 많이 배치된다는 사실이다.

이영훈은 『반일 종족주의』에서 '위안부'가 '성노예'였음을 부정했는데, 『일본군 위안소 관리인의 일기』의 결론은 일본군에 의한 조직적인 '위안부' 강제연행을 상당 부분 인정했다. 두 권의 책은 6년 정도의 간격을 두고 출판되었다. 그 6년 동안 이영훈 등의 마음에 변화가 생겼는지, 아니면 그들은 처음부터 '위안부'를 '성노예'로 보지 않고 단순한 상행위를 하는 사람으로 보았는지 필자는 무척 궁금해졌다.

버마 등의 '군 위안소'에 근무한 박치근이 남긴 일기 내용은 다음과 같다.

1942년 7월 박치근은 처남과 함께 조선 여성 19명을 모아 동남아로 떠났다. 그러나 박치근의 일기에는 여성들을 어떻게 모집했는가에 대한 부분이 빠져 있다. 1942년의 일기가 남아 있지 않기 때문이다. 1942년의 박치근의 일기에는 여성들의 모집 과정이나 버마에서의 위안소 설치 과정, '위안부'들의 배정 과정이 기재되어 있었을 가능성이 높다.[113] 그 부분이 핵심인데 현존하지 않는다고 한다.

이영훈에 따르면 "1942년 8월 버마에 도착한 박치근 일행이 일본군의 지시에 따라 위안소를 개설한 곳은 아카브란 도시"[114]로, 박치근의 처남이 경영하게 된 군 위안소는 "최전선의 위안소"[115]였다. 그런데 이 군 위안소에서 처남이 큰 사고를 당해 죽었고, '위안부'도 2명이 죽었으며, 몇 명은 심하게 다쳤다.[116] 이후 박치근은 버마를 떠나 싱가포르의 키쿠수이菊水클럽이라는 위안소의 관리인으로 일했다.

그런데 여기에서 확실하게 해두어야 하는 것은 박치근 일행이 '제4차 위안단'[117]이라는 단체로 버마로 갔다는 점이다. '제4차 위안단'의 동원은 1942년 5월 초에 일본군이 위안부 모집을 위해 업자들을 경성(서울)에 파견하면서 시작되었다.[118] 앞에서 말한 미군의 포로 심문 보고서에 기록된 조선인 '위안부' 20명과 함께 박치근 일행은 버마로 갔다. 이때 일본군은 약 703명의 여성들을 배를 통해 버마로 보냈다.[119] 이들은 일본군에 의해 계획된 '제4차 위안단'이었다. 그렇다면 제1차부터 제3차 위안단도 존재했다는 이야기이므로, 일본군에 의한 대규모 '위안부' 동원은 사실일 가능성이 매우 크다고 안병직은 지적한다.

그런데 이영훈은 이렇게 만들어진 버마의 일본군 '위안소'는 "군의 세밀한 통제하에 있었지만 위안소는 어디까지나 업주 개인의 경영"[120]이었다고 강변한다. 일본군 위안소는 군이 통제하고 군이 선정한 포주가 경영했다. 앞에서 말한 대로 이 형태는 포주의 사창으로 '위안부'들을 고용하게 하여 일본군의 책임을 면하게 하는 형태였다. 그러나 일본군이 위안소의 모든 구성 요소를 통제했기 때문에 포주들의 자율성은 매우 낮았다.

이영훈은 또한 "여인들은 전차금의 상환을 완료하고, 계약 기간이 만료되면, 작부 허가서를 반납하고 고향으로 돌아갔"[121]다고 하면서 "위안부업 역시 어디까지나 위안부 개인의 영업"[122]이었다고 일본군의 변호사 역할을 수행한다. 취업 사기로 매춘을 강요당한 여성들은 '계약 기간' 동안은 '성노예'였다. 일본군은 가끔 여성들을 교체했다. 여성들이 1년 동안 '위안부' 생활을 하면 더는 이용 가치가 없다고 판단한 일본군은 계약 기간을 지켜주었다. 그때마다 포주들은 새로운 여성들을 동원하기 위해 조선이나 대만으로 갔다. 대만에는 조선 여성들이 보충을 위해 미리 대기하는 형태로 대만의 위안소로 끌려갔다.

한편 안병직은 박치근의 1943년 7월 29일 일기 일부분을 거론하며 일본군이 결혼을 위해 '위안부'를 폐업한 여성 2명에게 명령을 내려 다시 '위안부'로 삼은 실제 사례를 소개했다. 다음은 그날의 박치근 일기 전문이다.

1943년 7월 29일 목요일, 흐리고 비
인센 요마(Yoma) 거리의 무라야마 씨 댁에서 일어나 아침을 먹었다. 아라이 씨와 병참에 가서 콘돔을 배급받았다. 위안부 진료소에 가서 등록되지 않은 2, 3인의 위안부에게도 진찰을 받게 했다. 이전에 무라야마 씨 위안소에 위안부로 있다가 부부 생활하러 나간 하루요(春代)와 히로코(弘子)는 이번에 병참의 명령으로 다시 위안부로서 김천관에 있게 되었다더라. 중국인 거리에 들러 저녁에 인센으로 돌아와 저녁을 먹고 밤 1시경에 자다.[123]

안병직은 '위안부'로 있다가 결혼해서 위안소를 나간 두 여성이 병참의 명령으로 다시 '위안부'가 된 사례를 거론하면서 '위안부'들이 자유롭게 폐업할 수 없었다고 인정했다.

이처럼 '위안부'로 있다가 결혼하게 된 여성들이 병참의 명령으로 다시 '위안부'로 돌아온 경우는 어떤 경우일까. 생각하면 슬픈 일이다. 두 사람은 누구하고 결혼했을까? 다시 '위안부'로 돌아와야 한다고 명령이 내려졌을 때, 그녀들과 그녀들의 남편들은 그 명령을 어떻게 받아들였을까? 여러 생각이 교차하지만, 안병직은 다음과 같이 또 하나의 포로 심문 보고서[124]를 인용하면서 전투지, 최전선에서의 위안소에서 폐업이 어려웠던 사실을 설명했다. 아래 인용문의 큰따옴표 안의 이야기는 미군의 포로 심문 보고서 '연합국 최고사령부 연합번역통역 조사보고'에 나오는 내용의 재인용이다.

그리고 다 같은 버마라고 하더라도 전투지에서는 폐업이 더욱 어려웠던 것으로 보인다. 왜냐하면, 외국에서 일본군의 보호를 받지 못하면 위안부들에게는 위안소의 밖이 바로 지옥이기 때문이다. "어느 여자든 이자를 합하여 그녀의 가족에게 지불한 돈을 갚을 수 있을 때, 그녀는 조선까지의 무료귀환교통권을 받고 자유로운 것으로 간주되었다. 그러나 전쟁 상황 때문에 포로(미군에 체포된 포주)가 데리고 있는 그룹의 어느 누구도 지금까지 위안소를 떠나는 것이 허용되지 않았다. 1943년 6월에 제15군사령부가 빚으로부터 자유로운 그녀들을 고향으로 돌아가도록 주선했지만, 이런 조건을 충족하고 귀환하기를 원하는 여자도 머물러 있도록 쉽게 설득되었다."[125]

위의 인용문으로, 전쟁이라는 특수 상황 때문에 전차금을 다 상환하여 폐업할 수 있는 상황이 되었다 하더라도 '위안부'들은 일본군의 보호를 받지 못하게 될 조선으로의 귀환을 포기할 수밖에 없었다는 사실을 우리는 확인할 수 있다. 1944년 8월 10일 조선인

'위안부' 20명과 함께 미군 포로가 된 일본인 포주들에 대한 심문 보고서가 따로 있고, 그것이 위에서도 인용한 '연합국 최고사령부 연합번역통역 조사보고'인데, 이 보고서에는 그들이 생포되기 전에 "네 명은 여행 중에 죽고 두 명은 일본인 군인으로 오인되어 총살되었다"[126]고 기록되어 있다. 그렇게 생명의 위협이 항상 존재하는 것이 최전선이었다. 그런 상황에 있던 최전선으로 강제연행된 조선인 여성들에 대해 이영훈처럼 단정적으로 '그녀들은 돈을 벌기 위해 갔다'고 말하는 것은 대단히 부적절하다.

이와 같이 버마의 위안소에 끌려간 '위안부'들의 생활은 이영훈이 말하는 "어디까지나 위안부 개인의 영업"이 절대 아니었다. 이영훈은 이와 같은 내용이 담긴 『일본군 위안소 관리인의 일기』를 출판하기 위해 자신도 연구회에 참여했고, 자신의 연구소에서 출판한 이 책 내용과는 정반대의 주장을 태연하게 책 『반일종족주의』에 서술하기까지 했다.

이영훈은 "위안부들 역시 전쟁 특수를 이용하여 한몫의 인생을 개척한 사람들"[127]이었다고 하면서 '위안부'들이 거금을 벌었다는 식으로 주장한다. 그러나 안병직은, 전시 하이퍼인플레이션을 생각할 때 버마에서는 매달 11~14%의 인플레이션이었으므로 가장 많이 벌었다고 일본 우파가 야유하는 버마의 '위안부' 피해자 문옥주 씨의 경우에도 1943년 4월부터 1945년 9월까지 번 돈이 약 26,000엔이었지만 그 금액은 인플레이션으로 결국 약 500~1,000

엔의 가치밖에 없었다고 하면서,[128] 문옥주 씨의 예금통장에 관한 고바야시 히데오小林英夫 교수의 현재 금액으로의 환산을 소개했다. 안병직은 그런 화폐를 해외에서 조선으로 송금할 때와 조선에서 인출할 때는 상당한 제약이 있었을 것이므로 '위안부'들이 돈을 많이 벌었다고 할 수 없다고 덧붙였다.[129] 그리고 군인들은 위안소를 이용할 때 군표를 사용했는데, 군표가 패전으로 휴지 조각이 되어, 결국 패전까지 '위안부업'을 한 여성들은 한 푼도 벌지 못한 것이 사실이다.

한편, 문옥주는 그녀가 고생해서 저축해 고향으로 송금한 우체국예금을 끝내 돌려받지 못했다. 문옥주는 그녀를 돕는 모리카와 마치코森川真智子와 함께 일본의 우정성에 예금 지급을 요구하는 운동을 시작했다. 그러나 우정성은 1965년의 한일 청구권 협정으로 모두 끝난 일이라고 해서 예금 지급을 거부했다.[130]

일본의 우파는 문옥주처럼 위안부들은 돈을 벌기 위해 자발적으로 '위안부'가 된 매춘부라고 주장한다. 이영훈의 주장도 이에 가깝다. 그러나 '제4차 위안단'의 조선인 '위안부'들은 조선총독부의 계획하에 취업 사기로 모집되었고, 부상한 병사를 대상으로 간호사처럼 일한다는 말에 속아서 버마까지 갔다. 그렇게 해서 그녀들은 본인의 의사에 반해 성매매를 강요당했다.

전차금을 받았기 때문에 그녀들은 구속된 상태였고, 계약 기간 동안 '성노예'였다. 그녀들이 돈을 벌기 위해 해외로 간 것은 사실이지만, 매춘을 하리라고는 전혀 생각하지 않았다. 최전선까지 데려간 후 이제 도망갈 수 없으니 매춘을 해야 한다고 강요하는 수법은 사람으로서 할 짓이 아니다. 일본군과, 군에 고용된 포주들은 태연하게 여성에 대한 인권유린을 저지른 것이다.

　전차금을 모두 상환해서 고향으로 귀국해도 좋다는 허가가 내려져도 그녀들은 최전선이라는 특수 상황 때문에 생명의 위험을 무릅쓰면서까지 귀국할 수는 없었다. 결국 조선인 '위안부'들은 계속 일본군에 구속된 상태가 되었다. 최전선으로 배치된 것이 조선인 '위안부'들의 특징이다. 일본인 '위안부'들은 보다 안전한 후방 지역에 있었다는 다음과 같은 조사 기록이 있다.

> 후방지역에서는 위안소에 일본인 여자들도 있었는데, 예컨대 메이묘(Maymyo)에는 8개 위안소 중에서 일본인 위안소가 둘이 있었으나, 거기로부터 전방에는 일본인 위안소는 없었다.[131]

　위에 인용한 연합군의 조사 기록에 의하면 일본인 '위안부'들은 조선인 '위안부'들보다 안전한 후방 지역에 배치되었다. 모든 지역에서 그랬다면 일본군은 조선인 '위안부'들을 최전선에 배치했다는 민족적 차별을 자행했던 것이다. 아무도 자발적으로 가지 않는 최전선에 일본군과 조선총독부가 선정한 포주들이 조선인 여성들을 취업 사기로 속여서 연행했다는 사실이 조선인 '위안부'가 자발적으로 '위안부'가 된 게 아니라는 진실을 말해주고 있다.

그런 진실을 왜곡하는 일본 우파나 한국의 신친일파들은 하늘
이 용서하지 않을 인권유린주의자들이다.

제2장

그릇된 '위안부' 논리를 해부하다

조선의 기생제와 공창제로부터 일본군 '위안부' 제도가 생겼을까

이영훈의 일본군 '위안부'에 관한 메시지 중 하나는 일본군이나 일본 정부가 새롭게 군 위안소를 설치했다기보다 기존의 성매매 업소가 그대로 일본군의 군 위안소로 바뀐 것이라는 주장이다. 이 메시지에는 일본군 '위안부'가 된 여성들은 원래부터 성매매 업소에서 일한 성매매 여성들이었다는 주장이 포함되어 있다.

그리고 이영훈의 두 번째 메시지는 일제강점기가 된 후 빈곤계층의 여성들이 가부장적인 아버지에 의해 기생집으로 팔렸고, 그 연장선상에서 여성들이 일본군 '위안부'가 되었다는 주장이다.

이영훈의 세 번째 메시지는 조선 여성들이 업자들의 감언에 속아 '위안부'가 되었다 하더라도 그런 일은 흔히 있던 일이고, 일본 정부나 일본군의 책임이 아니라는 주장이다. 이것이 이영훈의 일본군 '위안부', 특히 조선인 '위안부'에 관한 주된 세 가지 메시지다.

그런데 이 메시지들은 이미 일본의 우파가 오래전에 내세운 논리로, 일본 정부나 일본군의 '위안부' 문제에 관한 전쟁범죄를 부정하기 위해 줄곧 주장해온 것들이다.

조선의 기생제와 공창제가 일본군 '위안부' 제도로 발전되었다는 논리는 하타 이쿠히코秦郁彦가 제공했고, 조선 여성들이 가부장적인 아버지에 의해 기생집으로 팔려 '위안부'가 되었다는 것은 일본의 대표적인 우파 논객인 니시오카 쓰토무의 주장이다.

그리고 강제연행이나 취업 사기가 있었다 하더라도, 그 책임은 모집업자들에게 있다는 논리는 일본의 우파 논객들의 전유물이다. 결과적으로 일본의 우파 논객들이 즐겨 사용하는 논리가 새삼스럽게 한국에서 『반일 종족주의』라는 책 속에 다시 등장한 셈이다.

이영훈의 주장을 정리해보면 일본 정부나 일본군은 '위안부'를 강제연행할 생각이 추호도 없었고, 강제연행을 했다 하더라도 그 책임은 모두 업자들에게 있으며, 대다수의 '위안부'들은 자발적으로 성매매를 시작한 원래부터 매춘부였던 여성들이라는 것이다. 그런데 이와 같은 주장은 일본의 우파와 『반일 종족주의』 저자들,

그리고 일본 논리를 따르는 소위 '신친일파'들이 약속이나 한 듯이 똑같다.

이처럼 '위안부' 문제를 왜곡하는 세 가지 논리는 그것을 주장하는 사람들의 사실 인식에 문제가 있거나, 고의로 왜곡하는 그릇된 자세에서부터 시작된다. 일본군 '위안부' 제도는 조선의 기생제와 공창제의 연장선상에서 생긴 제도가 아니라, 여성들을 취업 사기와 납치 등으로 강제연행해 '위안부'로 만든 새로운 제도였다.

그리고 조선 빈곤층의 가부장적 권위자인 아버지가 딸을 기생집으로 팔았고, 그 연장선상에서 딸들이 '위안부'가 되었다는 논리도 일부의 이야기를 전체인 것처럼 확대해석한 결과다. '위안부'가 된 여성 중에 학교 선생님 등 빈곤층이 아닌 사람들도 상당수 포함되어 있었는데, 그와 같은 사실에 대해서 그들은 명쾌하게 설명을 못 하기 때문이다.

마지막으로 여성들을 모집한 업자들에게 강제연행의 책임이 있다는 주장은 업자들을 선정하여 그들에게 여성들의 모집뿐만이 아니라 전쟁터에서의 군 위안소 경영까지 맡긴 것이 일본 정부와 일본군이라는 사실을 고의적으로 누락한 논리에 불과하다. 결국 『반일 종족주의』 저자들이나 일본 우파는 '위안부' 강제연행을 부정하기 위한 결함투성이의 억지 주장을 펼치고 있는 것이다.

일본 우파가 일본군 '위안부' 문제를 왜곡하기 시작한 것은 1993년 8월 당시의 자민당 미야자와 기이치宮澤喜一 내각의 관방장관 고노 요헤이河野洋平가 일본군 '위안부'에 대한 일본군의 개입과 군의 강제성을 인정하는 '고노 담화'를 발표하면서부터다. 고노 관방장관은 위안소가 당시 군軍 당국의 요청으로 설치된 것이며, 위안소의 설치·관리 및 위안부 이송에 구 일본군이 관여하였고, '위안부' 모집은 감언, 협박 등으로 본인 의사에 반해 이루어진 것이었으며, 관헌 등이 이에 관여했다고 인정했다.

이 담화가 발표되자 일본의 우파는 '위안부' 문제는 없었다고 외치면서 '고노 담화'를 부정하는 운동을 시작했다. 그 이후 자신들의 주장에 맞는 논리가 필요한 일본의 우파는 억지 논리를 만들어 나갔다. 그 결과 일본 내 역사 왜곡은 심해졌고, 그 흐름을 한국의 일부 세력들이 수용한 것이다.

일본군 '위안부'의 본격적 동원의 계기

기록상 일본의 군 위안소의 시작은 1932년 상하이에 설치된 해군 위안소로 알려져 있다. 그러나 일본군이 '위안부'를 '본격적'으로 동원하기 시작한 것은 1937년 중일전쟁 발발 이후부터였다. 그 이전에도 만주 등의 지역으로 조선 여성들이 연행되기도 했지만, 일본군이 수많은 '위안부'를 필요로 하게 된 계기는 일본군이 중일전쟁으로 중국 전체를 침략하기 시작하면서부터였다.

1937년 말, 상하이의 일본군이 업자를 선정하여 독자적으로 '위안부' 동원을 시작했다. 그들이 일본뿐만이 아니라 조선에도 업자들을 보낸 사실은 문서로 확인할 수 있다. 그런데 상하이의 일본군이 '위안부'를 동원하기 시작했다는 사실은 일본 정부가 처음에는 전혀 모르고 있었다.

당시 일본군은 '천황의 군대'라는 뜻의 '황군'이라 불렸고, 대본영大本營이라는 기구에 소속되어 있었다. 말하자면 일왕 직속 부대인 일본군은 일본 정부와는 별개로 운영되고 있었던 셈이다. 조선총독부도 역시 일왕 직속으로 일본 정부와는 다른, 독립된 조직이었다. 그러므로 상하이의 일본군이 '위안부' 동원을 독자적으로 결정해, 일본 정부는 그 사실을 처음에는 모르고 있었던 것이다.

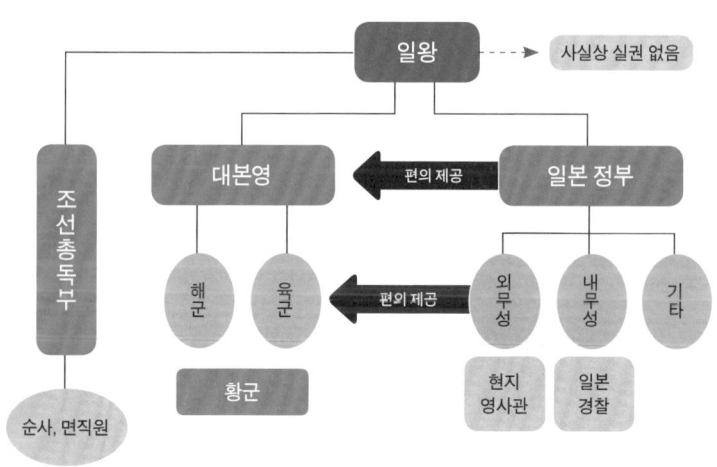

〈일본군 '위안부' 강제연행의 구조〉

그런데 일본군에 선정되어 일본으로 간 업자들이 여성들을 납치하고 다닌다는 제보로 일본 경찰이 업자들을 체포하기 시작했을 때가 1938년 1월이었다. 일본의 관동지방 북쪽에 있는 군마群馬현에서 중국 상하이에 주둔하는 일본군 특무기관의 의뢰를 받아 '작부'('위안부' 모집을 당시 '작부' 모집으로 부름) 업자들이 모집 활동을 시작했는데, 업자들의 여성 모집 방법이 납치나 유괴에 가까워 군마현 경찰은 그들을 체포해 심문했다. 당시 군마현 경찰은 상하이 주둔 일본군이 작부 모집을 업자들에게 의뢰한 사실을 전혀 모르는 상황이었다.

이 사건은 유곽업자 오우치 도시치大內藤七라는 사람이 중심이 되어 벌어졌는데, 오우치는 원래 군마현 마에바시前橋시에서 창부 수십 명을 고용해 유곽 영업을 해온 사람이었다. 그는 중일전쟁으로 중국에 출병한 장병들을 위안하기 위해서라고 하면서, 상하이에 있는 육군 특무기관의 의뢰를 받아 상하이 파견군 내 위안소에서 작부가업, 즉 추업醜業(성매매)을 하는 작부 3,000명을 모집하게 되었다고 경찰서에서 진술했다.[132]

일본군이 유곽을 경영하던 사람 중에 업자들을 선정해 여성 동원을 지시하자 그에 따라 여성들을 동원하기 시작한 것이다. 당시 공문서 내용을 보면 현지 일본군의 최초 요구는 '작부' 3,000명을 중국으로 보내라는 것이었다.

여기에서 말하는 '작부'란 일본의 요리점이나 술집에서 손님에게 술을 접대하는 여성으로, 손님의 요구에 따라 성매매를 하는 경우도 있었다. 따라서 그들은 공창이 아니라 요리점 등에 속한 사창이었다. 그러나 3,000명이라는 많은 여성을 작부로 동원한다는 것이 쉬운 일이 아니었으므로, 업자들의 모집 방법이 점차 대범해져 납치나 유괴에 이르게 되었고, 결과적으로는 경찰에 의해 검거된 것이다.

이영훈은 일본군 '위안부' 제도는 공창제에서 만들어졌고 '위안부'들은 공창이었다고 하는데, 그 주장은 크게 잘못된 이야기다. 처음부터 일본군은 작부를 모집하라고 업자들에게 지시했다. 즉, 사창으로 취급할 여성들을 모집하라는 지시였다.

이처럼 '위안부' 제도가 사창인 작부 제도 개념으로 시작되었기 때문에 일본군 '위안부' 제도에는 통일된 규칙 자체가 없었고, 부대마다 제도 운영 방법이 달랐다.

'위안부'들은 일본군 각 부대가 고용한 포주들의 피고용원이라는 신분으로 은밀하게 연행된 여성들이었다. 1942년 이후는 해외로 도항하는 여성들에게 육군성이 '군 관계자'라는 신분을 부여했지만, 결국 여성들은 '군과 관계가 있는 포주들에게 속하는 피고용원들'이었다.

군마현 경찰서는 업자들에게 실제로 일본군의 의뢰가 있었는지 의심스럽다면서 다음과 같은 문서 기록을 남겼다.

본 건은 과연 군의 의뢰가 있는지 여부가 확실치 않고 공서양속(公序良俗)에 반하는 사업을 공공연히 벌이는 행위는 황군의 위신을 심하게 실추시키는 일이라 생각되므로 이를 엄중하게 단속해야 한다.[133]

이와 같은 부녀자 유괴와 납치 사건들이 같은 시기 1938년 초에 야마가타山形현, 고치高知현, 와카야마和歌山현, 나가사키현 등지에서도 발생했다. 그러나 이들 지역 경찰은 일본군의 의뢰라는 업자들의 말을 믿을 수가 없었다.

그런데 와카야마현이 나가사키현에 조회한 결과, 업자들의 말이 사실로 확인되었다. 나가사키현에는 상하이 현지 일본군으로부터 직접 의뢰가 들어왔다고 했다. 상하이 현지 일본군이 일본 정부에 알리지 않고 독자적으로 '위안부' 동원을 시작한 사실이 밝혀진 것이다. 와카야마현에서 발생한 사건은 다음과 같다.

1938년 1월 6일 오후 4시경 소관인 다나베초(田邊町) (중략) 분리(文理) 음식점 상가에서 거동이 의심되는 남성들 3명이 배회하므로 주의를 주었다. 그런데 그들 중 2명은 분리 수이조(水上) 파출소 순사에게 자신들은 의심스러운 자들이 아니라 군부의 명령으로 상하이 황군 위안소로 보낼 작부들을 모집하러 온 사람들이고, 3,000명을 보내라는 요구가 있어 이미 70명은 1938년 1월 3일 육군의 어용선으로 나가사키항에서 헌병들이 호위하면서 보냈다고 말했다.

(중략)

진상이 의심스러워 정보계 순사에게 수사를 시켰더니, (중략) 교섭 방법에 무지한 부녀자들에게 돈을 잘 벌 수 있다, 군대만 상대로 위문하며 식사는 군이 지급한다, 운운했으며 그들이 납치 혐의가 있으므로 피의자를 동행시켜 단속을 개시했다.[134]

위의 인용문에서 알 수 있는 것은 경찰이 거동이 의심스러운 사람들을 검거하여 심문했더니, 그들이 상하이 일본군의 명령으로 작부 3,000명을 모집해 상하이로 보낸다고 말한 사실이다. 여기서 업자들은 일본군의 '명령'으로 작부를 모집하고 있다고 말했다. 일본군이 업자들에게 명령해 작부(위안부)를 동원했다는 사실은 곧 '위안부' 동원의 책임이 일본군에 있다는 뜻이기도 하다.

그리고 여성들에게 돈을 잘 벌 수 있다, 군대만 상대로 위문하며 식사는 군이 지급한다 등의 감언으로 여성들을 속인 수법을 업자들이 사용했다는 사실도 증명되었다. 또한 업자들이 여성들을 육군이 준비한 군용선으로 현지까지 보냈다는 사실은 '위안부' 동원 시스템의 핵심이 일본군이었다는 점을 명확하게 증명하고 있다. 이와 같은 사실들은 일본군이 앞장서서 군 위안소를 만든 명백한 증거다.

이처럼 '위안부' 문제의 핵심은 이영훈이 주장하는, 국가가 인정한 공창제가 아니라 여성들을 취업 사기로 속여서 일본군 각 부대가 포주를 고용해 여성들을 포주의 '사창'으로 삼았다는 데 있다. 그것이 바로 일본군이 만든 군 위안소의 형태였다. 여성들은 군인이나 군속이라는 국가로부터 보상받을 수 있는 존재가 아닌 '군 관계자'라는 신분이었다. 모두 일본군이 자기 책임을 회피하기 위한 제도였다. 그러므로 일본군은 처음부터 '위안부'들을 어떤 보상이나 배상을 받을 수 없는 존재로 취급한 것이고, 현재까지 그런 태도로 일관하고 있다.

조선총독부가 만든 조선 공창제와 '위안부'

1876년 조일 간에 강화도 조약이 맺어진 이후 조선에 일본인 거류지가 형성되었고, 일본의 공창제가 조선으로 도입되면서 유곽이 생기기 시작했다. 그러다가 1910년의 한일 강제병합을 계기로 정식으로 일본식 공창제도가 조선에 들어왔다.

일본의 우파 논객 하타 이쿠히코의 저서 『위안부와 전장의 성慰安婦と戦場の性』(1999)은 일본에서 '위안부' 강제연행을 부정하기 위해 자주 인용되는 책이다. 이 책의 전체적인 흐름을 보면 조선의 공창제와 일본의 공창제, 그리고 세계 각국의 군이 관여한 매춘 시설들을 서술함으로써 일본군 '위안부' 제도 역시 그중 하나이므로

문제 삼을 것이 없다는 결론을 도출하고 있다.

이영훈은 여성들에 대한 취업 사기나 강제연행이 있었다 하더라도 그것은 주로 중간 업자들이 저지른 범죄이므로 일본군이나 일본 정부에는 책임이 없다고 말한다. 그런데 바로 그와 같은 논리가 하타 이쿠히코의 핵심적 주장이기도 하다.

이영훈의 일본군 '위안부' 문제에 대한 주장의 문제점은 '위안부' 강제연행의 범인들이 일본군이나 일본 정부가 아니라 조선의 기생제와 공창제, 그리고 조선의 가부장 제도와 조선의 성매매 문화, 나아가 조선인 업자들이라는 데 있다. 이 주장도 일본 우파가 내는 목소리와 똑같다.

일본군 '위안부'가 된 여성들은 조선에서 공창이었거나 최빈곤 계층이었다는 주장에 더해 이영훈은 조선의 가부장제를 주요 원인으로 지목했다. 조선의 소녀들을 팔아먹은 것이 가부장적 권력을 휘두른 아버지들이었고, 신여성의 꿈을 꾼 소녀들을 속이고 일본군 위안소로 보낸 사람들이 주로 조선인 업자들이었다는 주장이 이영훈의 논리의 핵심 중 하나다. 그렇게 해서 이영훈은 일본군 '위안부' 문제의 배후에 있는 일본군과 일본 정부에 면죄부를 주었다.

이영훈이 지적한 바와 같이 1916년 조선총독부가 조선에 '대좌부 창기 취제규칙貸座敷娼妓取締規則'을 시행하면서 조선의 유흥업을 일본식으로 정리하기 시작한 것은 사실이다. 조선의 유흥관계법을 일본 법률과 거의 비슷하게 만들어 조선총독부가 조선의 유흥업을 일본식으로 관리하기 위한 목적으로 시행되었다.

그런데 이영훈은 이렇게 만들어진 조선의 공창제는 "처음부터 군 위안시설로 도입된 성격이 강하였"[135]다고 주장해 이 맥락으로 '군 위안소'라는 용어를 사용했다. 이어서 이영훈은 1916년의 공창제 시행이 바로 일본군 '위안부' 제도로 이어졌다고 주장한다. 그러나 이 주장은 사실과 다르다.

이영훈은 "1937년 일본군이 공식적으로 위안소를 설치하자 이들 유곽은 민간인 출입이 금지된 군전용 위안소로 바뀌"[136]게 되었다고 기술했는데, 이것도 틀린 말이다. 이영훈의 주장대로라면 조선의 유곽이 직접 일본군 위안소가 되었다는 것이고, 조선 '위안부'들은 거의 모두가 원래 조선의 공창제 창부들이었다는 이야기가 된다.

그런데 일본군이 중국에 본격적으로 군 위안소를 설치하기 시작한 1937년 이후, 조선 내의 유곽이 일반인이 출입할 수 없는 군전용 위안소가 되었다는 이야기는 어디에서도 찾을 수 없다. 일본군의 '군 위안소'는 주로 만주나 중국 대륙, 동남아 지역, 남태평양의 섬 등에 설치되었고, 그것이 일본군을 위한 '군 위안소'였다.

그런데 중국이나 동남아 등에 보내진 조선 여성들은 주로 업자들에게 속아 새롭게 모집된, 원래 매춘과는 관계가 없는 여성들이었다. 그들은 주로 취업 사기로 모집되어 중국 등으로 보내졌다.

조선 내의 유곽 창부들을 '위안부'로 동원했다면 여성들을 새롭게 모집할 이유는 없었을 것이다. 조선 내의 유곽들을 1937년 이후 일본 군인들이 사용했다 하더라도 조선 내 위안소는 군인이나 군속 전용의 '군 위안소'가 아니라 민간인도 사용할 수 있는 시설들이 대부분이었다.

그리고 조선 내 유곽에서 이미 일이 있는 창부들이 일부러 위험한 전쟁터의 군 위안소로 갈 이유가 없다. 이영훈은 여성들이 고위험이라고 해도 고수익이었으니 전쟁터의 군 위안소로 자발적으로 가게 되었다고 말하지만, 생명의 위험과 돈을 바꿀 수 있다고 생각한 여성들이 많았다고 생각할 수는 없다.

일본군 '위안부' 제도가 문제가 된 이유는 일본의 침략 전쟁으로 전쟁터가 된 중국, 동남아 등 최전선에는 일본인 여성들보다 훨씬 많은 타민족인 조선인이나 대만인 여성들을 동원했기 때문이다.

이영훈은 "기생제, 공창제, 위안소제는 그 본질적 속성을 변치 않은 채 한 계열로 죽 이어져 온 것"[137]이라고 주장한다. 일본군 '위안부'들이 모두 원래부터 창부들이었다고 주장하여 일본군 '위안부' 제도의 범죄성을 물타기 하려는 것이다. 일본군 '위안부' 제도는 조선의 기생제나 공창제와는 관계없는, 취업 사기와 납치 등으로 여성들을 조선이 아닌 타국으로 강제연행해 일본군 각 부대의 성노예로 만든 새로운 시스템이었다.

일본군 '위안부' 동원 시스템

1937년 중일전쟁 시작과 함께 중국 현지의 일본군이 일본군 위안소를 적극적으로 설치하기 시작했다. 따라서 원래 중국 내에 있던 성매매 시설을 일본군의 시설로 변경한 것이 일본군 위안소라는 이영훈의 주장은 사실이 아니다. 그러한 사실을 보여주는 다음과 같은 공문서가 남아 있다. 이는 1937년 12월 21일 주상하이 일본 총영사관 경찰서가 작성한 문서다.

> 황군 장병 위안부녀 도항에 대해 편의 제공 의뢰 건
> 본 건에 관해 전선 각지에서의 황군의 진전에 따라 장병들의 위안 방법에 관해 관계 여러 기관에서 연구 중이었는데, 최근 본 영사관의 육군 무관실과 헌병대에서 합의한 결과 시설의 일환으로 전선 각지에 군 위안소(사실상의 유곽)를 다음과 같은 요령으로 설치하게 되었다.
>
> 영사관
> (가) 영업 원서 제출자에 대한 허락 여부 결정
> (나) 위안부녀의 신원 및 사업에 대한 일반 계약 절차
> (다) 도항상의 편의 제공
> (라) 영업주 및 부녀의 신원 기타에 관한 관련 부처 간 조회 및 회답

(마) 항구 도착과 동시에 영사관에 머물게 하지 말 것을 원칙으로 하고 허락 여부 결정 후에 즉시 헌병대에 인도하는 것으로 함

헌병대

(가) 영사관으로부터 인도받은 영업주 및 부녀의 취업지 수송 절차

(나) 영업자 및 가업 부녀에 대한 보호 단속

무관실

(가) 취업 장소 및 가옥 등의 준비

(나) 일반 보건 및 검징(檢黴, 성병 검사)에 관한 건

위의 요령으로 시설 마련하는 일을 서둘렀는데 이미 가업 여성(작부) 모집을 위해 내지 및 조선 방면을 여행 중인 사람이 있다. 앞으로도 같은 용무로 여행하는 자가 있을 터인데 이자들에게는 본 영사관이 발급한 신분증명서 안에 사유를 기입하고 본인에게 휴대하게 했으니 승선이나 그밖의 일에 편의를 제공하도록 배려해주기 바란다. 또한 항구 도착 후 바로 취업지로 향하는 관계로 모집자, 포주 또는 대리인 등에게는 각각 사업에 필요한 서류를 교부하고 미리 서류를 완비하도록 지시해두었지만, 준비가 안 된 자들이 많을 것이라 예상하고 항구 도착 후 복잡한 절차를 반복하는 일이 없도록 일단 휴대 서류를 검사한 다음 도와주십사 부탁드린다.[138]

위 문서는 상하이 소재 일본 영사관에서 일본군과 영사관이 군 위안소 설치를 계획한 문서다. 그러니 중국에 있던 성매매 업소를 군 위안소로 개조했다는 이영훈의 말이 틀렸다고 할 수밖에 없다. 이 문서는 중국 내에서 군 위안소가 설치된 계기를 증명하고 있는데, 그 내용은 전선 각지에서 일본군 장병들의 위안 방법을 연구했고, 육군과 헌병대가 합의한 결과 전선 각지에 유곽인 군 위안소를 설치하기로 했다고 밝히고 있다. 즉 일본군 위안소는 공창제의 연장이 아니라 새롭게 만들어진 일본군의 성매매 시설인 것이다.

이 문서에는 여성들이 항구에 도착했을 때 영사관에 머물게 하지 말고 허락 여부 결정 후에 즉각 헌병대에 인도하는 것으로 되어 있다. 여성들이 항구에 도착하면 자신들이 성매매를 강요당할 것을 알게 되어 도망갈까 봐 도주를 방지하기 위해 신경 쓴 내용이다.

헌병대는 영사관으로부터 인도받은 포주와 여성들을 위안소로 즉시 수송하도록 되어 있다. 그리고 무관실은 위안소 장소와 가옥 등을 준비하고 성병 검사를 실시하기로 정해졌다. 이렇게 군 위안소는 전선 각지에서 새롭게 마련되었다. 위험한 전쟁터이므로 기존의 성매매 업소가 영업하기 어려운 지역의 일본군 위안소는 여성들을 취업 사기로 속여 강제로 연행했다.

그리고 많은 경우에 여성들을 창부라고 하지 않고 '작부'라고 기재했다. 앞에서 말한 바와 같이 작부는 명목상 공창이 아니라 사창이다. 문서를 보면 일본군이 여성들을 모집하기 위해 일본뿐만이 아니라 조선에도 업자들을 보낸 것으로 나타나 있다. 업자들이 일본 본토와 같은 취업 사기와 납치 수법을 조선에서도 사용한 것으로 이해할 수 있으며, 여성들을 속여서 납치해 가는 수법은 수많은 증언으로 확인할 수 있다.

그리고 이 문서를 통해 업자들이 작부를 모집하는 데 있어 일본 정부나 조선총독부 같은 기관이 여러 가지 편의를 제공한 사실을 알 수 있다.

감금 상태에 놓인 일본군 '위안부'

이영훈은 한국의 1945년 해방 후 이야기를 하면서 해방 후 성매매에 종사했던 한국 여성들은 당시 제조업에 종사했던 한국 여성들보다 소득이 높았으니 "최빈곤 계층의 여인들이 해마다 1만 명 이상이나 위안부가 되었던 것"[139]이라고 썼다. 그리고 "악덕 포주의 위안부에 대한 노예적 지배는 일선 경찰과 뇌물로 이어진 결탁 하에서 공공연히 자행"[140]되었다고도 서술했다.

이영훈은 1945년 이후 성매매업에 종사한 여성들에 대해 '위안부'라는 단어를 사용하면서 '위안부'가 일제강점기뿐만이 아니라 그 후에도 계속해서 흔하게 존재했다는 인식을 독자들에게 심어 놓으려고 한다. '위안부'라는 단어를 의도적으로 사용하면서 해방 후 한국의 성매매 여성들이 일본군 '위안부' 처지와 비슷했으며, 일본군 '위안부'가 한국 역사상 해방 후에도 한국에 존재했으므로 일본군 '위안부'는 특별한 존재가 아니었다고 강변하려는 의도가 있는 듯하다.

이영훈은 여성들이 일본군 '위안부'가 된 이유로 '빈곤'을 들었 다. 그런데 일본군 '위안부'가 되도록 강요당한 여성 중에는 '최빈 곤 계층'이 아닌 여성들이 상당수 있었던 것으로 알려져 있다. 따 라서 '최빈곤 계층'의 한국 여성들이 돈 때문에 일본군 '위안부'가 되었다는 논리는 성립되지 않는다. 다음 증언이 그 사실을 증명하 고 있다.

1942년 5월경 버마 랑군(현 양곤)에 종군 기자로 부임한 오마타 유 키오小俣行男가 1967년 출판한 전쟁 체험담 『전쟁터와 기자 ─ 일화사 변, 태평양전쟁 종군기戰場と記者─日華事変, 太平洋戦争従軍記』에서 랑군의 위 안소에서 만난 조선인 '위안부'에 대해 다음과 같이 증언했다.

> (아침에 도착한 화물선으로 조선 여자들이 40~50명 상륙했다고 듣
> 고 나는 그녀들의 숙소로 향했다.)
> 내 상대는 23, 24세 정도의 여자였다. 그녀는 일본어가 능숙했고 공
> 립학교 교사였다고 했다. "학교 선생님이 왜 이런 곳에 왔나요?"라

고 묻자 그녀는 정말 억울하다고 털어놓았다.

"우리는 속았습니다. 도쿄에 있는 군수 공장에 간다는 모집이 있었습니다. 저는 도쿄에 가보고 싶어서 지원했어요. 그래서 인천 앞바다에 머물던 배를 탔는데, 도쿄로 가지 않고 쭉 남쪽으로 가 맨 먼저 도착한 곳이 싱가포르였어요. 거기서 여자들이 절반가량 내렸고 우리는 버마까지 연행되었습니다. 이제 걸어서 돌아갈 수도 없고 도망갈 수도 없습니다. 우리는 단념했습니다. 그렇지만 불쌍한 것은 아무것도 모르는 어린아이들입니다. 16, 17세 아이들이 8명 있습니다. 이런 장사는 싫다고 울어요. 그 아이들만이라도 구제받는 방법이 없을까요?"

나는 생각한 끝에 헌병대에 호소하는 방법을 알려주었는데, 헌병이 과연 도와줄지 확신은 없었다. 결국, 8명의 소녀는 헌병대에 도움을 청했다. 헌병대는 곤란해했지만, 소녀들은 장교 클럽에서 일하게 되었다고 한다. 그러나 장교 클럽이 결코 안전한 곳이 아니라는 것은 전쟁터의 상식이다. 그 후 소녀들은 어떻게 되었을까?

위의 증언은 도쿄에 있는 군수 공장에서 일하게 된다고 속여 조선 여성들 40~50명을 싱가포르와 버마의 위안소로 강제연행한 사례를 확인해준다. 종군 기자였던 저자가, 속임을 당해 위안소로 연행된 조선 여성들과 소녀들이 있다는 사실에 놀랐다고 묘사되어 있다.

종군 기자는 억울하게 '위안부'가 된 공립학교 조선인 선생님에게 헌병대에 호소하는 방법을 알려주었지만, 헌병대 자체가 항구에서 일본군 위안소까지 여성들을 이송하는 역할을 담당하는 일본의 '위안부' 동원 시스템의 일원이었으므로 어차피 기대하기 어려운 일이었다. 결국, 그 공립학교 선생님이 구제를 부탁한 소녀들은 장교 클럽에서 일하게 되었다고 하지만, 소녀들은 장교들 전용 '위안부'가 되기를 강요당하지 않았을까 생각된다.

이와 같은 전쟁 체험기를 보면 '최빈곤층'이 아닌 여성들도 일본군 '위안부'가 되기를 강요당한 사실을 알 수 있다. 이영훈의 논법으로는 심한 빈곤이 성매매 여성이 되는 이유이므로, 결국 그들은 자발적으로 성매매를 했다는 결론에 도달하도록 독자들을 현혹한다. 일본군 '위안부' 제도를 정당화하려는 일본 측의 주장과 같은 논리다.

공녀와 공창제 그리고 '위안부'

이영훈은 일본군 '위안부' 제도가 조선시대와 일제강점기의 공창제 흐름에서 나타났다고 주장하고 있으나, 이 견해는 일본의 우파 학자들이 주장해온 내용과 거의 똑같다. 특히 이영훈의 글 흐름은 앞에서 말한 일본의 하타 이쿠히코의 책과 유사하다.

하타 이쿠히코의 『위안부와 전장의 성』은 일본 우파가 즐겨 읽는 '위안부' 관련 서적이다. 이 책에서 저자는 각국의 공창제와, 전쟁을 치른 나라에 있던 각종 매춘 시설을 비교하면서 한국의 '위안부'가 일본 관헌에 의해 강제연행된 것이 아니라고 주장했다. 하타 이쿠히코의 서술 목적은 한마디로 일본군 '위안부' 문제를 기타 매춘 문제와 섞어 논하면서 일본군과 일본 정부의 범죄성을 은폐하는 데 있다. 그런 면에서 이영훈의 일본군 '위안부' 문제 서술 방법이 하타 이쿠히코와 같다고 할 수 있다.

하타 이쿠히코는 『위안부와 전장의 성』에 한반도 공창제에 관해 짧게 언급했다. 오래전부터 역사적으로 중국에 공물로 바쳐진 한반도의 여성들은 한반도로 귀향해도 관노비가 되어 매춘해야 살 수 있는 처지에 놓였고, 10세기경부터는 한반도에 기생이 제도화되었으며 그 제도는 조선시대 말기까지 존속했다고 서술했다.[141]

한편 이영훈은 17세기 무관이었던 박취문이 쓴 『부북일기赴北日記』를 인용해, 조선시대의 기생제에 대해 상당히 자세하게 기술했다. 기술한 내용에 따르면 무관 박취문이 임지에 도착하면 그에게 기생이 배정되었고, 임지를 옮기면 또 새로운 기생이 배정되었다. 그리고 박취문이 여행하는 중에 곳곳에서 기생이나 사비와 동침했다고 일기에 남겼다. 이영훈은 이렇게 박취문의 일기를 거론하면서 "아, 여기에 또 한 범주의 군 위안부가 있구나"[142]라고 적었다.

이영훈이 군 위안부라는 말을 이런 식으로 사용하는 것은 일본 군 '위안부' 문제를 조선의 기생제와 혼동하게 만들어서 일본군 '위안부' 문제의 범죄성을 약화시키려는 목적이라고 볼 수 있다. 하지만 조선시대 관비 기생 및 사비들의 행태를 일본군 '위안부'와 동일시할 수 없다.

일본군 '위안부' 제도는 일본이 타민족 여러 계층의 여성들을 취 업 사기나 납치 형식으로 연행해 무력으로 위협하는 환경 속에서 성적 착취를 정당화한 제도이자, 일정한 기간 동안 그녀들을 '성 노예'로 만들어서 '위안부'들의 자유를 박탈한 범죄였다.

한편 조선시대의 기생은 제도화된 계층적 존재였고, 기생이나 사비를 쓰는 사람들은 같은 민족인 조선인들이었다. 고려나 조선 에서 타민족을 기생이나 사비로 강제 동원했다면 한국은 그 타민 족으로부터 지금도 큰 비판을 받고 있을 것이다. 결국 조선의 기 생제와 일본군 '위안부' 제도는 전혀 다른 차원의 제도였다고 할 수 있다.

한편, 몽골(원나라)과 명나라, 청나라가 한반도를 영향하에 두었 을 때 고려나 조선은 그 나라의 명령으로 공녀를 바쳤다. 공녀들 은 고국에 돌아와도 '환향녀'라고 불리며 사람들의 경멸 대상이 되 었다. 한국사의 비극 중 하나인 셈이다.

그런데 일본군이나 일본 정부처럼 타민족을 성노예로 만든 것 이 문제의 핵심이라면 한국은 왜 몽골과 명나라, 청나라 등 중국

왕조에는 강력한 항의와 배상 요구를 하지 않는가, 하는 의문이 생긴다. 이 문제에 대해 일부에서는 한국인들이 일본에는 엄격하지만 중국에는 약하다는 목소리가 나오기도 한다.

그러나 여러 역사적 사실로 일본군 '위안부'와 중국에 보내진 공녀는 큰 차이가 있다. '위안부'와 공녀의 차이는 '위안부'가 불특정 다수인 일본 병사들의 성노예였는 데 비해, 공녀들은 중국인의 성노리개가 되었다기보다 왕궁에 들어가 궁녀가 되거나 중국인의 첩이나 본처가 되었다. 일본군 '위안부'와는 전혀 다른 존재가 공녀들이었다.

예를 들어 원나라로 간 고려의 공녀 중에는 몽골제국 제15대 황제(원나라로서는 제11대 황제) 혜종(순제)의 황후가 된 기황후가 유명하다. 기황후는 원래 궁녀로 황제의 식사 준비 등의 일을 하고 있었으니 성노예가 아니었고, 나중에 황제의 총애를 받아 차황후를 거쳐 정황후의 자리까지 올랐다.

또 하나는 명나라의 사례다. 명나라의 제3대 황제 영락제에게는 24명의 왕비가 있었는데, 그중 조선인 왕비가 6명이었다. 특히 6명 중 안동 권씨 출신의 권현비(현인비)는 영락제의 총애를 받은 공녀 출신의 왕비였다. 권현비는 영락제의 황후가 사망한 후에 후궁 관리를 황제로부터 위임받았을 정도로 영락제의 총애와 신임을 받았다.

그런데 일본군 '위안부' 중에는 이처럼 출세한 여성은 한 명도 없다. 일본군 '위안부' 역사가 짧아서 어쩔 수 없다고 하는 사람이 있을지도 모른다. 하지만 1876년 강화도 조약 이후 조선 여성들이 일본에 진출하기 시작했으니 140년 이상의 세월이 흘렀다. 그런데도 '위안부'였던 조선 여성이 일본 고위층 사람의 본처나 첩이 된 사례를 우리는 듣지 못했다. 그 까닭은 일본이 '위안부'들을 하급 인간이나 군수 물자로 취급했기 때문이다.

이처럼 일본이나 해외로 끌려간 '위안부'나 근로정신대 피해 여성 중 일본에서 영향력 있는 여성으로 등장한 사례는 한 건도 없다. 바로 공녀와 일본군 '위안부'의 큰 차이가 여기에 있다. 중국에서는 공녀를 사람으로 대했고, 일본에서는 '위안부'를 성적 도구로만 생각했기 때문이다. 그 사실은 일본이라는 사회가 타민족과 하찮은 일을 하는 사람에게 배타적인 사회라는 것을 여실히 보여주는 사례이기도 하다.

결국, 일본군 '위안부'와 중국에 바쳐진 공녀는 그 본질에 있어 큰 차이가 있다. 중국에서는 고려나 조선의 여성들을 궁녀, 관노비, 사노비, 첩 등으로 삼았지만, 앞에서 말한 것처럼 그들 중에서는 황후로 출세한 사례가 있었다. 반면에 타민족의 성적 도구로 연행, 동원된 일본군 '위안부'들은 일본군에게 보통 사람으로서의 취급을 받지 못했다.

조선의 기생제와 공창제가 일본군 '위안부' 제도와는 전혀 성격이 다른 제도인데도 이영훈은 이 세 가지를 교묘히 혼동하게 만들었다. 이영훈은 '위안부'라는 말을 '위안을 주는 것을 목적으로 하는 여성'으로 해석할지 모르지만, 일본군 '위안부'를 논할 때 항상 위안부라는 말에 따옴표(' ') 부호를 붙이는 이유는 그들의 본질이 '성노예'였다는 의미가 담겨 있음을 잊어서는 안 되기 때문이다.

그러므로 조선시대의 기생이나 사노비를, 생명의 위험이 따르는 전쟁터 최전선으로 타민족을 끌어간 일본군 '위안부'와 같은 맥락으로 논한다는 것 자체가 일본 정부에 면죄부를 주는 작업의 일환이라 하지 않을 수 없다.

이영훈은 1435년 세종대왕이 "기생을 군 위안부로 규정하고 그 설치를 제도화"[143]했다고 썼다. 그리고 "조선의 기생제는 당초 군 위안부 제도로 만들어진 것"[144]이라고도 적었다. 이영훈은 일부러 조선시대에는 없었던 '군 위안부'라는 용어를 사용하면서, 세종대왕이 마치 '군 위안부'라는 말을 당시에 실제로 사용한 것 같은 인상을 독자에게 심어준다.

호주제 가족 윤리와 성문화가 위안부 제도로 연결되었을까

이영훈은 조선의 기생제와 공창제 여성들이 대부분 그 연장선상에서 '위안부'가 되었다고 서술했는데, 그다음에는 또 다른 이야기를 내놓았다. 그는 조선의 성문화가 호주제 가족 윤리 속에서 만들어졌다고 했다. 호주제의 권력자인 아버지가 딸을 업자들에게 파는 인신매매가 성행했고, 그것이 '위안부' 제도로 연결되었다는 것이다.

이영훈은 일본식 가족제인 호주제가 도입된 후 조선의 아버지들은 "주선업자가 찾아와 감언이설로 설득하고 약간의 전차금을 제시하면 마지못해 또는 얼씨구나 하면서 딸의 취업승낙서에 도장을 찍었던 것"[145]이라고 강조한다. 그리고 "이것이 공창제를 둘러싼 이른바 인신매매의 실태"[146]라고 주장했다.

이영훈의 주장에 따르면 딸들이 우선 조선의 공창제로 인신매매되었고, 그다음 '위안부'로 해외로 송출되었다. 하지만 그 주장은 허위다. 대부분의 '위안부' 피해 여성들은 공창제를 거치지 않고 업자의 속임수에 넘어가 해외 위안소로 끌려갔기 때문이다. 공창제와 위안부 제도는 연결되지 않았는데, 거듭해서 같은 것이라고 하는 이영훈의 주장에 문제가 있다.

이영훈은 1921년 『개벽』이라는 잡지에 실린 기사의 "종래 상놈은 극도로 타락해서 신도信道의 자유도, 취학의 자유도 없이 그야말로 사람의 부스러기로 살아왔다. (중략) 그곳에 가서 알아보니 창기들은 모두 미천한 상놈들의 생활난으로 자기의 딸을 방매한 것"[147]이라는 내용을 인용해 지적하면서 "다시 말해 일본군 위안부 문제와 조선시대의 강고한 신분제와는 무관한 현상이 아니었습니다. 앞에서 지적했습니다만 기생제, 공창제, 위안부제는 본시 역사적으로 한 계보"[148]였다고 다시 강조했다.

이 역시 궤변이다. 일제강점기에 빈곤계층의 사람들이 딸을 창기로 인신매매한 사건들이 발생했다는 사실은 인정할 수 있으나, 그렇다고 그런 가부장적 아버지들이 자신의 딸이 일본군 '위안부'가 된다는 걸 알고서 팔아넘겼다는 증거는 없다. 딸을 인신매매한 아버지들이 있었다 하더라도 그들은 딸이 공장 노동자가 되거나 조선 내에서 기생이 된다고 생각했을 것이다.

딸이 일본군 '위안부'가 된다는 사실을 알고도 업자들에 팔아넘긴 아버지가 과연 몇이나 될까? 만약 인간성을 상실한 가부장적인 아버지가 있었다 하더라도, 딸이 해외로 가서 생명의 위험을 감수하면서까지 최전선의 일본군 '위안부'가 된다는 말은 듣지 못했을 것이다.

결국 조선의 공창제가 위안부 제도로 이어진다는 논리는 맞지 않는다. 앞에 언급한 버마 위안소의 24세 여교사의 사례에서도 알 수 있듯이, 빈곤계층의 여성이 아버지에 의해 기생으로 팔려 '위안부'가 되었다는 이영훈의 논리는 억지스러운 부분이 많다. 그의 주장과 어긋나는 상위 계층 여성의 사례들을 업자의 감언에 속아 넘어가서 '위안부'가 된 단순한 '예외'라고 할 수는 없다. 당시 일본군이나 군 관계 업자들은 빈곤계층 여성들만 연행하려는 계획을 세웠던 것이 아니라, 젊은 여성이라면 누구든지 연행할 계획이었고 실천에

옮겼기 때문이다.

그런데도 이영훈은 창기, 예기, 작부, 첩 같은 존재는 "구래의 신분제 사회와 이식된 근대문명이 결합하여 창출한 가부장 권력이 그 성을 약취한 빈곤계층 출신의 여인들이었습니다. 1937년 이후의 일본군 위안부도 물론이었습니다"[149]라고 서술하면서, 일본군 '위안부'가 조선의 신분제와 그 후 일본에 의해 이식된 가부장적 권력이 만들어낸 제도였고, 일본군 '위안부'들도 빈곤계층의 여성들이었다고 강변했다. 그러나 많은 사례들이 조선의 공창제와 일본군 '위안부' 제도가 연결되지 않는다는 것을 증명하고 있다.

다음을 보면 일본 정부나 일본군이 업자들을 직접 군 위안소의 관리인(포주)으로 극비리에 선정한 사실을 확인할 수 있다. 일본군이 선정한 업자가 아니면 일본이나 조선의 경찰서가 편의를 제공해주지 않았다. 바꿔 말하면 일본군은 군 위안소의 기밀을 지키기 위해 군이 특별히 선정한 업자만을 상대했고, 그들에게는 일본군이 업자들을 직접 선정한 사실을 극비로 하도록 명령했다. 경찰서는 군이 인정한 업자들에게만 편의를 제공했고, 군과 관계없는 업자들은 단속했다.

'내무성 통첩'으로 불리는 1938년 2월 23일부 내무성 문서 '지나(중국) 도항 부녀 취급에 관한 건'에는 군의 이름을 내세워 부녀들을 납치하려고 하는 악덕 업자들에 대한 단속을 말하면서도 다음과 같이 지시했다.

부녀의 도항은 현지의 실정을 생각해볼 때는 확실히 어쩔 수 없이 필요한 면이 있다. 경찰 당국에서도 특별히 고려해서 실정에 맞는 조치를 강구할 필요가 있다.[150]

이 내용이 말하는 것은 내무성 측에서 현지 일본군이 여성을 필요로 하는 사정을 고려해 경찰 당국은 업자들의 편의를 봐줘야 한다는 뜻이다. 여기서 말하는 업자는 군이 선정한 업자를 가리킨다.

그렇게 해서 여성들을 모집하는 과정에서 유괴나 납치 등의 방법이 많이 사용되었다. 1938년 3월 4일부의 육군성 문서 '군 위안소 종업부 등 모집에 관한 건'에는 다음과 같이 기재되어 있다.

모집에 임하는 자에 대한 인선이 적절하지 못해, 모집 방법이 유괴와 유사하여 경찰 당국에 검거되어 조사를 받는 자가 있는 등, 주의를 요하는 자가 적지 않다.[151]

이 문서는 위안부 강제연행이 일본이나 조선 내에서 실제로 있었고, 경찰에 의해 체포된 업자들도 있었다는 사실을 증명해주고 있다. 또한 업자들이 납치나 유괴 등을 저질렀다는 사실도 알려준다. 이 업자들은 일본군이 선정한 업자인데, 일본군의 책임이 아니라면 누가 책임을 져야 한다는 것인지 묻고 싶다.

여기에서 중요한 것은 위안부가 될 여성들을 모집한 업자들을 일본군이 선정했다는 사실을 일본군 스스로가 인정했다는 점이다. 일본군은 문제가 생기지 않도록 여성들을 데려오라고 지시했지만, 업자들이 강제연행 등 문제를 일으킨 것이라고 이해되기 때문이다. 따라서 일본 우파는 이 부분을 일본군이 여성들의 강제연행에 반대하여 단속을 실시했다는 식으로 선전해왔다. 여성들을 강제연행한 사실이 있었다 하더라도 그 주범은 일본군이 아니라 업자들이었다는 일본 우파의 책임 회피론은 늘 그런 식이었다.

군 위안소의 '위안부'가 되어 전쟁터에서 성매매를 한다는 조건을 업자들이 솔직하게 말했을 경우, 그 조건을 승낙하고 따라나선 여성들이 얼마나 되었을지 상식적으로 생각해볼 필요가 있다. 자신의 몸을 이용해 성매매를 하는, 그것도 생명의 위험이 그 어느 곳보다 큰 최전선으로 가야 하는 제안을 과연 어느 누가 자신의 의사로 수용할 수 있었다는 것인지 의문을 품지 않을 수 없다. 화대가 많지도 않은 성매매를 해외의 전쟁터까지 가서 목숨을 걸고 한다는 조건을 그대로 승낙하는 조선 여성들은 없었을 것이다. 그러니 일본의 공장으로 일하러 간다는 등의 거짓으로 여성들을 속여서 해외의 격전지로 보낸 것이다.

여러 가지 방법을 동원했지만 모집 인원이 예상보다 크게 밑돌자, 일본군이 선정한 업자들은 여성들을 유괴하는 등 불법 행위를 일삼았다. 경찰의 단속으로 납치나 유괴가 어려워지자, 여성들을 속이는 방법을 사용하기 시작했다. 사기나 강제성을 띨 수밖에 없는 모집이 당시의 '위안부' 동원이었는데, 현지의 일본군은 그 사실을 알고도 시정할 의지가 없었다. 그렇게 일본군은 자신들이 선정한 업자들의 취업 사기나 강제성을 묵인해 나갔다.

다음 증언은 중국 남부의 난닝南寧에서 헌병대 중장(일본에서는 조장)으로 근무한 스즈키 타쿠시로鈴木卓四郎가 자신의 전쟁 체험기 『헌병하사관憲兵下士官』(1974)에 쓴 내용이다.

1940년 8월 중순이나 말쯤이 아니었을까. 난닝헌병대 근무를 명령받고 (중략) 난닝 공로 길가에 있는 '북강향(北江鄕)'이라 불리는 마을에 헌병대를 개설한 지 얼마 안 되었을 때였다. '군에서 위안소를 개설했으니 사고가 일어나지 않도록' 충분히 감시하라고 여단사령부 고급부관이 지시를 내렸다. (중략) 그때가 최초로 방문한 날이었다. 위안소는 사령부와 바로 가까운 거리에 있었다. '육군 위안소 북강향'이라는 간판을 내걸었지만, 보통 민가를 개조해 만든 위안소로 초라했다. 좁은 마루에는 돗자리가 깔려 있었다. 작부 인원은 15~16명이었는데 15~16세로부터 22~23세 정도의 조선인이고 잘 못 하는 일본어로 접객하고 있었다. 어떤 사정인지 어떤 처지인지 알 수 없었지만, 동서도 선악도 알지 못하는 소녀들에게 매춘을 시키다니, 그 심경을 생각할 때 전장의 치부를 역력히 보는 것 같았다. (중략)

"제가 가게 주인인데요"라고 내 앞에 나타난 사람은 시골 초등학교 선생님을 상기하게 하는 청년이었다. (중략) 작부들의 말에 의하면 가게 주인 황 씨는 일본식으로 말하면 지주의 둘째 아들이고 학력이나 지위가 그 마을의 교장 선생님보다 높았다고 한다. 나라를 위해 민족을 위해, 라고 하여 당시 유행하던 외정 장교 위문을 위해 소작인 딸들을 데리고 중국으로 도항해왔다는 이야기였다.

그런데 그가 생각한 위안소와 현실의 위안소는 너무 달랐다. 그가 상상한, 아니 중국 도항 시의 계약은 육군 직할의 다방, 식당 혹은 장교 집회소라고 되어 있었다. 그것이 육군 위안소, 바로 매춘업이라는 것을 현지에 와서 알게 된 것이다. 소작인의 아이들, 빈농의 딸들이라고 해도 소학교도 제대로 졸업하지 못해 선악의 구별을 잘 못 하는 여자아이들에게 매춘을 강요해야 하는 책임을 깊이 느껴서 "오빠, 오빠!"라고 그를 따르는 이들 젊은 여자들에게 마음으로부터 자신의 어리석은 행동을 후회하고 있는 듯했다.[152]

일본군 헌병 스즈키 타쿠시로는, 조선 여성들이 중국 난닝에서 육군 직할의 다방이나 식당에서 일하는 것으로 계약하고 왔는데, 현지에서 일본군 '위안부'가 되기를 강요당했다는 말을 가게 주인에게서 들었다. 이 예는 소녀들을 데리고 있던 지주의 아들이 업자들에게 속은 경우다. 도주를 시도하려고 해도 감시가 심해 생명이 위험할 수 있는 상태였다. 그리고 고액의 전차금을 이미 받은 상태이므로 일을 거절할 수도 없었고, 가게 주인 황 씨도 후회 이

외에는 어떻게 할 방법이 없는 상황이었다.

　군은 이런 상황을 알고도 어떤 조치도 하지 않았다. 이 글을 쓴 스즈키 타쿠시로 헌병 중장도 당시는 이런 불법에 대해 피해자들에게 어떤 도움도 주지 않았다. 군의 부조리를 시정해야 할 헌병 입장이었는데도 외면했다. 군의 상부에서 소녀들에게 매춘을 강요하고 있다는 것을 모를 리가 없었다.

　일본군이 위안부 강제연행과 위안소 운영 등의 책임을 면할 수 없다는 것은 매우 분명하다. 업자들이 여성들을 속여 현지로 데려가 위안부로 만들었다고 해도 문제 삼지 않았기 때문이다. 일본 현지 군이 처음부터 여성들을 불법으로 연행해도 된다고 허락했다는 것을 알 수 있는 대목이다. 또한 헌병이 명백한 불법에 어떤 조치도 취하지 않았다는 사실은, 일본군 고위층의 지시가 있었음을 암시한다.

　그런데 군 위안소를 경영한 황 씨는 일본군에게 속았다는 사실과 현지에서 일어난 갖가지 횡포 때문에 일본군에게 강한 증오심을 갖게 되었던 듯싶다. 결국 일본이 패전한 이후에 살인 사건을 일으킨 것이다. 다음은 일본 패전 후 스즈키 타쿠시로 헌병이 중국 하이난에서 만난 전범 혐의자에게서 들은 황 씨에 대한 이야기다.

　저 황이라는 놈, 정말 잔인했어. 전쟁 중에는 계속 군을 이용해서 돈을 벌었는데, 그놈이 패전의 혼란을 틈타 특무부 정무국장을 죽인 거야. 전승 국민이라든가 제3국인이라고 잘난 척했는데 결국 유곽의 포주가 아닌가. 그놈이 육군 군속이었다니 정말 한심한 거야. 저 정무국장이 살아 있었다면 우리 특무부의 전범들은 반 이하가 되었을 거야. 나 같은 사람은 군속이라고 해도 사정관도 장교 대우도 아닌 하급 군속이야. 그런데 전범 지명을 받아 광둥 감옥에 가둬졌고, 최악의 경우는 사형이야. 나는 정무국장을 죽인 황을 죽어도 잊지 못할 거야.[153]

황 씨는 업자들에게 속아 조선의 딸들을 강제로 '위안부'로 만들 수밖에 없었고, 그 이후에도 일본군의 횡포를 용납할 수 없었던 것으로 보인다. 일본이 패전한 후 그는 일본군 특무부의 정무국장을 살해했다. 상세한 경위는 기재되지 않았지만, 황 씨의 분노가 컸다는 점을 느끼게 하는 실화다. 그만큼 일본군 '위안부' 제도는 극악의 제도였다.

그리고 황 씨가 육군 군속이었다고 하니, 군 위안소의 포주들은 민간 유곽과 달리 '군속'이라는 지위가 부여된 것으로 보인다. 이 것도 일본군 위안소가 일본군이 경영한 특수 위안소였음을 여실히 보여주는 증거다.

그런데 일본군은 '위안부' 여성들에게는 군속이라는 지위를 주지 않았다. '위안부'는 작부라는 사창 개념이었다. 만약 '위안부'에게 군속 지위를 주었다면 일본군이 그들에게 보상을 해주어야 했다. 처음부터 보상해줄 생각이 없었던 일본군은 '위안부'들을 제대로 대우해주지 않았고, 속여서 연행해 사용한 뒤 버리는 정도로 생각한 것이다.

원래 매춘부였던 여성들을 전쟁터로 보냈을까

매춘과는 전혀 관계없는 조선 여성들을 취업 사기로 데려갔다는 많은 증언을 통해 위안부 모집이 기생제나 공창제의 연장이 아니었음을 명확하게 확인할 수 있다. 그런데 일본 내무성이 1938년에 관계 기관으로 하달한 '내무성 통첩'에는 다음과 같은 부분이 있다.

> 추업(성매매)을 목적으로 하는 부녀의 도항은 현재 일본 본토에서 창기 및 사실상 추업을 하고 있는 만 21세 이상 및 성병 기타 전염성 질환이 없는 사람으로, 북부 지나, 중부 지나 방면으로 가는 사람에 한해 당분간 이를 묵인하기로 한다.[154]

이 인용문은 중국으로 도항하여 현지에서 일본군 '위안부'가 될 여성은 원래 일본이나 조선에서 창부 등 성매매에 종사한 여성으로 하고, 만 21세 이상의 여성만을 보낸다는 내용이다. 이 인용문도 일본 우파가 즐겨 사용하는 문구인데, 원래 매춘부였던 여성들을 해외로 보냈으니 문제가 없다는 게 그들의 논리다. 이 내용은 이영훈이 말하는 내용과도 일맥상통한다. 원래 기생이나 공창이었던 여성들이 일본군 '위안부'가 되었다는 것이 이영훈의 주장이기 때문이다.

그러나 이 인용문 마지막에 "당분간 이를 묵인하기로 한다"라는 구절이 있다. 이 말은 원래 매춘부였던 여성이더라도 해외로 보내는 것 자체에 문제가 있었음을 말해주고 있다. 일본은 1925년 국제 조약인 '추업을 시키기 위한 부녀 매매 금지에 관한 국제조약'에 가입했는데, 이 조약은 미성년자의 인신매매를 금지하는 것뿐만이 아니라, 제2조에서 다음과 같이 성인 여성을 성매매 목적으로 해외로 보내는 행위를 금지하고 있다.

제2조 : 누구든지 타인의 정욕을 만족시키기 위한 추업을 목적으로, 사기에 의해 또는 폭행, 협박, 권력 남용 기타 일체의 강제 수단으로 성인 부녀를 권유하여 유인한 자 또는 괴거(拐去)한 자는 위 범죄의 구성 요소인 각 행위를 외국으로 건너가서 수행했다고 하더라도 처벌받아야 한다.[155]

이 조항이 중요한 까닭은 비록 그 대상이 성인 여성이라고 해도 성매매를 목적으로 사기와 폭행, 협박 등의 강제 수단으로 여성을 권유, 유인뿐만이 아니라 유괴, 납치 등으로 해외로 보내는 행위가 모두 범죄라고 단정했기 때문이다.

'내무성 통첩'에 "당분간 이를 묵인하기로 한다"라는 문장이 있는 이유는 일본군이 선정한 업자라고 해도 그들의 여성 동원 방법이 사기성이나 강제성을 띨 수밖에 없다는 것을 내무성이 알고 있었기에 '당분간 묵인' 방침을 내세워 범죄 행위를 눈감아준 것이다.

이영훈은 1937년 이후 일본군의 본격적인 중국 대륙 침공으로 "일본군 주변에서 대규모 매춘 시장이 열리자 조선인 매춘업이 조선 또는 만주에서 출발하여 상하이로 들어왔던 것"[156]이라고 주장하며, 마치 일본군 '위안부' 제도는 조선인 업자들이 스스로 만든 제도인 것처럼 착각하게끔 해놓았다. 하지만 일본군 '위안부' 제도를 창설한 주범은 일본군이지 조선인 업자들이 아니다. 다음 문서가 그 사실을 잘 보여주고 있다.

남지나(중국 남부) 방면 도항 부녀의 취급에 관한 건(내무성 경보국장, 1938.11.8.)

지나로 도항하는 부녀에 관해서는 올해(1938년) 2월 23일 내무성 경발(警發) 제5호 통첩이 나온 것도 있고, 남지나 방면에서도 추업을 목적으로 하는 특수 부녀를 필요로 하는 모양이지만, 아직 그들은 도항하지 않은 데다 현지의 희망도 있으니 사정이 어쩔 수 없다고

인정될 경우 본 건을 아래와 같은 **극비로 취급**하는 것으로 하므로
배려 바란다.

포주인 인솔자의 선정 및 취급

(가) **인솔자(포주)는 유곽업자** 같은 사람들 중에서 신원이 확실하고
남지나 방면에서 **군 위안소를 경영**하게 해도 지장이 없다고 인정되
는 사람을 **포주인 인솔자로 선정**하여 이들에게 남지나 방면에서 군
위안소 설치를 허가하는 모양새이므로, 만약 그 설치 경영을 희망
하는 자가 있는 경우에는 **편의 관계 방면에 추천한다는 뜻을 전해**
어디까지나 경영자의 자발적인 희망에 입각해 일을 진행시켜 선정
할 것.

(나) 추업을 목적으로 남지나 방면으로의 도항을 허락하는 부녀자
의 수는 약 400명으로 한다. 이를 위해 오사카부 약 100명, 교토부
약 50명, 효고현 약 100명, 후쿠오카현 약 100명 및 야마구치현 약
50명으로 분담하는데, 이를 인솔하기 위한 적당한 사람을 전항에
따라 선정하여 그 **인솔자에게만 은밀하게 실시하는 부녀 고용을 허
가**하고 그들의 도항은 다음 각항에 따라 취급할 것. 다만 도항하는
부녀의 출신 지방은 지정된 지방이 아니어도 지장 없음.

(다) 인솔자 한 사람이 인솔하는 부녀의 수는 10명 내지 30명 정도
로 할 것.

(라) 앞의 3개 항에 따라 위안소 경영을 희망하는 자가 있을 경우에

는 즉시 그 인솔자인 경영자의 주소, 성명, 경력 및 **인솔 예정 부녀자 수를 비밀리에 전화 등으로 내무성에 통보**할 것.

(마) 전항의 보고에 입각하여 **군부의 증명서를 송부**하기 위해 추업을 목적으로 도항하는 **부녀를 비밀리에 모집**할 것. (후략)[157]

위 문서는 일본 내무성 경보국장이 오사카, 교토, 효고, 후쿠오카, 야마구치 각 지방 지사 앞으로 보낸 공문서다. 이 문서를 통해 일본군과 일본 내무성이 주도적으로 일본군의 군 위안소를 만들었다는 사실을 알 수 있다.

이영훈이 주장한 내용은 업자들이 자발적으로 군 위안소를 차렸다는 것이지만, 사실은 그와 달리 일본군과 일본 정부가 군 위안소 설치를 위해 업자들을 선정한 것이다. 그리고 1944년 미군의 포로 심문 보고서를 보면, 조선에서도 조선총독부가 주도해서 업자들을 선정해 여성들을 모집하게 한 사실을 알 수 있다. 즉, 일본군 '위안부' 제도는 일본군과 일본 정부, 조선총독부가 주도했다는 점에서 보통 매춘업과는 차원이 다른 문제다.

일본 정부와 일본군, 조선총독부가 유곽업자 중 신원이 확실한 자를 선정해 여성들을 비밀리에 모집하게 하여 그들이 여성들을 현지 위안소로 인솔한다는 내용이 이 자료로 확인된다. 그리고 인솔자는 그대로 현지에서 포주가 되었다. 아울러 이것은 모두 '극비리'로 진행해야 한다는 지시가 적혀 있다.

이 문서에는 모집업자이자 인솔자, 포주가 되는 사람에게는 관계 방면에 연락해 편의를 제공한다는 내용도 적혀 있다. 바로 일본 정부와 일본군이 만들어낸 '위안부 동원 시스템'이다. 이 문서는 이영훈의 핵심적인 주장을 모두 무너뜨렸다.

그리고 만 21세 이상의 원래 창부였던 여성을 '위안부'로 해외로 보낸다는 점과, 여성들이 모두 관할 경찰서장의 면담을 받아 도항 증명서를 발급받아야 한다는 '내무성 통첩'의 내용은 형식적인 것이어서 제대로 지켜지지 않았다. 1940년 외무성이 발표한 문서에서 다음과 같이 '위안부' 도항에 변칙적인 방법이 동원되었음을 확인할 수 있다.

> 현지 헌병대가 군속, 군 고용인이 아닌 자(주로 특수 부녀)에 대해 증명서를 발급하여 이것으로 지나로 도항시키는 경향이 있으나, 이것은 소정대로 영사관 발급의 증명서로 진행시키도록 하기 바란다.[158]

원래 '위안부'를 전쟁터 현지로 도항시킬 경우, 현지 일본군 헌병대가 현지에 있는 일본 영사관에 신청서를 제출하고, 그것을 검토한 영사관이 증명서를 발급해야 했다. 그 후에는 일본이나 조선 내에서 중국으로 도항하려는 여성들이 현지 영사관이 발급한 증명서를 관할 경찰서에 제출하고, 경찰서장의 면담을 받아야 했다.

이를 모두 통과한 뒤 경찰서장이 여성들에게 발급해준 증명서가 곧 도항 증명서로 인정되는 제도였는데, 이 원칙이 사실상 지켜지지 않았음을 이 문서가 보여주고 있다.

실제로 현지 헌병대는 현지 영사관에서 증명서를 받지 않는 경우가 많았다. 현지 헌병대는 자신들이 발급한 증명서만을 일본이나 조선의 경찰서에 보냈고, 그 결과 면담도 생략한 채 여성들은 도항 증명서를 받은 경우가 대부분이었다. 현지 헌병대는 현지 일본군을 대표하는데, 현지 군이 '위안부'가 필요하다고 하니 관할 경찰서는 여성들에 대한 증명서를 무조건 발급했던 것이다.

원래는 현지 영사관이 여성 도항 서류를 심사했어야 하는데, 그 업무가 아예 생략된 것이다. 영사관이나 외무성으로서는 국제 조약을 어기면서까지 성매매 목적의 여성들을 일본이나 조선에서 해외로 보내는 것에 기본적으로 좋은 의견을 갖고 있지 않아서, 여성들의 도항 관련 증명서를 발급하는 일에 소극적이었다. 그래서 결국 헌병대가 제출한 증명서만으로 여성들을 도항시키는 불법이 다반사로 자행되었다.

문제는 일본이나 조선의 경찰에도 있었다. 그들은 여성들을 직접 면담해 성매매를 목적으로 하는 불법적인 해외 진출인지 아닌지를 확인했어야 했다. 아무리 '내무성 통첩'에 '만 21세 이상의 창부'를 보낸다고 되어 있어도, 그것은 어디까지나 '당분간 눈감아주는' 방안일 뿐 여성들을 해외로, 특히 생명의 위협을 받는 최전선으로 계속해서 보내서는 안 되는 일이었다.

그래서 경찰서에서는 여성들을 직접 면담하지 않고 인솔자만을 면담하는 방법을 택했고, 인솔자의 신원이 확실하다면 여성들을 해외로 데려가는 것을 허가한 것이다. 인솔자는 일본 정부와 일본 군이 서로 짜고 미리 선정한 업자들이었으므로 간단히 면담을 통과했다. 그런 인솔자들에게는 편의를 제공하라는 것이 내무성의 하달 명령이었으니 당연한 일이다.

그렇게 해서 일본이나 조선이 아닌 현지 군이 있는 해외 영사관 내의 경찰서에서 심사를 진행했고, 데려가는 여성들에 대해서는 업자가 증명서에 인원 숫자만 적어서 관계 당국에 제출하면 단체로 도항 증명서를 발급해 주었다.

다음은 1940년에 일본 외무성이 작성한 공문서에 나오는 내용이다.

> 본방(일본, 조선, 대만)에서 부녀(예기, 작부, 여급 등) 고용을 위해 일시적으로 귀국한 재중국 접객 영업자에 대해 주어진 재중국 제국영사관 경찰서 발급의 증명서에 고용 인원수를 명기한 경우 그 인원수에 맞는 피고용 부녀(를 도항시킬 수 있다).

위 인용문에서 알 수 있는 사실은 현지 영사관의 증명서는 현지 영사관 내 경찰서에서 발급한 증명서로 대체할 수 있게 했다는 점이다. 현지 영사관은 외무성 주관하에 있지만, 현지 영사관 내 경찰서는 일본 내무성 주관이다. 그러므로 현지 일본군이 업자에 대한 증명서를 현지 영사관에 제출하면 영사관 내 경찰서는 업자에게 필요한 증명서를 발급했고, 여성 인원수만 기재하면 여성들의 도항 허가를 내도록 절차를 간소화했다. 예컨대 업자가 여성들의 숫자를 예기 5명, 작부 10명, 여급 10명 등으로 기재하면, 현지 경찰서는 업자를 면담하여 허가를 내주었다. 증명서에는 예기, 작부, 여급 등으로 기재되었더라도 현지에 가면 그녀들은 모두 성매매를 강요당했다.

1940년의 공문서에는 미성년자도 해외로 도항할 수 있었다. 다음과 같은 내용이 문서 속에 포함되어 있다.

청소년 고용 제한령의 적용을 받는 자로서 고용되어 중국으로 도항하려는 자에게 중국 도항 증명서를 발급하려는 경우는 전항의 증명서 외에 그 고용자에게 부여된 제8호 양식의 지방장관 또는 직업소개소장 발급의 증명서가 필요함.[159]

위 문서의 '청소년 고용 제한령의 적용을 받은 자'는 바로 미성년 청소년을 뜻한다. 곧 만 21세 미만의 청소년을 중국으로 데려갈 때는 청소년을 면담하는 게 아니라 고용주(인솔자)를 면담했고, 직업소개소 소장의 날인이 있으면 통과되었다. 만 21세 미만의 여성을 '위안부'로 데려갈 때도 직업소개소 소장이 고용주(포주)를 증명하면 모조리 통과했다.

이처럼 일본의 해외 도항에 관한 법률은 미성년 여성을 취업 사기 등으로 속여서 데려간다고 하더라도 고용주 즉, 포주가 일본군이 선정한 사람일 경우 무조건 도항 허가를 내주는 시스템이었다.

문서상 확인이 된 가장 어린 '위안부'는 15세였다. 당시 일본은 한국과 똑같이 '세는 나이'로 나이를 표기했는데, 여기에서 15세라고 하면 만 13~14세다. 일본군 '위안부' 중에는 만 21세 미만의 여성들이 상당수 포함되어 있었는데, 일본 정부나 일본군 그리고 조선총독부는 만 21세 이상의 여성들을 데려간다는 약속을 전혀 지키지 않았다. 다음은 그 사실을 확인해주는 필리핀 일로일로 위안소의 성병 검사 기록이다. 필리핀 일로일로 환자요양소 기록에는 10명 중 8명이 21세 미만이고, 16세도 2명이 보인다. 일로일로 제2위안소 기록에는 19명 중 6명이 21세 미만이고, 최연소인 15세도 확인된다.

일본군 '위안부'는 일본이나 조선 내의 창부만을 데려간 것이 아니었다. 또한 일본군 '위안부' 제도는 조선의 기생제와 공창제의 연장선상에서 생긴 제도도 아니었다. 일본군이나 일본 정부, 조선총독부라는 일왕으로 직결하는 국가 기관들이 '위안부' 강제연행을 주도하며 취업 사기 등으로 연행하는 새로운 시스템을 구축해 조선인 여성들을 해외의 최전방 전선으로 데려갔다.

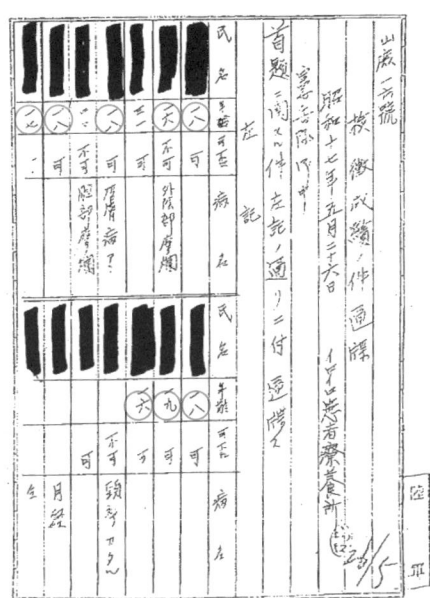

〈일로일로 환자요양소
성병 검사 결과 기록〉
(1942.5.12.~12.27.)

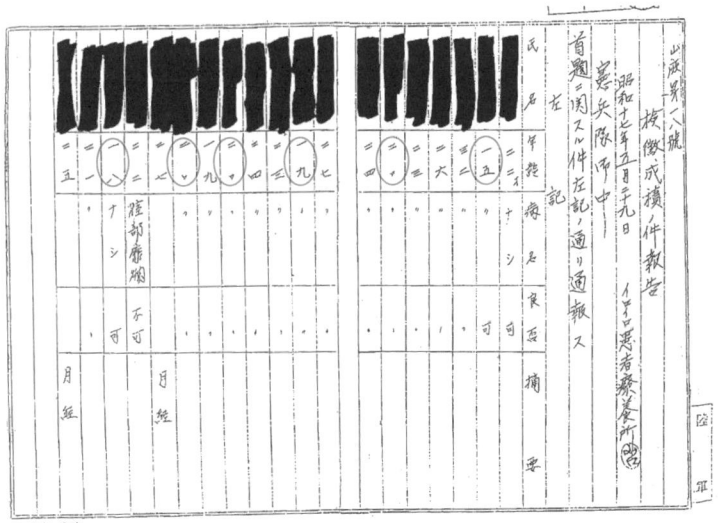

〈일로일로 제2위안소 성병 검사 결과 기록〉(1942.5.29.)

해방 후 한국의 위안부

이영훈은 1945년 이후 한국에서 '위안부'로 불린 여성들을 언급했다. 해방 후에도 한국에 '위안부'가 존재했다는 이야기를 하고 싶어서일까. 이영훈은 한국 정부의 『보건사회통계연보』를 근거로 1955년부터 1966년까지 한국의 사창가에 '위안부'라는 말이 통용되었다고 말한다.

필자도 사창가의 성매매 여성을 가리켜 위안부라고 표현한 논문을 몇 편 본 적이 있다. 그러나 일본이 패전한 1945년 이후는 위안부라고 불렸다 하더라도 그들은 일본군 '위안부'와는 성격상 다른 존재였다.

1945년 이후 한국에서는 타민족이 '위안부'로 동원되지는 않았다. 해방 후 한국 사창가의 여성들은 모두 한국인이었다. 한국 정부가 그들의 실태 조사를 했을 때 명칭을 위안부라고 했을 뿐이다. 결국 '위안부는 사창가의 매춘부'라는 도식을 만들려는 것이 이영훈의 속마음일 것이다. 위의 두 존재는 명칭만 같을 뿐, 내용상 전혀 다르기 때문이다.

거듭 말하지만, 해방 후의 한국 내 위안부들은 일본군 '위안부'와는 전혀 다른 존재였다. 당시 위안부가 영어로는 'prostitute'였다고 하니, 결국 prostitute의 직역인 '창녀'라는 표현을 피해 해방 후에도 일제 치하 당시의 '위안부'라는 단어를 사용했을 것으로 추측된다.

이는 당시 일본군 '위안부'에 대한 정확한 이해가 부족한 상황에서 '위안부는 곧 창녀'라는 인식이 한국 내에 존재했음을 보여주는 사례라고도 할 수 있다.

이영훈은 이어서 한국전쟁 중 한국에 한국군 위안소, 위안대가 있었다는 이야기를 1952년의 『6·25사변후방전사(인사편)』를 인용하면서 서술했다. 그런데 여기서 말하는 한국군 위안부들은 모두 한국 여성들이었고, 일본인이나 동남아인 등의 타민족은 없었다. 역시 이점에서도 일본군 '위안부'와 큰 차이가 있다.

그리고 한국군 위안대가 된 여성들은 모두 사창가에서 일하던 성매매 여성들을 데려온 것으로 밝혀졌다. 일본군 '위안부'처럼 매춘을 경험한 적이 없는 여성들을 속이거나 강제로 연행해 '위안부' 일을 강요한 것이 아니었다. 한국군이 여성들을 강제연행한 사실은 한국군 위안대 제도에서 보고된 바가 없다. 그러므로 마치 한국군 위안대 제도와 일본군 '위안부' 제도가 같은 것으로 오해할 수 있는 이영훈의 서술 방법은 물타기 서술 방법으로 분류할 필요가 있다.

이영훈은 "휘하 장병에게 위안부를 제공하는 일 (중략) 그것은 전쟁의 문화"[160]라고 했다. 이영훈은 일본군 '위안부' 제도 자체가 전쟁터의 문화였으므로 아무런 문제가 없다고 말하고 싶은 것으로 보인다.

일본군 '위안부' 제도를 전쟁터에서 경험한 일본의 저명한 만화가 미즈키 시게루水木しげる는 전투가 다음 날로 다가온 어느 날, 군 상관으로부터 '위안소에 다녀오라'는 말을 듣고 군 위안소를 방문한 경험을 만화로 그렸다.

〈미즈키 시게루가 만화로 그린 '위안소 앞에 긴 줄을 선 일본군 병사들'〉

미즈키 시게루는 자신이 그린 만화책 『카란코론 표박기 게게게 선생 많이 말한다カランコロン漂泊記ゲゲゲの先生大いに語る』 중에서 「종군위안부従軍慰安婦」라는 제목으로 8페이지에 걸쳐 파푸아 뉴기니 코코포에서의 경험을 다음과 같이 상세히 소개했다.

상등병이 미즈키에게 명령한다.

"너도 다녀와!"

[이하 미즈키의 독백]

그래서 위안소 앞으로 갔는데 병사들이 길게 줄 서 있었다.

일본인 위안부 판잣집 앞에는 100명 정도,

오키나와인 위안부 판잣집 앞에는 90명 정도,

조선인 위안부 판잣집 앞에는 80명 정도였다.

이렇게 많은 사람을 세 명이 처리해야 하다니.

긴 행렬을 보고, 도대체 언제 내 차례가 올까 생각했다.

한 사람당 30분이라고 해도 도저히 오늘 중에 할 수 있다고 생각되지 않았다. 이렇게 기다리다 일주일 정도는 걸릴 것 같다.

그러나 병사들은 언제 죽을지도 모른다며 쉽게 거기서 떠나지 않는다. 아무리 끈질기게 기다려도 헛된 일이라고 생각한 나는 줄을 떠나려고 했다.

그런 다음 조선인 위안부의 집을 바라보았다.

바로 그때 조선인 위안부가 화장실에 가려고 판잣집에서 나왔다.

[조선인 위안부가 화장실에서 용변을 보는 장면을 보고 미즈키는 놀라서 눈을 크게 떴다. 그리고 머리를 감싸고 한숨을 쉬었다. 이하 미즈키의 독백(주 : 미즈키가 무엇을 봤는지 상세한 묘사는 없음)]

아무리 생각해도 이 세상의 일이라고는 생각할 수 없었다.

이제부터 80명 정도의 병사들을 상대해야 한다.

병사들은 정력이 센 놈이 많으니 힘들겠다.

여기가 바로 지옥이다…….

[장면이 바뀌어서 현대. 서재의 의자에 앉아 눈을 감고 이제 노인이 된 미즈키는 생각에 잠긴다.]

병사들도 지옥이었겠지만 '위안부'들은 비교조차 할 수 없을 만큼 지옥이지 않았을까……. 가끔 위안부에 대한 배상 이야기가 신문에 나오는데, 체험하지 않은 사람은 이해할 수 없겠지만, 그곳은 지옥이었다. 그러니 위안부에게는 배상해야 한다고 나는 늘 생각한다.

위와 같은 미즈키 시게루의 체험담을 보면 상관이 위안소로 가라고 하는 데까지는 다른 위안소와 같다. 그런데 위안부 한 명 앞에 80~100명의 병사가 줄을 서 있었다. 미즈키는 회상한다. 병사들도 지옥이었지만, '위안부'에게는 그 이상의 지옥이었을 것이라고. 더욱이 민족이 다른 오키나와 여성이나 조선인 여성들은 얼마나 끔찍한 지옥이었을까. 이영훈의 글에는 위안부가 된 여성의 입장을 헤아린 내용을 찾아보기 어려운데, 당시 일본군 병사였던 미즈키 시게루는 '위안부'의 힘든 상황을 대신 아파하고 있다. 이영훈이 미즈키 시게루의 글을 읽는다면 '위안부'의 인권에 대해 어떻게 생각할지 궁금하다.

기지촌 여성과 일본군 '위안부'

이영훈은 『반일 종족주의』 3부 중 '우리 안의 위안부'라는 글에서 마지막 이슈로 미군 위안부를 거론했다. 이영훈에 의하면 1970년 대가 되면서 민간의 성매매 여성들을 위안부라고 부르지 않게 되었지만, 미군 위안부에 대해서는 "1990년대까지 위안부라는 말이 공식적인 행정용어로 사용"되었다고 한다.

이영훈도 인용했듯이 박대근의 서울대 보건대학 석사논문인 『위안부들에 대한 사회 의학적 조사연구—군산 지구를 중심으로—』(1964)에 의하면 기지촌 여성들은 민간의 성매매 여성보다 학력이 높아 고등학교 졸업자나 대학 중퇴자까지 있었다고 한다. 그들 고학력자의 목적은 미군과 결혼해서 미국으로 건너가는 것이었고, 그들의 절반은 계약 동거 형태로 성적 상대가 고정된 미국 군인일 경우가 많았다고 했다.

그렇다면 기지촌 여성들의 절반은 미군과 결혼하기 위해 자발적으로 그들을 상대로 성매매를 시작한 셈이다. 이런 동기를 갖고 있었다는 점에서 기지촌 여성들은 일본군 '위안부'와는 전혀 다른 존재였다. 적어도 처음부터 일본 병사와 결혼할 목적으로 일본군 '위안부'가 된 여성은 없었기 때문이다.

그리고 기지촌 여성들이 성매매를 시작한 계기는 "친구의 꾐에 빠지거나 남자의 유혹을 받아"[161]서였다고 하니, 일본군 '위안부'

들이 '위안부'가 된 계기로 알려진 취업 사기와 같은 본인의 의사에 반해 성매매를 강요당한 경우와는 전혀 시작된 계기가 다르다.

그런데도 이영훈은 "미군 위안부나 일본군 위안부는 그 역사적 속성에서 동질적이라고 생각"[162]한다고 주장한다. 이 둘의 어디에 동질성이 있다는 말인지 알 수가 없다. 계기가 같다고 한다면 일본군 '위안부'들도 기지촌 여성들과 똑같이 절반이 동거 계약 상태로 특정한 일본인 병사를 성적으로 상대했다는 말인가. 또한 일본군 '위안부'들이 일본 군인과 결혼하려는 동기를 가지고 '위안부'가 되었다는 말인가. 그런 사례나 기록이나 증언은 그 어느 곳에서도 찾아볼 수 없다.

일본군 '위안부' 중 특정한 군인, 특히 장교를 특정한 성적 상대로 할 수 있었던 여성들은 모두 일본인 위안부들이었다. 조선인 '위안부'가 일본 군인의 고정된 파트너가 된 사례는 없다. 그리고 일본군 중에서 조선인 '위안부'에게 청혼한 경우는 보고된 사례가 있어도, 반대로 조선인 '위안부'가 일본 군인에게 청혼한 사례는 없다.

그런데 조선인 '위안부'들에게는 일본 군인의 청혼을 거절하는 것도 무서운 일이었다. 다음 사례는 일본 군인의 청혼을 거절하다 총 맞아 중상을 입은 조선인 '위안부'와 자살한 일본 군인에 관한 공식 보고서다.

이 사건은 1942년 3월에 일어났다. 중국 중부 공략을 위해 파견

된 제13사단의 보병대에 소속한 어느 일본 군인이 허베이성河北省 이창宜昌에 있던 군 위안소의 조선인 '위안부'를 연모하여 청혼했으나 거절당하자 이에 격분하여 '위안부'에게 총을 쏴 중상을 입히고 자신은 그 자리에서 권총으로 자살한 사건이다.

특별보고 중 군인 변사의 건 보고

1. 관 등급 : 육군 일등병

2. 씨명 : 쇼와 8년(1933) 징집(씨명 생략)

3. 소속 부대 : 보병 제116연대 본부

4. 월일시 : 3월 13일 23시

5. 장소 : 허베이성 이창현 이창시 2마루

6. 수단 : 연대 행리반장 대리 이시지마(石島) 병장의 26년식 권총(탄약 23발 포함)으로 자살함.

7. 평소 또는 변사 전후의 참고 사항

쇼와 17년(1942) 1월경부터 자금령(紫金嶺) 위안소 '만(万)'의 위안부(조선인, 이름 생략)와 유흥을 계속하다가 결국 장래 동거하기를 결심했다. 마침 부대의 배비 변경과 더불어 이창에 이동하여, 3월 12일 이창 2마루 음식점 오사카야(大阪屋)에서 이미 자금령 위안소에서 이창 위안소 '만' 지점으로 철수한 '(이름 생략)'과 밀회하며, 본인이 제대하여 현지에서 취직하는 시기까지 '오사카야'의 여급으로 봉공하여, 신속히 위안부를 폐업할 것을 요구했으나 위안부로부터 즉답이 없었다.

그러자 다음 13일에 다시 만나기를 약속하고, 13일 저녁 점호 후 연대 행리반장 대리 이시지마 병장이 마구간을 순찰하느라 자리에 없자, 그의 거실에서 26년식 권총(탄약 23발 포함)을 꺼내 무단 외출, '오사카야'에 가서 '(조선인 위안부, 이름 생략)'을 불러내 전일 요구한 것에 대한 확답을 재촉했으나 거절당하자 흥분한 나머지 21시 15분경에 소지한 권총을 발사하여 '(조선인 위안부, 이름 생략)'에게 중상(우측 흉부 맹관 총창)을 입히고 그녀가 쓰러지는 것을 본 다음 자기의 인후부를 스스로 쏘아 빈사의 중상(인후부 맹관 총창)을 입었고, 제4 야전병원 하야시(林), 미야우치(宮內) 두 군 소위의 치료를 받은 후 제4 야전병원으로 이송 중 23시에 사망했다.

8. 원인 : 장래 동거를 생각한 조선인 위안부의 동의를 얻지 못하자, 따로 정부(情夫)가 있다고 오해하고 질투, 곡해, 흥분한 것이 원인으로 판단된다.

9. 고의 또는 불가항력의 구별 : 고의.

10. 기수 미수의 구별

본인은 사망했으나 피해자는 전치 약 1개월을 요하는 전망이어서 목하 제4 야전병원에 입원 중임.

11. 처치 : 3월 13일 22시경 이창 헌병 파견대가 위 사건의 통보를 접수하고 연대 본부 일직사관 와타나베(渡邊) 중장이 현장으로 향해, 다음 14일 12시에 화장함.

12. 책임자 처분

연대장은 연대부관 니시무라(西村) 소위에게 감독 지도를 받음.[163]

이 인용문에 따르면 자신이 연모한 조선인 '위안부'가 청혼을 거절하자 일본인 병사는 '위안부'에게 권총을 쏴서 죽이려고 했다. 일본인 병사가 조선인 '위안부'에게 연애 감정을 가졌던 사례는 몇 건 더 있는 것으로 알려져 있는데, 일본인 병사의 청혼 요구를 거절하면 조선인 '위안부'들은 생명을 위협받는 몹시 위험한 상황에 놓였다.

전쟁터에서 조선인 '위안부'들은 칼이나 권총을 휴대하고 위안소로 들어오는 일본인 병사에게 항상 공포심을 갖고 있었다. 특히 일본 여성이 아닌 타민족 '위안부'들이라면 더더욱 느낄 수밖에 없었던 큰 위험이었다. 민간 성매매 업소나 미군의 기지촌 여성들, 기타 이영훈이 예로 든 조선시대나 일제강점기의 조선에서는 없었던 일본군 '위안부'만의 공포였다. 속거나 강제로 연행되어 '위안부'가 되었는데도, 일본군의 불법 인권유린 범죄에 제대로 항의조차 못 하는 환경이었다.

항상 총이나 칼로 죽임을 당할지도 모른다는 공포 속에서 살 수밖에 없었던 일본군 '위안부'의 존재는 이영훈이 거론한 1945년 이후 사창가의 위안부들, 한국군 위안대 여성들, 기지촌 여성들과는 전혀 다르다. 이 점이 결정적인 차이다.

다음의 증언은 일제가 만든 괴뢰 만주국 치치하얼에 1941년부터 1944년까지 중사로 부임한 네모토 조주根本長壽의 증언을, 그의 손자인 네모토 마사루根本大가 사이트 '조부의 증언祖父の証言 — 전쟁과 종군위안부戰爭と從軍慰安婦'(https://testimony-of-grandfather. webnode.jp/)에 올려 현재도 발신하고 있는 내용이다. 만주국 위안소의 끔찍한 실태가 실려 있고, 공포 속에 놓인 조선인 '위안부'들의 상황을 확인할 수 있다.

어느 때 오두막으로 들어갔더니 조선인 여자애가 울고 있었다. 이야기를 들었는데, 전쟁터 간호사 모집에 응모해 왔더니 매춘을 강요당했다고 한다. "너 몇 살이냐?"고 물었더니 17세(만으로는 15~16세)이라고 대답했다. 나는 그 아이에게 "그렇다고 일본군에게 저항하면 살해당할 테니 어쩔 수 없이 그냥 위안부를 해라"라고 말해주기도 했다. 여성은 모두 10대에서 20대 정도로, 강제로 위안부가 되었다며 모두가 울고 있었다. 가장 젊은 여자들은 15, 16세(만 13~15세) 정도였고 모두 연행되어 왔다. 야전지 위안소는 등산 캠프에 사용하는 소형 텐트 같은 것이었다. 그곳 위안부는 모두 조선인들이었고 일본인이나 중국인, 러시아인은 없었다. 게다가 조선은 당시 일본의 속국이었으니 일본인들은 조선인들을 한 단계 아래로 보았다. 완전히 노예 취급을 했다. 그래서 그런 짓을 한 거다. 총을 든 군인이 많아 위안부는 달아나지도 못했다. 탈출하다 발각되면 총살되거나 다시 연행되었고, 실제로 살해당한 여자도 있었다. 어쨌든 당시의 일본 군인은 '일본의 말을 듣지 않으면 죽이겠다'는 식이었다.

네모토 전 관동군 중사는, 당시의 일본은 조선을 속국으로 보고 조선인을 노예처럼 취급했고, 말을 듣지 않으면 죽이겠다고 위협해 실제로 '위안부' 여성들을 살해한 적도 있었다고 증언했다. 이 증언을 전한 사람은 네모토 중사의 손자로, 손자가 할아버지의 명예를 실추시키려고 거짓말할 리는 없으니, 손자가 전하는 할아버지의 증언은 진실이라고 할 수 있다.

한국의 성매매 여성들과 일본군 '위안부'의 결정적인 차이는 일본군 '위안부' 제도가 일본군이 피지배 민족의 여성들을 총칼로 위협하면서 범한 성범죄였다는 점이다. 그런데 이영훈은 일본군이 피지배 민족에 대해 총칼을 사용해 저지른 성폭력에 대해서는 한마디도 서술하지 않으면서, 학자의 양심으로 책을 집필했다는 식의 이야기를 늘어놓고 있다.

한국의 성매매 여성들과 일본군 '위안부' 사이에는 폭력, 전쟁터라는 면에서 큰 차이가 있는데도, 이영훈은 모두 같은 부류라고 우기면서 오로지 일본군 '위안부'에 대해서만 한국인들이 분노한다고 불만을 토로한다. 그리고 그는 그 원인이 '반일 종족주의'라고 우긴다.

반일 정서로 뭉친 한국 국민의 행동이나 주장을 '반일 종족주의'

라는 명칭을 만들어 부르며, 역사적인 사실을 '종족' 안의 미신으로 폄하하면서 일본군 '위안부' 문제가 반인륜적 범죄 행위라는 점을 철저히 은폐한다.

한국의 성매매 문제와 일제강점기의 일본군 '위안부' 문제는 그 억압성이나 폭력성에 있어 큰 차이가 있다. 그런데도 『반일 종족주의』의 저자들은 그 차이를 무시했다. 그들은 일본이 역사적 잘못을 인정하지 않아서 생긴 반일 감정을 한민족의 미신이나 샤머니즘 같은 것이라고 갖다 붙여서 왜곡한다.

그들이 '반일 종족주의'라는 말을 만든 목적은 일제강점기에 대한 올바른 인식 확산을 방해하려는 의도가 아닌가 하는 생각이 들 정도다. 사실 일본 우파는 과거 일본이 저지른 만행을 은폐할 목적으로 홍보와 연구, 집필, 언론 등의 활동을 해오고 있다. '반일 종족주의'를 주장하는 사람들도 마찬가지 아닌가.

한국인의 일본군 '위안부' 문제에 대한 올바른 주장이 미신이나 샤머니즘이라면 한국 측 주장을 지지하는 UN 인권위원회나, 일본 내에서 일본군 '위안부' 피해자들을 지원하는 일본인 활동가나 학자들, 단체들도 다 미신을 믿는 반일 종족주의자란 말인가.

그런데 『반일 종족주의』의 저자들은 '종족주의'라는 말을 매우 교묘하게 만들었다. 일본의 신도 사상이야말로 일본식 '종족주의' 이고, 일본이 바로 '신도 종족주의'의 나라인데, 그 사실을 은폐하기 위한 수단으로 이 말을 만든 것으로 보인다.

신도나 신사의 사상은 일본식 샤머니즘이다. 그런 일본식 '신도 종족주의'에서 나오는 주장들이야말로 일본 신도가 국가 종교였던 1945년까지의 일본을 이상형 국가로 보는 일본 우파의 주장과 동일하다.

일본 우파는 일왕이 하늘의 혈통을 이어받은 신이고, 1945년까지의 대일본제국은 죄가 없었다고 주장한다. '위안부' 문제는 합법이었고, 난징 대학살 같은 사건은 허위라고 목소리를 높인다. 일본식 '신도 종족주의'를 외치는 사람들은 일본의 우파이자 역사 수정주의자들이다. 그런 일본의 우파와 같은 주장을 하는 한국인들이야말로 '친일 종족주의'자라고 해도 과언이 아니다. 한편으로 생각해보면 『반일 종족주의』의 저자들은 단어 하나만 바꾸면 자신들에게 딱 들어맞는 명칭을 스스로 만들어낸 셈이다.

제3장

일본군 '위안부' 피해자
문옥주가 알려주는 '성노예'의 실태

방패사단 '위안부'였던 문옥주에 대한 왜곡

문옥주 씨는 1991년 12월, 자신이 일본군 '위안부'였다고 공표한 세 번째 여성이다. 문옥주의 증언집을 보면 1942년 7월 부산항을 출발한 약 800명의 조선 여성들, 이른바 '제4차 위안단'의 실태를 잘 알 수 있다. 문옥주의 증언은 미군의 포로 심문 보고서나 박치근의 『일본군 위안소 관리인의 일기』에 의해 그 신빙성이 뒷받침되었다. 그런데 이영훈은 일본군 '위안부' 피해자 문옥주의 증언에 대해서도 왜곡을 서슴지 않았다.

첫 번째 왜곡으로 이영훈은 "1940년 가을, 나이 16세의 문옥주는 만주 동안성에 있는 일본군 위안소로 갔습니다. 헌병에 잡혀갔다고 했지만 그대로 믿어서는 곤란합니다. 어머니나 오빠의 승낙 하에 주선업자에 끌려간 것을 그렇게 둘러대었을 뿐입니다"[164]라 고 서술했다.

그런데 이영훈은 어떤 근거로, 헌병에게 잡혀 만주 동안성의 일 본군 위안소로 끌려갔다는 문옥주의 증언을 전면적으로 부정하는 것일까. 그리고 "어머니나 오빠의 승낙 하에 주선업자에 끌려간 것을 그렇게 둘러댔을 뿐"이라는 자신의 추측을 마치 진실인 것처 럼 주장하는 것일까. '위안부' 피해자 여성들의 핵심적 증언을 아 무런 근거 없이 모두 부정하려는 일본 우파와 같은 태도를 이영훈 을 비롯한 『반일 종족주의』 저자들이 보인다는 점을 지적하지 않 을 수 없다.

만주 동안성 위안소로 연행된 경위를 문옥주의 증언에서 요약 하면 다음과 같다.

16살의 가을, 하루코라고 일본식 이름을 쓰는 조선인 친구 집에 놀 러 갔다가 집으로 돌아가는 도중에 일본인 헌병과 조선인 헌병 그 리고 조선인 형사가 이유도 없이 문옥주를 헌병대기소로 연행해 심 문했다. 당시 조선에서는 헌병이 가장 무서운 존재였으므로 문옥주 는 그들이 시키는 대로 할 수밖에 없었다. 특히 문옥주의 아버지가 항상 헌병에게 쫓기고 다녔으니, 문옥주에게 있어 헌병은 공포의 대상이었다. 그다음 날 문옥주는 소녀 한 명과 함께 다른 일본인 헌병과 조선인 헌병에 인도되었고, '아카쓰키'라는 이름의 열차를 탔다. 헌병 두 명은 계속 문옥주와 소녀를 감시했다. 신의주에 도착하자 열차를 갈아탔고 감시 역할을 하던 두 사람은 교체되었다. 2박 3일 정도가 지난 후 도착한 곳은 북부 만주의 동안성이었다. 연행된 위안소는 큰 민가였고, 20명 정도의 조선인 젊은 여성들이 있었다. 주인은 60세 정도의 조선인 남자였다. 매일 울면서 20~30명 정도의 일본인 병사들을 상대해야 했다.[165]

이와 같은 문옥주의 증언을 뒷받침하는 이야기가 있다. 앞에서도 말했지만, 당시 괴뢰 만주국을 지키는 일본 관동군은 업자를 사용하지 않고 조선인들을 연행해오는 특수 부대를 운영했다고 중사였던 네모토 조주가 증언했다.

네모토 중사는 1941년 3월부터 만주 치치하얼로 징병되었다고 한다. 그는 거기서 보병 제59연대에 배속되었는데, 그 부대에는 조선인 남녀를 '사냥'해오는 부대가 있어서, 조선 남자들은 강제노동으로 혹사당했고 조선 여자들은 강제적으로 '위안부'가 되었다고 증언한 바 있다.[166]

그런 '조선인 사냥'이라는 수법은 아마도 만주국에 주둔한 관동군에 만연되어 있던 행위였을 것이다. 문옥주가 만주 동안성으로 연행된 시기는 1940년 가을이라고 하니 시기적으로도 네모토 중사의 증언과 맞아떨어진다. 그러니 문옥주의 증언을 처음부터 거짓으로 단정하는 태도는 학자의 자세가 아니다.

이영훈은 문옥주가 헌병에 의해 만주로 끌려간 것이 아니라 "어머니나 오빠의 승낙 하에 주선업자에 끌려간 것"[167]이라고 주장하면서, 문옥주가 거짓말을 한 것이라고 했다. 그렇게 단정하려면 합당한 근거를 제시해야 한다. 무조건 우기기만 한다고 진실이 바뀌지는 않는다.

문옥주는 아버지가 일찍 돌아가셔서 집이 매우 가난했다고 한다. 그래서 노래 잘하는 재능을 살려 돈을 벌려고 기생 공부를 시작했다. 하지만 오빠는 "양반집 딸이 왜 기생이 되려고 하느냐"며 문옥주를 심하게 폭행했다.[168] 그런 오빠가 문옥주를 주선업자에게 팔아넘겼다고 믿기는 어렵다.

문옥주의 어머니도 문옥주가 12살 때 규슈의 오무타大牟田 요리점 부부의 아이들 돌보미로 도일을 결심했을 때 가지 말라고 강하게 반대했다. 그런 어머니가 딸을 주선업자에게 팔아넘길 리가 없다. 그리고 어머니나 오빠가 문옥주를 주선업자에게 팔아넘겼다면, 문옥주가 태국에서 어머니에게 5,000엔을 송금한 사실을 어떻게 설명할까. 아무리 가족이라고 해도 자신을 위안소업자에게 팔아넘긴 사람에게 고생해서 번 큰돈을 송금했다는 것은 이해하기가 어렵기 때문이다. 이와 같은 정황을 두루 살펴보았을 때, 문옥주가 헌병에 의해 연행되었다는 그녀의 증언이 실제 상황이었다고 충분히 믿을 만하다.

만주의 위안소를 논할 때 중요한 연구와 증언이 몇 가지 있다. 그중 하나가 1934년 도쿄제국대학 문학부 국사학과를 졸업하고 역사학자의 입장에서 논픽션을 쓴 시마다 도시히코島田俊彦의 저서다. 현대 중일관계사를 전공하고 무사시武蔵대학교 교수를 역임한 그는 만주에 관한 저서를 몇 권 저술했다. 그의 저서 『관동군 재만在滿 육군의 독주』(1965)에 위안부 관련 부분이 있는데, 그 내용은 다음과 같다.

> 하라 젠시로(原善四郎) 참모가 병사의 욕구도와 가진 돈, 여성의 능력 등을 면밀히 계산한 다음, 비행기로 조선에 날아가 약 1만 명(예정은 2만 명)의 조선 여성을 모아 북만(北滿)의 황야에 보내 시설을 특설해서 '영업'하게 하기도 했다.[169]

이상은 1941년경 관동군에 관한 시마다의 기록이다.

이 글에 등장하는 하라 젠시로 참모는 '위안부' 문제에서 선구적인 작품을 많이 남긴 센다 가코千田夏光가 인터뷰를 한 적이 있고, 그 내용을 센다 가코는 저서 『위안부』(1978)에 남겼다. 그 부분을 인용하면 다음과 같다.

> 그러면 조선에서 구체적으로 어떻게 위안부는 모집되었나?
> 하라 젠시로 씨는 오사카시 남쪽에 조용히 살고 있었다. 그의 집은

조용한 신흥주택이었다. 직접 만나본 그는 온후한 노신사였다.

"당시 육군은 새 부대 편성 동원 명령이 내려지면 필요한 '위안부'를 한반도에서 모집하도록 되어 있었나?"

나는 그 부분부터 물어보았다.

"대소련전을 준비했을 때 나는 병참 담당이었다. 통칭으로 후방 참모로 불리는 참모였다. 관동군 사령부 참모 제3과 소속이었다. 기억이 잘 나지 않는다. 이제 와서 여러 가지 말을 듣는데……."

"그렇지만 대소련전 준비를 위해 어쨌든 조선에서 '위안부'를 모았다. 그것은 틀림없는 사실인데, 구체적으로 조선에서 어떤 방법으로 여성을 모았나?"

"정확히 기억이 나지 않지만, 조선총독부 총무국에 가서 의뢰했던 것 같다. 그 이후의 일은 알지 못한다. 군으로서 그렇다기보다 내가 그 후 더는 관여하지 않았다."

"말하자면 필요한 숫자만 제시하고, 나중에는 조선총독부의 책임으로 모아달라고 한 건가?"

"그렇다."

"그럼 군으로부터 의뢰받은 조선총독부는 어떻게 모았나? 당시 상황에서 군의 명령, 아니 명령이 아니라 의뢰라고 해도 마찬가지지만 절대적인 것이었다고 알고 있다."

"그런 부분은 나로서는 뭐라고 말할 수 없다. 하지만 조선총독부에서는 각 도에, 각 도는 각 군으로, 각 군은 각 면으로 의뢰를 계속 하달한 것이 아닐까? 알다시피 면이라는 것은 일본의 마을에 해당한다."

"그렇다면 여성 모집을 위한 최종 책임자는 면장, 즉 촌장이었던 것인가? 면장은 조선인이었나?"

"자세한 것은 모른다."

"화제를 바꾸겠다. 70만의 군인들에게 2만 명의 위안부가 필요하다고 계산한 근거나 기준은 무엇이었나? 군인의 욕구도와 '위안부' 여성의 육체 능력에서 계산했다고 쓰여 있다."

"육군대학에서는 그런 건 가르쳐주지 않았고, 후방 담당 참모 업무로 교육받는 것은 탄약, 양주 등의 보급뿐이다. 그래서 어떻게 산출했느냐는 질문은 곤란하고, 자세한 기억은 아니지만 그때까지의 전훈 즉 중일전쟁의 경험에서 산출한 것이 아니었나 싶다. 게다가 일부에서 2만 명으로 알려졌는데, 실제로 모인 인원은 8천 명 정도였다. 그리고 이런 사실도 있었다. 모집한 '위안부'들을 각 부대에 배치했는데, 부대 중에 '그런 것은 제국육군에 필요 없다'고 거절하는 사단장이 있었다. 그런데 두 달도 안 되어서 '역시 배정해 달라'며 울며 매달렸다. 실전 경험이 없는 사단장이었던 것 같다."

"위안부가 없으면 군대는 남자만의 집단생활이어서 거칠어진다는 건가? 예를 들어 군인끼리 싸움이 일어나거나 무기 사고가 있다거나 하는……."

"예측하기 어려운 사고가 일어날 수 있는 것은 사실이다."

"그렇다면 조선인 여성은 군인들의 정신 진통제 혹은 안정제였던 건가. 일본인 여성을 모을 생각은 하지 않았나? 생각하지 않았다면 조선인 여성을 모집하는 것이 죄책감 혹은 부담을 느끼지 않아도 되기 때문이었나?"

"북만 주둔지에는 다롄이나 펑톈의 화류가에서 자리를 옮겨온 일본인 여성들도 있었다."

"하지만 그건 이른바 '위안부'가 아닌 보통의 창부가 아닌가."

"그럴지도 모른다."

하라 젠시로 전 관동군 병참 참모는 '위안부' 동원을 조선총독부에 가서 의뢰했다고 생각한다고 답했으며, 2만 명을 모을 계획이었지만 실제로는 8천 명 정도를 모았다고 했다. 방법은 조선총독부가 도-군-면이라는 식으로 명령하고, 마지막에는 면장이 모았을 것이라고 말했다.

괴뢰 만주국 관동군 참모였던 하라 젠시로의 위와 같은 증언에 따르면 그가 직접 조선총독부에 요청했고, 조선총독부에서는 도-군-면으로 명령을 내려 조선 여성 약 8,000명을 모아 '위안부'를 시키기 위해 만주로 보냈다는 것이다.

'위안부' 강제연행을 부정하는 일본의 우파 논객 하타 이쿠히코도 하라 젠시로의 증언을 어느 정도 인정했다. 그에 따르면 당시 관동군 참모부 제1과 병참반에서 하라 젠시로의 조수로 근무하던 무라카미 사다오村上貞夫 중장(당시)이 "기억으로는 3,000명 정도였다고 생각한다. 배치표는 병참 사무실 안에 있는 개인 라커에 극비 취급으로 보관했으나, 패전과 함께 처분했다"는 증언이 담긴 수기(1975)를 남겼다.[170]

하타 이쿠히코는 "총독부의 소개로 매춘업소의 거물과 교섭한 무라카미 중장은 대소련전 준비 중단으로 전개 부대의 월동 준비가 시작된 가을에 포주들과 함께 속속 도착하는 조선인 위안부들을 신징新京 역전에서 맞이해 배치 장소를 알렸다"[171]고 증언했다.

다음은 하타 이쿠히코의 책에서 인용한 부분이다.

> 이들 위안부들을 국경 지대의 역에서 목격한 헌병 중에는 대소련전 준비를 계기로 만주에서도 군 전용 위안소가 생겼다고 기억하는 사람들이 적지 않다. 그중 한 명인 기하라 마사오(木原政雄) 헌병(호두〈虎頭〉 헌병분견대)은 10월경에 '군특수위안소 개설에 관한 건 통달'이라는 제목의 관동군 사령부 공문서가 와서 부대의 화제가 되었다고 기억한다.[172]

위의 인용문처럼 관동군 사령부 공문서가 도착한 지 얼마 되지 않아 업자가 서류를 지참하고 출두해 호두 군 주둔지 가까이에 조선인 '위안부' 5~6명을 둔 '군특수위안소'를 개업했다고 한다.

다음 인용문은 가이하라 오사무海原治라는 소위가 만주의 군 위안소를 순회했을 때의 기억을 정리한 내용이다. 가이하라 오사무는 후에 일본 자위대 창설에 관여했고, 방위청 관방장과 군사평론가 등을 역임한 인물이다.

순회하는 차례가 와서 가봤더니 얇은 판자로 칸을 막은 조잡한 방이 10개 정도 있었고, 병사들이 줄을 서 있었다. 민간 성매매 업소에는 주로 일본 여성들이 있는데, 이쪽은 주로 조선 여성들이었다. 군의관의 말에 따르면 "첫 번째 검진을 했을 때 남자 경험이 없는 여자나 초등학교 선생님도 있어 왜 왔냐고 물어보니 업자가 군의 주보(酒保, 매점)에서 봉사활동을 한다고 했고 그 말에 속아서 왔다고 했다. 돌아가는 게 어떠냐고 했더니 전차금을 받아서 갚을 때까지는 돌아갈 수 없다"고 답했다.[173]

위 증언을 보면 1941년경 만주 주둔 관동군의 대소련전 준비 과정에서 만주에 군 위안소가 설치되었고, 업자들은 조선 여성들에게 전차금을 주고 취업 사기로 만주에 연행하는 수법을 사용한 것으로 확인된다.

이와 같은 증언들은 만주 관동군이 1940년대 초부터 문옥주와 같은 조선 여성들을 납치하거나 속여 연행하는 수법으로 군 위안소의 '위안부'로 삼은 사실을 확인해주고 있다.

그러므로 문옥주가 헌병에 의해 만주의 군 위안소로 강제연행되었다는 증언을 믿을 만한 당시의 상황이 충분히 있었다.

위험 지역에서 탈출한 문옥주

문옥주가 동안성에서 보낸 '군 위안부' 생활은 전쟁의 위험에 노출되어 있었다. 문옥주는 다음과 같이 회상한다.

> 군인들이 비밀스럽게 말해주었다. 부대가 습격받거나 경찰서에 폭탄이 설치되거나 일본 헌병이나 경찰관들이 습격당해 살해된 일들을. 아침에 일어나보니 위안소에서 식용으로 기른 닭이나 사놓은 식료품이 도난당하기도 했다. 탄환이 핑핑 날아올 때도 있었다. 그럴 때 우리는 담요를 있는 대로 다 사방 벽에 둘러서 탄환을 막았다.[174]

문옥주가 끌려간 위안소는 조선의 독립군과 싸우는 최전선이었다. 자발적으로 매춘부가 된 사람이라면 이렇게 위험한 최전선의 '위안소'가 아닌 후방의 안전한 장소를 택했을 것이다. 문옥주가 있던 동안성 일본군 '위안소' 같은 위험한 곳에서는 납치나 취업 사기로 연행된 여성들이 '위안부'가 되어 일정 기간 동안 폐업도 하지 못하고 다른 곳으로 옮겨갈 수도 없는 감금 상태에 놓여 있었다.

위안소에서 17세가 된 문옥주는 담배를 피우고 술도 마시게 되었다고 한다. "그렇게라도 하지 않으면 남자들을 상대하는 일 같은 것은 하지도 못했을 것"[175)이라고 문옥주는 증언했다. 강제로 끌려간 '위안부' 생활이 얼마나 고통스러웠는지 알 수 있는 대목이다. 그러나 이영훈은 이런 문옥주의 증언은 무시해버리고 책에 언급하지 않았다.

만주국 동안성에서 '위안부' 생활을 1년 정도 강요당한 문옥주는 자신을 마음에 들어 하는 헌병에게 "어머니가 병을 앓고 있으니 가서 간병하고 싶다, 반드시 돌아오겠다"[176)고 몇 번이나 부탁해 기차를 탈 수 있는 증명서를 가까스로 받았다고 한다. 그 헌병이 그런 권한이 있는 사람이라는 것을 알고 있던 문옥주는 항상 그에게 잘해주었다고 했다.

문옥주의 이와 같은 이야기로 알 수 있는 것은, 당시 만주에서 한국으로 돌아올 때는 증명서가 필요했다는 사실이다. 당시 만주국은 괴뢰국이라고 해도 하나의 국가였으므로 다른 나라나 지역으로 이동할 때는 오늘날의 사증에 해당하는 도항 증명서가 필요했다.

헌병이 도항 증명서를 써주지 않으면 '위안부'들은 고향으로 돌아갈 길이 막혀 있었다. 그것이 '위안부'들을 위안소에 묶어놓는 하나의 방법이기도 했다. 여성들은 '위안소'에서 도주하더라도 고향으로 갈 수 없었고 인근 지역의 헌병에게 잡혀 위안소로 다시 들어올 수밖에 없었다.

문옥주는 폐병에 걸린 2명의 '위안부'와 꾀병인 1명과 함께 한국으로 돌아가려고 했다. 하지만 꾀병을 부린 사람이 도중에 들통나 다시 '위안소'로 강제 송환되었고, 문옥주도 중간에서 다시 만주로 끌려갈 위기에 처했다. 문옥주는 헌병에게 필사적으로 매달렸다. 그러자 헌병은 문옥주를 자신의 집으로 데려가 일주일 정도 개인적인 '위안부'로 삼은 뒤 풀어주었다. 이렇게 해서 문옥주는 겨우 고향으로 돌아올 수 있었다.

군속으로 근무한다는 감언에 속아 버마로

문옥주는 만주 동안성 위안소에서 탈출해 대구에 복귀한 후 다시 기생 일을 시작했다. 노래와 춤에 재능이 있었던 문옥주가 돈을 벌 수 있는 수단이 그것밖에 없었기 때문이다.

그런데 1942년 7월 일본군의 군속이 되어 군의 식당에서 일하지 않겠냐는 권유가 들어와 문옥주는 이에 응모했다. 당시 일본군 군속은 사람들이 부러워하는 직업이었다. 국가공무원으로 봉급이 괜찮았고, 일을 그만둔 후에는 연금도 나오기 때문이었다.

당시 일본 정부는 1942년 4월 23일부로 '육군 관계자 남방 점령지 진출 절차에 관한 건'을 각료회의에서 결정해, 군인과 군속, 기타 '군 관계자'가 남방 방면으로 도항할 때 필요한 도항 증명서 발급에 관해 새로운 규정을 발효했다.

그전까지의 해외 도항 증명서는 외무성과 내무성 경찰서의 승인이 필요했지만, 1942년 4월 23일 일본 정부의 결정으로 육군성 승인만 있으면 군인이나 군속 및 군 관계자들을 남방 방면으로 보낼 수 있게 되었다. 이때, 현지 군의 병원에서 잡역을 하게 된다며 '군속'이 아닌 '군 관계자'라는 신분을 부여해 여성들을 속이고 현지에서 '위안부'로 만드는 수법으로 여성들이 수없이 동원되었다.

여성들에게 주어진 '군 관계자'라는 신분은 어떤 보장도 없는, 단지 군과 관계되는 일을 한다는 명목뿐인 신분이었다. 그런데 문옥주는 자신이 군속이었다고 증언했다. 업자들이 여성들을 모집할 때 여성들에게 '군 관계자'가 바로 '군속'이라고 속였을 것이고, 그런 이유로 문옥주는 자신이 군속이었다고 기억하고 있었을 것이다. 문옥주는 속임수에 넘어가 버마에서 강제적으로 '위안부'가 된 이후에도 끝까지 자신이 '군속'이라고 믿고 있었다.

최전선이 계속 확대되는 전쟁터에서 일본군은 '위안부'가 계속 필요했다. 그러자 외무성이나 내무성 경찰서의 복잡한 증명 절차를 생략하고, 육군성의 증명서만 있으면 여성들을 최전선에 보낼수 있도록 도항 절차가 간소화된 것이 1942년 4월이었다.

외무성이나 내무성에서는 이유가 어떻든 위험이 따르는 지역으로 여성들을 보내는 무모한 일에 찬성할 수가 없었던 모양이었다. 그러나 일본군은 현지 '위안부'가 계속해서 필요했으므로, 여성들의 도항 증명서 발급에 육군성이 중심적인 역할을 맡아 책임지고 진행하게 된 것이다.

결국, 육군성의 증명서에는 여성들이 무조건 '군 관계자'로 기재되었으며, 서류상 문제가 없으면 여성들의 남방 진출은 쉽게 허가가 나왔다. 업자들이 작성한 서류상으로는 문옥주 등 여성들의 도항 이유가 '군 식당 여급(군 관계자)' 등으로 적혀 있었을 터였다.

하지만 이 여성들의 도항 증명서는 전혀 남아 있지 않다. 많은 조선 여성들을 연행했는데도 증명서가 남아 있지 않다는 것은 여러 가지 원인을 생각해볼 수 있다. 그중 하나가 실제로 증명서가 필요한 사람은 포주, 즉 모집자임과 동시에 인솔자뿐이었고, 여성들은 인솔자가 데려갈 인원수만 기재하면 통과되었기 때문이다.

버마까지는 마츠모토라는 일본식 이름을 쓰는 조선 남자가 문옥주 등 일행의 인솔자였고, 그들은 1942년 7월 10일 부산항에서 군용선을 타고 남방으로 출항했다. 전체 150명에서 200명의 젊은 여성들이 함께 출항했다고 문옥주는 기억하는데, 이들이 앞에서 설명한 미군의 포로 심문 보고서에 나오는 버마로 간 '제4차 위안단'이다. 조선 여성들의 숫자는 약 703명이었다고 미군의 포로 심문 보고서에 기록되어 있다.

여성들 15~20명에 한 명씩 마츠모토와 같은 인솔자가 있었다고 한 문옥주의 증언은 미군의 포로 심문 보고서의 내용과 같다. 그리고 군이 선정한 업자들은 업자로만 활동하는 게 아니라 현지에 가서 위안소의 포주가 되었다. 일본 정부와 일본군이 처음부터 계획한 내용 그대로였던 셈이다.

앞에서도 언급했지만 1938년 11월 일본 내무성이 '남지나 방면 도항 부녀의 취급에 관한 건'이라는 공문서를 발급했는데, 이 문서를 통해 일본 정부나 일본군이 인솔자를 선정하고 그들을 현지의 위안소 포주로 삼아야 한다고 극비로 명령했다. 그 방법은 조선총독부에서도 마찬가지였다.

일본군의 요청으로 조선총독부에서 업자로 선정된 마츠모토는 문옥주 등을 취업 사기로 모집했고, 버마까지 인솔했으며, 현지에서 자신은 포주가 되었다. 내무성의 지시대로 마츠모토는 움직였다. 그 배후에는 조선총독부와 일본 정부 및 일본군이 있었다. 일본 정부와 조선총독부, 일본군이 일본군 '위안부' 제도를 위해 만들어놓은 시스템대로 마츠모토 등 업자들이 움직였던 것이다.

문옥주의 기억으로는 일행은 두 달에 걸쳐 대만-사이공(베트남)-싱가포르-버마 순으로 항해해 버마 랑군에 도착했다. 미군의 포로 심문 보고서에 따르면 1942년 8월 20일경의 일이었다.

항구에는 군 트럭이 여성들을 기다리고 있었고, 그들을 위안소로 수송했다. 항구에서 위안소까지 여성들을 수송하는 것은 헌병대의 역할이라는 공문서대로의 움직임이었다. 문옥주의 증언은 일본 정부와 일본군이 작성한 '위안부' 시스템의 특성을 정확히 뒷받침하고 있다는 점이 주목된다.

이와 같은 상황을 이영훈은 "아마도 마츠모토는 1940년 문옥주를 동안성으로 보낸 그 남자가 아니었을까"[177]라고 말했다. 이 말은 동안성 위안소로 헌병에 의해 납치당했다는 문옥주의 증언을 어떤 근거도 없이 다시 부정하는 악의적인 기술이라 하지 않을 수 없다. 그리고 이영훈은 마츠모토의 배후에 조선총독부와 일본군이 있었고, 그들의 지시대로 마츠모토가 움직였다는 점을 숨겼다.

이영훈은 박치근의 『일본군 위안소 관리인의 일기』 관련 연구를 안병직, 이우연 등과 함께 진행했으니, 조선에서의 여성 모집이 조선총독부와 일본군의 지시였다는 것을 모를 리가 없다. 따라서 이영훈이 일본군 '위안부' 문제의 본질을 알고 있으면서도 모르는 척하고 있다는 의구심을 지울 수가 없다.

문옥주 일행 17명은 랑군 항구에서 북쪽으로 700킬로미터 정도 떨어진 만달레이라는 버마 제2의 도시로 이송되었다. 그곳은 방패사단이라 불리는 일본군 제55사단의 주둔지로, 더 정확하게는 제55사단 사령부가 있는 방패 8400부대였다. 문옥주는 목적지에 도착한 후, '위안부'가 되어야 한다고 알게 되었을 때의 상황을 다음과 같이 회상했다.

그들 중에 조선인 병사가 있어서, 그 사람이 우리에게 작은 목소리로 조선어로 말했다. "속아서 왔구나, 불쌍한군. 너희들은 잘못 왔어. 여기는 위안소야."

아이들은 천지가 뒤집어진 것처럼 놀랐다. 그런데 위안소가 무엇을 하는 곳인지 모르는 아이들도 많이 있었다. (중략)

나도 물론 식당에서 일하는 것으로 생각하고 왔다. 그러나 동안성의 경험이 있는 나나 히토미 등이, 위안부가 어떤 일을 하는지 모르는 아이들과는 충격에 차이가 있었던 것은 당연하다. 처음 성 접대를 강요당한 아이들이 그때 받은 충격은 말로 표현하기 어려웠다. 17명은 일제히 큰 소리로 울부짖기 시작했다. "아이고, 속은 우리가 잘못한 거지", "어떤 나쁜 짓도 하지 않았는데 왜 이렇게 당해야 하나", "무슨 벌을 받게 되는가" 등. 우리를 속인 마츠모토를 규탄하는 아이도 있었다. 마츠모토는 울고 있는 우리에게 처음으로 여기가 위안소라고 말했다. 군인을 상대로 하면 돈이 되니 참고 일을 할 것, 군인이 군표를 갖고 오니 그것을 받아서 매일 자신에게 제출할 것, 조선으로 돌아갈 때 군표를 합계한 액수를 4대 6으로 나눠 6부를 우리에게 줄 테니 열심히 일할 것 등을 설명했다.[178]

취업 사기로 여성들을 위안소로 연행하는 상습적인 수법에 걸려 문옥주 등은 버마로 끌려갔다. 그곳은 "군인 군속 외는 출입 금지"[179]로 되어 있는 일본군 전용 '위안소'였다. 일본군은 그들이 선

정한 업자들과 계획적으로 여성들을 연행해 성 접대를 강요한 것
이었다.

1943년 5월 26일부로 만달레이 주둔지 사령부가 작성한 '주둔
지 위안소 규정'이라는 공문서가 남아 있다. 규정 제9조에는 '위안
소의 요금은 군이 정한 군표에 의하기로 하고 다른 물품으로 하면
안 된다'[180]라고 되어 있는데, 위안소에서 군인들로부터 군표만 받
았다는 문옥주의 증언을 뒷받침해준다.

그리고 문옥주가 증언한 위안소의 일과, 즉 아침 9시부터 오후
4시까지 1엔 50전으로 병사들을 상대하는 시간, 이후 9시 정도까
지 2엔으로 하사관을 상대하는 시간, 이후 2엔 50전이나 3엔으로
장교들을 상대했다는 내용은 '주둔지 위안소 규정'과 거의 일치한
다.[181]

그런데 이영훈은 문옥주가 거기서 열심히 일했고, 노래 솜씨가
좋아 인기 있는 '위안부'가 되었으며, 야마다 이치로라는 군인 애
인도 생겼다고 썼을 뿐, 그녀들이 받은 충격에 대해서는 외면했
다. 그리고 다음과 같은 위안소의 실상을 언급하지도 않았다.

물론 나는 드문 사례였고, '위안부'가 다 나와 같이 행동하지는 못했
다. 일본어를 잘 외울 수 없거나 아무래도 '위안부' 생활에 익숙해질
수 없는 아이들도 있었다. 그런 아이들은 군인이 말을 걸어도 답을
하지도 않고 반항적인 태도를 보였다. 그러자 군인은 그냥 멋대로

행위만 끝내고 떠나기도 하고 화가 나서 '위안부'를 폭행하기도 했다. 때리기도 하고 발로 차기도 했다. 불쌍하게도 폭행당하는 아이들은 항상 같았다. 아무리 저항해도 우리는 도망갈 수 없는데……. 남자들을 상대하고 싶지 않은 마음은 나도 마찬가지지만, 위안소에서는 그런 이야기는 통하지 않았다.[182]

사실 문옥주 같은 사람은 노래로 군인들을 즐겁게 할 수 있었고, 자신이 당하지 않도록 위안소에서의 요령을 잘 습득하기도 했지만, 모든 여성이 그런 것은 아니었다. '위안부' 중에는 자신을 속여 '위안부'로 만든 일본군이나 마츠모토를 용서하지 못 하고 그 감정을 억제할 수 없어서 반항하다 폭행당한 여자들이 많았다. 그게 '군 위안소'의 실상으로, 그야말로 비극이었다. 이영훈은 위안소의 슬프고 잔인한 실상을 알고도 모르는 척하며, 자신의 책에는 한 줄도 쓰지 않았다. 이는 비난을 받아 마땅한 일이다.

최전선 아카브에서의 '위안부' 생활

버마 만달레이에서 '위안부' 생활을 7~8개월 한 후, 문옥주가 소속한 위안소는 부대를 따라 최전선인 아카브로 이동했다. 아카브는 현재 시트웨라고 불리는 미얀마 서부 도시로 벵골만을 끼고 있다.

이처럼 일본군 위안소는 부대를 따라 이동하는 위안소로, 민간의 일반 매춘업소와는 크게 달랐다. 항상 군과 함께 위험한 곳으로 이동해야 했다. 생명의 위험을 무릅쓰고 여성들이 자발적으로 '위안부'가 된다는 것은 상상할 수 없는 곳이 일본군 위안소였다.

따라서 일본군은 여성들을 납치하거나 취업 사기로 연행해 감시하에 둘 수밖에 없었다. 문옥주는 만달레이에서 한 달에 한 번 있는 휴일이면 마을에 나가 쇼핑을 했다고 한다.[183] 하지만 '위안부'들이 마을로 나간다고 하더라도 조선까지 도주할 수 없으니, '감금 생활 속의 자유'가 잠시 주어진 것뿐이었다.

무려 3개월에 걸쳐 아카브로 이동하는 길은 몹시 위험했다. 일행은 마치 도피하는 것처럼 강을 따라가다 배를 이용해 강을 건너기도 했다. 행군 도중 '위안부' 생활을 못 견디고 '위안부' 한 명은 자살하고 말았다.

이동 중에 친구가 강으로 투신했다. 너무 괴로워서 그랬을 것이다. 조용해서 별로 눈에 띄지 않는 아이였다. 아무리 생각해도 그의 이름이 생각나지 않는다. '처녀 공출'이라고 하면서 경찰이 와서 반드시 여자아이를 보내야 한다고 해서, 다락방에 숨어 있던 자매가 끌려왔다. 그런데 여동생 쪽이 자살한 것이다. 언니도 여동생을 구하지 못했다. 호우로 불어난 탁한 강물이 큰 소리를 내며 흐르고 있었다. 3일쯤 후에 하류의 쓰러진 나무에 걸려 있던 시체를 버마인이 발견해 알려줬다. 다들 달려가서 보니 눈을 뜬 채였고, 물을 마셔서 인지 배가 크게 부풀어져 있었다. 시체를 강가로 끌어올려 다 함께 기름을 부어 태웠다. 언니가 미치듯이 울었다. 우리도 모두 울었다. 언니와 여동생이 불쌍했고, 친구를 죽게 만든 것이 분했다. 인솔 하 사관들도 불쌍하게 생각해줬지만, 그런 일이 있으면 감시를 더 엄 격하게 한다. 우리가 그 아이 뒤를 따라 자살하면 곤란하기 때문이 다.[184]

이와 같은 최전선 '군 위안소'의 불행한 사건들이나 '위안부'들의 지옥 같은 생활을 이영훈은 전혀 쓰지 않았다. 생명이 위태로운 최전선에 여자들을 속여서 연행한 일본군의 범죄를 외면했다. 여성들이 고위험이지만 고수익을 노리고 다들 스스로 '위안부'가 되었다고 끝까지 우기는 이영훈은 물론 『반일 종족주의』 저자 모두가 조선 여성들이 돈이 되는 일이라면 악마에게 생명과 영혼까지도 내놓을 배금주의자처럼 매도했다.

문옥주를 포함한 위안부들이 아카브로 가는 도중, 문옥주와 친했던 아키미라는 여성이 결핵으로 죽었다. 가혹한 '위안부' 생활을 견디다 못해 병을 앓았고, 끝내 사망하고 만 것이다. 하사관은 문옥주에게 아키미를 불에 태우라고 명령했다. 시체 타는 냄새 때문에 문옥주는 그 후 몇 년간이나 구운 고기를 먹을 수 없었다고 한다.

방패사단은 아라칸산맥을 넘어 온갖 고생 끝에 아카브에 도착했다. 문옥주는 "아카브는 인도에 가까운 섬이었다. 아니 지옥에 가까운 섬이었다고 하는 것이 맞는지도 모른다. 최전선이었다"[185] 라고 회상했다. 아카브에서 매일같이 연합군의 폭격을 당해야 했던 문옥주는 그 상황을 다음과 같이 묘사했다.

> 가까운 곳에서 폭탄이 터질 때는 공기 전체가 꽝 하고 터진다. 그 순간에는 손으로 귀와 눈을 가리고 입과 코는 열어서 숨을 크게 토해내야 한다. 그렇게 하지 않으면 폭격의 압력으로 귀머거리가 되고, 눈은 튀어나오며, 배는 파열해 장이 나와버린다고 한다. (중략) 둥둥 하고 폭탄이 떨어져 큰 소리를 내면서 대지가 흔들린다. 그런 가운데 위안부, 군인들, 버마 사람들이 모두 비명을 지르면서 마치 거미 새끼들이 흩어지듯이 도망친다. 우리 주변에는 여기저기서 상처를 입고 신음하는 사람들이나, 폭격이나 총격으로 몸이 사방으로 흩날려 죽은 사람들이 산더미처럼 많았다.[186]

이영훈은 이와 같이 문옥주가 증언한 최전선의 끔찍한 모습은 모두 책에서 생략했다. 대신 문옥주를 비롯해 최전선에 있는 '위안부'들을 고위험이지만 고수익의 기회를 얻어 매일 악착같이 돈을 번 창녀로밖에 묘사하지 않았다.

문옥주의 고생은 최전선이라는 데서 오는 것만이 아니었다. 1943년 추석 무렵 어느 날, 술에 취한 병사가 말씨름 끝에 문옥주를 들이받아 그녀를 2층에서 아래로 떨어뜨렸다. 그 바람에 문옥주는 허리를 다치고 왼쪽 팔이 부러지는 중상을 입어 3개월간 야전병원에 입원했다. 당시 최전선의 병사들은 신경이 극도로 날카로워 '위안부'들을 몹시 거칠게 대했다. 물론 이영훈은 그런 문옥주 등의 고난을 외면했다.

문옥주가 만달레이에서 도피해 아카브까지 가는 여정, 아카브에서 경험한 일에 대해 이영훈이 언급한 내용은 다음과 같은 몇 줄밖에 없다.

> 7~8개월 뒤 문옥주가 소속한 위안소는 부대를 따라 아카브라는 곳으로 이동하였습니다. 앞서 소개한 박치근 일행이 위안소를 개업했다가 사고를 당하여 철수한 그곳이었습니다. 아카브에 도착해서도 야마다와의 관계는 이어졌습니다만, 전쟁은 더 이상의 사랑을 허락하지 않았습니다. 야마다는 어느 밀림에서 전사하였습니다. 드디어 일본군의 패주가 시작되었습니다. 연일 영국군의 비행기가 아카브의 일본군을 공습했습니다. 문옥주 일행은 퇴각하는 일본군을 따라 랑군으로 나왔습니다.[187]

위와 같은 이영훈의 서술에는 눈에 보이지 않는 왜곡과 은폐가 숨어 있다. 문옥주와 야마다 이치로는 애인 관계였지만, 야마다 이치로가 전사했다는 이야기, 그리고 영국 비행기가 일본군을 공습했다는 이야기뿐이다. 야마다 이치로는 문옥주의 애인이었지만, 그가 있어 문옥주가 행복했다고 생각하면 곤란하다. 문옥주의 다음 말이 그들 관계의 본질을 설명해주고 있다.

> 일주일에 한 번 야마다 이치로가 오는 것이 보람이 되어 나는 위안부 생활을 견딜 수 있게 되었다.[188]

> 내 애인은 야마다 이치로였지만, 나는 야마다 이치로의 아내가 되겠다고 생각한 적은 한 번도 없다. 거기는 위안소였으니까.[189]

문옥주에게 있어 그녀의 마음을 이해해주는 야마다 이치로는 가혹한 '위안부' 생활을 참아낼 수 있는 활력제와 같은 존재였다.

아카브에서도 야마다 이치로는 일주일에 한 번씩 문옥주를 만나기 위해 위안소로 왔다. 그러나 2~3개월 후 야마다 이치로는 전사해 더는 나타나지 않았다. 문옥주의 슬픔과 허무감이 컸다고 생각되지 않는다. 야마다 이치로를 결혼 상대로 생각한 적이 없었던 문옥주에게 야마다 이치로는 친한 친구 정도였을 것이다.

이영훈은 "연일 영국군의 비행기가 아카브의 일본군을 공습했습니다. 문옥주 일행은 퇴각하는 일본군을 따라 랑군으로 나왔습니다"[190]라면서, 마치 일본군만 공습을 당한 것처럼 썼다. '군 위안소'는 일본군 사령부 건물 옆에 있었는데, 마치 위안소가 군과 떨어진 곳에 있었던 것처럼 서술했다. 영국 비행기의 공습으로 문옥주 등은 수도 없이 방공호로 대피해야만 했다.

이후 아카브의 일본군은 '위안부'들을 데리고 프롬이라는 곳으로 퇴각했다. 그러나 그곳에서는 2~3개월만 머물렀고, 일행은 랑군으로 다시 이동했다.

조선으로의 귀국을 중지한 문옥주

문옥주 등이 도착했을 때 랑군은 아직 영국군의 공습이 시작되지 않았다. 문옥주 등은 랑군회관이라는 위안소에서 머물게 되었다. 거기에는 30명 정도의 '위안부'가 있었는데, 모두 조선인이었다.[191] 그런데 안전했던 랑군에도 공습이 시작되었다. 문옥주를 포함한 '위안부'들은 생명의 위험을 느끼고, 같은 조의 동료 6명이 어떻게 해서든 조선으로 귀국하려고 지혜를 모았다.

> 공습은 이제 지긋지긋하다. 같은 조 6명, 즉 히토미와 기화 자매, 쓰바메, 히로코, 히후미, 그리고 나는 고향으로 갈 방법이 없는지 생각했다. 그 무렵, 전선은 계속 내려왔다. 우리도 위험하다는 것은 알 수 있었다. 그래서 내 손님이었던 군의관에게 의논했다. "귀국하기 위한 증명서가 필요한데 입수할 수는 없을까요?"라고. 그랬더니

내가 폐병에 걸렸다는 진단서를 써준다고 했다. 군의 중위와 군의 소위 두 명이 연명으로 진단서에 "기침을 하면 가끔 피가 난다"라고 써주었다. 그러고는 "네가 너무 건강하게 보이면 거짓 진단서라고 탄로 나서 내 목이 날아가니 환자처럼 행동해야 한다"라고 말해주었다.[192]

생명의 위험을 느낀 문옥주 등은 조선으로 귀국해야겠다고 생각했고, 문옥주는 군의관에게 폐병이라는 진단서를 받아 귀국 허가를 신청했다. 그런데 이영훈은 다음과 같이 귀국 사유를 왜곡했다.

1944년 여름, 문옥주와 대구에서 같이 출발한 동료 5명은 귀국길에 올랐습니다. 버마에 온 지 벌써 2년이 되었습니다. 전차금도 상환하고 계약 기간도 만료된 상태였습니다. 그래서 돌아가고자 했는데, 6명 모두에게 여행 허가가 났던 것입니다.[193]

이영훈은 문옥주 등이 전차금을 다 상환했고, 계약 기간도 만료되어 귀국할 수 있게 되었다고 썼다. 하지만 그에 관한 근거가 문옥주의 증언에 없다. 이영훈은 실제로 없는 일을 있다고 만들어, '위안부'들이 전차금을 상환하고 계약 기간이 끝나면 자유의 몸이 되었다고 자신들의 논리에 맞게 왜곡해 서술했다.

문옥주는 전차금을 받았다고 증언한 적이 없다. 그녀는 '군속'이 된다는 말을 믿고 부산에서 배를 탄 것이다. '군속'이 된다는 말이 당시 조선인들에게는 상당히 매력적인 유혹이었다. 1942년에 부산항에서 출항하기 전에 문옥주는 다음과 같이 생각했다.

> 그 무렵은 조선인도 다 앞다투어 군속이 되고 싶어 했다. 남국의 군대로 갈 것이다. 군대 식당에서 여급 일이나 설거지를 하면 일정한 수입이 있어서 어머니에게도 조금 송금할 수 있는지도 모른다. 기생보다는 확실한 직업이다.[194]

이 증언에 따르면 문옥주는 전차금을 받지 않고, 군속이라는 장래성 때문에 마음을 정한 것으로 보인다. 물론 사람마다 사정이 달랐을 수도 있다. 그러나 문옥주의 경우에는 전차금을 받지 않았다고 볼 수 있다. 문옥주의 예금통장에는 1944년 9월까지 약 5,700엔이 저축되어 있었다.[195]

무엇보다 문옥주가 군인에게 부탁해서 예금통장을 처음 만들었을 때가 1943년 3월 6일인데, 그때 그녀가 맡긴 금액은 500엔이었다.[196] 이 돈은 모두 문옥주가 군인에게서 받은 돈이므로, 군표로 받은 액수는 이 금액보다 훨씬 많았다고 예상할 수 있다.

미군의 포로 심문 보고서에 따르면 1942년 7월, 조선 여성들이 부산항을 출항하기 전 업자에게 받은 전차금이 200~300엔이었다. 따라서 만에 하나 문옥주가 전차금을 받았다 하더라도 200~300엔 정도는 '위안부' 생활 2~3개월 만에 모두 상환했을 것이다. 결국 문옥주는 전차금을 받지 않고 군속이 된다는 말에 속아 연행되었을 가능성이 크다.

군속이라면 국가공무원이므로 계약 기간 같은 것은 처음부터 없었다. 일본군이 있는 한 계속 일해야 했기 때문이다. 특히 문옥주는 업자와 계약한 것이 아니라 친구의 말을 믿고 따라간 것이어서, 전차금 같은 것을 받을 시간적 여유 자체가 없었다. 인솔자 마츠모토의 입장에서는 전차금 없이 여성을 '위안부'로 만들 수 있었으므로 군이 반대할 까닭도 없었을 것이다.

두 달 후, 문옥주는 거짓 진단서로 귀국 허가를 받았다. 다른 5명도 어떤 방법을 썼는지 귀국 허가를 받게 되었다. 그들은 랑군을 출발해 태국을 거쳐 베트남의 사이공을 향했다. 사이공에서 부산으로 가는 배가 출항하기 때문이었다.

랑군회관으로 돌아간 문옥주

그런데 문옥주는 사이공에서 부산행 배를 타지 않았다. 배를 타기로 예정된 날 아침, 돌아가신 아버지가 꿈에 나타나 귀국하지 말 것을 문옥주에게 당부했기 때문이었다. 사망한 아버지가 문옥주 앞에 나타난 것은 처음이 아니었다. 아카브에서도 문옥주는 아버지의 환상을 따라 다리 밑으로 들어가 연합군의 공습으로부터 목숨을 건진 적이 있었다.

문옥주가 동료 쓰바메에게 꿈 이야기를 하고 조선으로 돌아가는 것을 그만둘 생각이라고 하자, 쓰바메도 "나도 아침에 꿈을 꿨어. 어머니가 병을 앓고 피를 토하고 있었어. 불길한 일이 일어날 것 같으니 조선으로 귀국하는 것을 그만둘래"[197]라고 대답했다.

그 이후 동행했던 히로코, 히후미, 기화도 조선으로 가지 않겠다고 했다. 하지만 기화의 언니 히토미가 조선으로 돌아가겠다고 해서, 결국 히토미와 기화 자매만 배를 탔다. 나중에 알게 된 이야기지만 자매가 탄 배는 마닐라 도착 한 시간쯤 전에 잠수함 공격으로 침몰해 기화가 죽고 히토미는 겨우 목숨을 건졌다고 했다. 문옥주는 후에 그 사실을 알았는데, 그래서 아버지가 꿈에 나타난 것이라고 다시금 생각했다.

다시 랑군회관으로 복귀한 문옥주 등의 행동을 이영훈은 다음과 같이 논평했다.

이 사건이 위안부의 성격과 관련하여 시사하는 바는 매우 중요합니다. 다시 말해 위안부 생활은 어디까지나 그들의 선택과 의지에 따른 것이었습니다. 직업으로서 위안부는 위안소라는 장소에 영위된 위안부 개인의 영업이었습니다.[198]

이영훈은 문옥주 등이 조선으로 귀국하지 않고 다시 위안소 랑군회관으로 돌아간 사건을 위와 같이 서술했다. 위안소의 '위안부'가 되는 것은 '위안부'들의 자발적인 의사로 결정된 문제였다며, 강제연행되었다거나 본인의 의사에 반해 일본군 '위안부'가 되어 매춘을 강요당했다는 이야기는 모두 거짓이라는 억지 주장을 늘어놓았다.

그러나 문옥주는 업자에게 속아서 '위안부' 생활을 강요당했고, 다른 여성들도 마찬가지였다. 미군의 포로 심문 보고서에서도 조선 여성들이 속아서 '위안부'가 되었다고 결론 내린 바 있다. 그런데 이영훈은 그런 사실을 모두 무시한 채, 문옥주 일행이 특별한 사정 때문에 다시 '위안소'로 돌아간 일을 자발적으로 다시 '위안부' 생활을 시작했다고 그릇된 프레임을 씌웠다. 이영훈이 문옥주의 증언을 심각하게 왜곡했다고 하지 않을 수 없다.

문옥주 등이 다시 랑군회관으로 돌아간 이유는 생명을 위협받는 불길한 사건이 일어날 수 있다는 예감 때문이었지, 결코 '위안부' 생활을 다시 하고 싶다는 동기에서가 아니었다. 문옥주는 당시의 상황을 다음과 같이 묘사했다.

당시 우리는 거주지나 행선지를 자유롭게 정할 수 없었다. 귀국 허가가 내려졌다면 귀국하지 않으면 안 되었다. 그것이 명령이었다. 그러므로 귀국하고 싶지 않으면 도주할 수밖에 없었다. 큰 짐은 항구에 방치하고 예금통장과 현금만 들어 있는 가방을 들었다. 히토미와 기화에게 이별을 고하고 우리는 발길을 돌렸다.[199]

문옥주 일행은 도망가다가 일본 해군 비행기 조종사들을 만나 심문을 받았다. 그래서 솔직하게 사정을 말하며 랑군회관으로 돌아갈 수 있는 증명서를 써 달라고 해군 군인에게 부탁했다. 해군 군인들은 사령부로 가서 증명서를 작성해주는 대신 2주일간 '위안부' 역할을 강요했다. 그렇게 해서 증명서를 얻은 문옥주 일행은 랑군회관으로 돌아가게 되었다.

이 이야기는 당시 일본군 '위안부'들이 일본군의 명령으로 움직이고 있었고, 명령에 어긋나는 행동을 할 수 없었다는 사실을 증명하고 있다. 여성들은 자유의사로 '위안부'가 되고, 자유의사로 '위안부'를 폐업할 수 있는 상황이 전혀 아니었다. 그런데도 이영훈은 '위안부'가 자발적인 직업이었다고 태연하게 왜곡하고 있다.

군법회의

랑군회관으로 돌아간 문옥주에게 큰 사건이 발생했다. 어느 날, 술에 취한 한 병장이 문옥주를 칼로 베려고 했는데, 그녀가 칼을 빼앗으며 실랑이를 하는 과정에서 그를 죽이고 말았다. 이 사건으로 문옥주는 부대의 군법회의에 회부되었다. 하지만 정당방위가 인정되어 무죄 판결을 받았다. 이 사건에 대해 이영훈은 다음과 같이 서술했다.

이 사실을 두고 관련 군사재판의 기록이 없고 또 벌어지기도 곤란한 일이어서 그대로 믿을 수 없다는 사람들이 있습니다. 저도 그런 면이 있다고 생각합니다. 다만 행패 부리는 병사와 다툰 나머지 꽤 중한 상처를 입었으나 부대장의 재량으로 없는 일로 처리했던 정도가 아닐까 싶습니다. 어쨌든 이 사실도 위안부의 처지와 관련하여 시사하는 바가 크다고 하겠습니다. 문옥주와 위안부 일동은 "우리도 일본인이다. 창녀가 아니다. 일본군을 위안하는 신성한 책무를 부여받은 제국의 위안부다"라는 의식을 가졌습니다. 그녀들은 정식 군속은 아니지만, 그에 준하는 대우를 받는 가운데 그에 상응하는 정치의식으로 자신의 존재 가치를 확인하였다고 생각됩니다. (중략) 다시 말해 위안부라 하지만 생활 실태에서나 정치의식에서나 심리 감정에서 무권리의 노예 상태는 결코 아니었습니다.[200]

이 인용문에서는 문옥주에 관한 군사재판 기록이 없다고 하여 믿을 수 없는 이야기라고 하는 사람들이 있다고 했다. 그러나 '위안부' 관련 문서에는 군사재판의 기록뿐만이 아니라, '위안부'들의 어떤 행동 기록도 남아 있지 않다. 군인들의 비행 행동 기록과 그

처리에 대한 기록만이 남아 있을 뿐이다.

'위안부'가 도주했다든가 '위안부'가 일을 하지 않았다든가 혹은 '위안부'가 허용된 행동 구역을 벗어났다든가 하는 것들이 '위안부'의 비행 행동이라고 할 수 있지만, 그런 기록은 하나도 남아 있지 않다. 말하자면 일본군은 '위안부' 개인에 관한 기록은 작성하지 않았다고 봐야 한다.

'위안부'들의 행동을 기록하는 것은 일본군으로서는 오히려 곤란한 일이었다. '위안부' 개인에 관한 기록을 남긴다면 '위안부' 제도가 성노예 제도였음을 증명하는 자료가 될 우려가 있기 때문이다. 결국 '위안부'의 행동 기록은 처음부터 작성되지 않았기 때문에 문옥주가 군법회의에 회부된 기록도 남아 있지 않은 것이다.

이영훈은 "문옥주와 위안부 일동은 '우리도 일본인이다. 창녀가 아니다. 일본군을 위안하는 신성한 책무를 부여받은 제국의 위안부다'라는 의식을 가졌습니다"[201]라고 썼지만, 문옥주의 증언에는 그런 과장된 표현은 없다. 문옥주가 말한 내용은 다음과 같다. 그녀가 칼을 뽑아 든 군인에게 한 말과 군법회의에서 한 말이다.

그 칼은 천황폐하로부터 받은 것이 아니냐. 적을 향해 뽑아야 할 것을 이렇게 먼 데까지 와서 당신들을 위안하고 있는 나에게 왜 뽑는 거냐. 조센 삐(매춘부라는 뜻), 조센 삐라고 조롱하는 것이 옳은 거냐. 우리 조선인은 일본인이 아닌가. 그렇게 조롱한다면 조선을 독립시

킬 자신이나 있는가.[202]

적을 향해 써야 할 천황폐하로부터 받은 칼을 멀리 위안하러 온 나를 향해 쓰려고 한 것은 병사의 잘못이다.[203]

이런 문옥주의 말은 군인이 그를 '조센 삐'라고 조롱한 것에 대한 분노에서 비롯되었다. 문옥주는 다음과 같이 증언했다.

(나는) '조센진', '조센 삐'라는 말을 들으면 과민반응이 일었다. 그 말을 아주 싫어했다. (중략) 그 말을 들으면 묘하게 화가 났고 감정적인 상태가 되었다.[204]

문옥주의 말은 결코 이영훈이 서술한 "일본군을 위안하는 신성한 책무를 부여받은 제국의 위안부"라는 의식에서 나온 말이 아니었다. 문옥주는 '신성한 책무를 부여받은 제국의 위안부'라는 말을 하지도 않았다. '위안부'의 일을 '신성한 책무'라고 누가 말했다는 것인가. 그런 말을 한 것으로 착각하도록 서술하는 이영훈의 문장은 문옥주의 증언을 심하게 왜곡시키는 결과를 초래하고 있다.

결국 이영훈은 다음과 같이 결론을 내렸다. "다시 말해 위안부라 하지만 생활 실태에서나 정치의식에서나 심리 감정에서 무권리의 노예 상태는 결코 아니었"[205]다고 말이다. 결과적으로 이영훈이 말하고 싶은 것은 바로 '위안부'는 '성노예'가 아니었다는 주장이다.

과연 그럴까. 속아서 혹은 납치당해서 전쟁터로 끌려간 '위안부'들은 도망칠 수가 없었고, 귀국할 때는 군의 허가가 필요했다. 기본적으로 전차금을 상환했거나 계약 기간이 끝난 '위안부'들은 귀국을 허가받았으나, 계약 기간 중에는 위안소에서 벗어날 수 없었다. 허가를 받아 쇼핑한 적도 있다고 하지만, 그런 행동의 자유는 어디까지나 도망칠 수 없는 범위 내에서만 허용되었다. 전차금에 묶여서 본인의 의사에 반한 매춘을 강요당했는데, 성노예가 아니면 무엇이란 말인가.

'위안부'가 돈을 버는 개인 경영주였다는 주장도 언어도단이다. 그들은 처음부터 생명을 위협받는 최전선을 선택한 것이 아니었다. 물론 문옥주처럼 위험을 느끼고 귀국길 도중 다시 발길을 돌려 위안소로 돌아간 적은 있었다. 그러나 그것은 매춘을 하러 돌아간 것이 아니라 자신의 소속으로 돌아가지 않으면 더 위험해질 거라 판단했기 때문이었다.

이영훈이 '위안부'에게 씌운 프레임은 일본 우파의 프레임과 똑같다. 이영훈은 일본군 '위안부' 제도의 배후, 근본에는 일본이라는 국가가 있었다는 점을 항상 도외시한다. 악의 근원을 도외시하며 논의를 진전시킨다면 거짓말을 늘어놓을 수밖에 없다.

해방 후의 문옥주

문옥주는 해방 후 태국 방콕에서 7~8개월 동안 수용소 생활을 한 뒤, 1946년 여름 무렵 고향인 대구로 귀환했다. 그 이후 문옥주의 생활을 그의 증언[206]에서 요약하면 다음과 같다.

　대구로 귀환한 후 문옥주는 열심히 일해서 오빠와 남동생의 집을 사주기도 했다. 그녀는 대구와 부산의 요리점에서 일급 기생으로 활동해 돈을 많이 벌었다. 문옥주는 랑군에서 일본군 상대로 어용상인을 했던 남자를 만나 11년간 동거하면서 그 남자의 아이 셋을 다 훌륭하게 키웠다. 문옥주는 '위안부' 생활의 후유증인지 불임증이 있어서 자신의 아이를 가질 수가 없었다.

　문옥주는 그 남자와의 동거 생활을 인생에서 가장 행복한 시기였다고 회상했다. 그러나 남자에게 새로운 애인이 생겨 화가 난 문옥주는 그와 헤어졌다. 그 와중에 6·25가 터졌고, 전쟁이 끝난 후 남자는 사업에 실패해 자살하고 말았다.

　문옥주는 이후 동거했던 남자의 아이 셋과 오빠의 가족, 어머니 등 9명의 생활을 책임지면서 유명한 기생으로 생활했다. 그러던 중 문옥주에게 세 살 연하의 새로운 남자가 생겼는데, 알고 보니 유부남에다 아이가 셋 있는 남자였다. 그러던 중 그의 아내가 넷째를 임신해 있어서 문옥주는 부탁해서 넷째 아이를 자신의 양자로 입적하기까지 했다. 하지만 그 아이가 성장해 사업에 계속 실패했고, 도박에도 손을 대는 등 문옥주를 괴롭혔다. 결국 문옥주는 양자의 빚 문제를 해결하려다 전 재산을 잃고 말았다.

1991년 8월 14일, 김학순 할머니가 자신이 일본군 '위안부'였다고 처음으로 세상에 공표했다. 그 후 30년 동안 알고 지낸 이용낙이라는 인물의 권유로 1991년 12월 2일, 문옥주는 일본군 '위안부'였다고 공표한 세 번째 여성이었다.

이영훈이 왜곡·은폐하는 문옥주의 진심

이영훈은 문옥주가 일본군 '위안부'였음을 고백한 것이 잘못이었다면서, 다음과 같이 주장한다.

당시 문옥주는 개인적으로 고달픈 처지였습니다. 그래서 자신의 과거사를 고백했으며, 그리고선 정부로부터 보조금을 타고 영구임대 아파트를 얻고 생활비도 받았습니다. 그렇지만 그 일로 그녀의 전 인생은 지워졌습니다. 불과 3년의 위안부 생활이 그녀의 전 인생을 덮어버리고 말았습니다. 버마에서 돌아온 뒤 45년간 그녀는 치열하게 그녀의 인생을 살았습니다. 고달프지만 보람찬 인생이었습니다. 그 모든 것이 사라졌습니다. 그녀의 친구, 친지, 그가 키운 자식들 모두가 그녀로부터 멀어졌을 겁니다.[207]

이영훈은 위와 같이 문옥주가 '위안부'였음을 고백한 후 그녀의 인생이 지워졌고, 친구와 친지, 자식들도 잃었다고 주장한다. 그러나 이영훈은 문옥주의 다음과 같은 말을 전혀 책에서 소개하지 않았다.

> 친구를 몇 명 잃었지만, 그것은 괜찮다. 공표해도 안 해도 나는 나니까. 진실을 말했을 뿐인데……. 나는 이 사람과 친구라고 생각하면 조금 단점이 있어도, 마음에 들지 않는 일이 있어도 그 사람을 믿고 끝까지 사귄다. 이래라저래라 말하는 사람은 진정한 친구가 아니라고 생각한다. 반대로 많은 수는 아니지만, TV에서 봤다고 하면서 깊은 동정을 말해주는 사람도 있다.[208]

그리고 문옥주는 자신의 '위안부'로서의 고생을 다음과 같이 이야기했다. 이영훈은 물론 자신의 책에 소개하지 않았다.

> '위안부'였다는 것은 잊으려 해도 잊을 수 없고, 지우려 해도 지울 수 없다. 나는 전생에 어떤 나쁜 짓을 했으니 이런 응보를 받는가, 라고 생각한다. / 나는 그때 열심히 '위안부'를 했다. 술을 마시

고 담배를 피우고 노래를 부르면서……. 폭격 받아 도망치거나, 정글 안을 며칠이나 굶으면서 걷고 또 걸었다. 정말 기가 막혔다. / 나는 사람이 아니었다. 그때 나는 사람이 아니었다. / 죽지 않았으니 그것으로도 운이 좋았다. 아버지가 나를 살려주었으니 살아 돌아왔다고 생각한다. 아카브에서, 사이공에서, 랑군에서 몇 번이나 죽을 경험을 했지만 죽지 않았으니……. 대구로 돌아온 후에도 얼마나 육체를 사용해서 일을 해왔는지. 대구의 친구들이면 누구나 얼마나 내가 고생해서 가족 모두를 돌봐주었는지를 알고 있다.[209]

그런데 이영훈은 문옥주의 유언과 같은 위의 말을 조금씩 왜곡해서 소개했다. 예를 들어 "나는 그때 열심히 '위안부'를 했다"는 그녀의 말을 이영훈은 "나는 아무것도 모르고 그냥 열심히 위안부 생활했"다고 왜곡했다. 문옥주는 "아무것도 모르고 그냥" 위안부 생활을 한 적이 없고, 그런 말을 하지도 않았다. 그녀는 속아서 위안부가 된 자신을 가리켜서 "나는 사람이 아니었다"고 자신의 처지를 토로했다. 그리고 '위안부' 생활을 죽을 만큼 참고 견뎠던 것이다.

더욱이 이영훈은 "그녀는 죽는 날까지 결코 일본을 저주하지 않았습니다"[210]라고 거짓말을 했다. 물론 문옥주는 "일본 군인들 중에는 좋은 사람들도 많이 있었고, 다들 고생해서 불쌍했다"[211]고 이야기했지만, 그것은 그녀의 애인이었던 야마다 이치로뿐만이 아니라 그녀가 함께 지낸 일본 군인들에게 한 말이다.

　문옥주는 모든 일본 군인이 좋은 사람이었다고 말하지는 않았다. 그녀를 죽이려 한 군인도 있었고, 그녀를 2층에서 떨어뜨려 중상을 입힌 군인도 있었다. 그리고 "조센 삐"라고 조롱한 군인들도 많았다. 문옥주는 그런 일본 군인들까지 좋은 사람이라고 말하지는 않았다.

> (내가 '위안부'였다고) 공표했으니 역사에 우리의 존재를 제대로 남기고 두 번 다시 저런 것이 일어나지 않도록 해주었으면 한다. 일본 정부에 사죄와 배상을 당당하게 요구하는 운동을 하고 싶다. 나는 이미 몇 번이나 일본으로 가서 '위안부' 시대를 증언했다. 그러나 일본 정부는 항상 차가웠다. 국회에도 갔다. 예금을 돌려달라고 우정성과 교섭도 했다. 미야자와 총리가 우리에게 사죄했는데, 왜 우리는 문전 박대를 당해야만 하는지 이유를 알 수 없다. 예금 이야기를 하면 그 예금에는 슬픈 역사가 들어있으니, 더욱 일본에 두고 싶지 않다. 돌려달라고 말하고 있는 거다. 내가 일본으로 가서 돌려달라고 하지 않아도 일본 정부가 돌려주러 오는 것이 도리가 아닌가. 정말 기가 막힌다. (후략)[212]

　"일본 정부는 항상 차가웠다", "왜 우리는 (일본에) 문전 박대를 당해야만 하는지", "일본 정부가 (내 예금을) 돌려주러 오는 것이

도리가 아닌가", 이런 문옥주의 말을 알면서 이영훈은 왜 문옥주가 일본을 저주하지 않았다고 하는가. 이영훈은 문옥주의 증언집을 다시 정독해야 한다.

일본군 '위안부' 제도는 일본의 전쟁범죄

이영훈은 다음과 같이 주장한다.

> 저는 위안부제를 일본군의 전쟁범죄라는 인식에 동조하지 않습니다. (중략) 그것은 당시의 제도와 문화인 공창제의 일부였습니다. 그것을 일본군의 전쟁범죄로 단순화하고 줄기차게 일본의 책임을 추궁한 것은 한국의 민족주의였습니다.[213]

이영훈의 주장은 일본군 '위안부' 제도가 당시의 제도와 문화였던 공창제의 일부였으니 일본군의 전쟁범죄가 아니라는 데 있다. 즉 일본군 '위안부' 제도=공창제의 일부=전쟁범죄가 아님, 이런 도식이 이영훈의 발상인 것이다. 그런데 여기서 말하는 공창제란 결국 일본이 조선에 이식한 공창제를 가리키는 말로 이해할 수밖에 없다.

조선의 공창제는 앞에서 말한 것처럼 1916년 조선총독부가 조선에 '대좌부 창기 취제규칙貸座敷娼妓取締規則'을 시행하면서 조선에 정착되었다. 이영훈이 말한 대로 일본군 '위안부' 제도가 공창제의 일부라면 '위안부' 제도는 이 규칙에 따라 시행되었어야 한다.

그러나 일본군 '위안부' 제도는 1937년 중일전쟁을 계기로 상하이 현지 일본군이 독자적으로 3,000명의 '작부'를 모집하면서 시작되었다. 상하이에서 공창제가 폐지되면서 그 대신 '작부 제도'가 도입되었기 때문이다.

이런 움직임을 뒤늦게 알게 된 일본 내무성은 1938년 3월 '내무성 통첩'을 관계 기관에 하달하여 해외로 나가 추업, 즉 매춘을 하는 여성들에 대해 규정했다. 그러므로 일본군 '위안부' 제도는 1938년 '내무성 통첩'에 규정되는 제도다.

'내무성 통첩'에서는 만 21세 이상의 원래 일본이나 조선에서 추업을 해온 여성들을 관할 경찰서장이 면담하여 증명서를 발급해 해외로 보내도록 했다.

그러나 이와 같은 새로운 '위안부' 제도의 규칙은 지켜지지 않았다. '위안부'가 된 여성들은 만 21세 미만도 많았고, 현지 일본군의 증명서가 있으면 그것만으로 도항 증명서를 내주는 편법이 자행되었다. 게다가 취업 사기나 납치 등으로 해외로 보내졌고, 현지에서 강제적으로 '위안부'가 된 사례도 수없이 많이 보고되었다. 그러므로 '위안부'들은 공창이 아니다. 일본군이 만든 제도 속의 성노예였다.

1942년부터는 해외로 도항하는 여성에게는 육군성이 '군 관계자'의 신분을 부여했는데, 이것만 봐도 공창과는 달랐다. 군의 여급, 병원의 준간호사 등 군을 위한 일을 한다고 듣고 현지에 도착한 여성들은 매춘을 해야 한다는 사실을 처음으로 알게 되었다.

여성들이 계약을 맺은 상대는 포주였기 때문에 '위안부'들은 공창이 아니라 계약상으로는 포주의 피고용원이었다. 처음부터 일본군, 일본 정부, 조선총독부는 '위안부' 문제에 책임질 생각이 없어서, 업자이자 인솔자 그리고 포주에게 책임을 전가할 수 있는 제도를 생각해냈고, 그것이 바로 일본군 '위안부' 제도였다.

이에 군이 위안소의 모든 것을 통제하지만, 경영은 포주가 한다는 시스템이 생겼다. 여성들은 대부분 속아서 왔기 때문에 정식으로 공창으로 등록된 기록 자체가 존재할 리가 없다. 일본군, 일본 정부, 조선총독부의 무책임한 '위안부' 제도 운영이 전쟁범죄의 뿌리였다.

그리고 이영훈은 '위안부'가 일본의 전쟁범죄가 아니라고 주장하지만, 당시 일본 형법을 기준으로 해도 그들은 범죄자다. 당시의 형법 제226조 등을 보면 분명하게 확인할 수 있다.

형법 제226조 : 제국 외로 이송하는 목적으로 사람을 약취 또는 유괴한 자는 2년 이상의 유기 징역에 처한다. 제국 외로 이송할 목적으로 사람을 매매하여 또는 피유괴자 혹은 피매자를 제국 외로 이

송한 자도 마찬가지다.[214)

일본군 '위안부' 제도는 공창제가 아니라 형법 제226조를 어기고 약취, 유괴에 의해 이루어진 일본 정부, 일본군, 조선총독부가 전쟁 당시 저지른 형사 범죄다.

제4장

『반일 종족주의』의 '위안부' 관련 주장 비판

잘못 쓴 위안부 인원수

이영훈은 '위안부' 문제에 있어서 확실하지 않은 숫자를 늘어놓았다. 그 대표적인 사례가 '위안부'의 인원수와 관련된 숫자다. 이영훈은 "위안부는 대개 병사 150명당 1명의 비율로 충당"[215]되었다고 주장한다.

그런데 병사 100명당 '위안부' 1명의 비율이라는 문서가 존재한다. 1939년 4월 15일자 육군성 과장 회의 문서 '가네하라 세쓰조金原節三 업무일지'에는 "성병 예방 등을 위해 병사 100명당 1명의 비율로 위안부를 수입한다"[216]라고 적혀 있다.

그리고 1940년 10월 15일자 '다카모리高森부대 특수위안 업무 규정'에도 "위안부는 황군 100명에 대해 1명의 비율"[217]이라고 기록되어 있다. '가네하라 세쓰조 업무일지'에 따르면 병사 100명에 위안부 1명이라는 비율이 목표치이고, '다카모리부대 특수위안 업무 규정'에는 실제로 병사 100명에 위안부 1명을 배정했다는 기록이 있다.

2019년 12월 6일, 일본의 교도통신은 "일본군 당국이 병사 70명당 위안부 1명이 필요하다"고 밝혔다는 일본 공문서 기록을 보도했다. "일제강점기 때 일본군 당국이 병사 70명당 위안부 1명이 필요하다고 요구했다는 일본 공문서 기록이 추가로 확인되었다"는 내용이다.

이 보도에 따르면 1938년 중국 산둥성 칭다오에서 나온 일본 총영사의 보고서에 "해군 측은 예작부(예기+작부) 합계 150명 정도의 증가를 희망하고 있으며, 육군 측은 병사 70명에 대해 1명 정도의 작부가 필요하다는 의향"이라고 적혀 있다고 한다.[218] 이 보고서 역시 위안부 동원과 관련된 계획서로, 일본군의 위안부 배정 계획은 병사 70명에 위안부 1명이었다.

그러므로 실제로 위안부의 배정 비율은 병사 70~150명 당 위안부가 1명이었을 가능성이 높다. 결국 이영훈처럼 병사 150명에 위안부 1명의 비율이었다고 단정할 수 없다. 이런 부분에도 이영훈 서술의 문제점을 지적할 수 있다.

그리고 이영훈은 근거 없이 "병사의 위안소 방문을 월 1회"[219]로 계산해서 "노동 강도는 하루 5명"[220]이라고 거짓말을 썼다. 실제로는 병사들이 대략 일주일에 한 번 위안소를 이용할 수 있게 배정되었다. 거듭 인용한 미군의 포로 심문 보고서 제49호에 따르면 군 위안소에는 다음과 같은 '이용일 할당표'가 존재했다.

일요일 : 제18사단 사령부
월요일 : 기병대
화요일 : 공병대
수요일 : 휴업일, 정기건강진단
목요일 : 위성대
금요일 : 산포병대
토요일 : 수송대[221]

위의 할당표를 보면 병사들은 일주일에 한 번 위안소를 이용할 수 있었다. 게다가 장교들은 매일 밤 위안소 이용이 가능했다. 문옥주의 애인인 야마다 이치로도 일주일에 한 번 문옥주를 만나러 갔다.

이영훈은 "1937년 일본 오사카의 두 유곽 구역에서 창기 1인당 하루 유객의 수는 2.5명"[222]이라고 하면서, 일본군 '위안부'가 민간의 매춘부보다 노동 강도가 높았다고 했다. 그런데 그것은 병사 150명에 '위안부' 1명의 비율로 병사가 월 1차례 위안소를 방문했을 때의 경우다.

그렇지만 각종 위안소의 규칙을 살펴보면 병사들은 같은 군 안에서 부대마다 순차적으로 일주일에 한 번 위안소를 사용할 수 있게 시간 배정이 되어 있었고, 하사관이나 장교들은 매일 위안소를 사용할 수 있도록 했다. 그러므로 병사와 하사관, 장교들을 평균적으로 보면 적어도 일주일에 한 번은 위안소를 사용한 것으로 판단된다.

결국, 병사 150명에 '위안부' 1명의 비율로 일주일에 한 번 위안소를 이용했다면 각 '위안부'들은 하루 20명의 군인을 상대해야 했다는 계산이 나온다. '위안부' 1명당 병사 100명의 비율이라면 병사 150명 비율의 3분의 2 정도로 계산해서 '위안부'들은 하루에 약 14명 정도의 군인들을 상대해야 했다.

그것도 다음 날 전투가 예정된 경우에는 한 명의 '위안부' 앞에 병사들의 긴 행렬이 있었기 때문에, 그 경우에는 하루에 70명 이상 병사를 상대해야 하는 그야말로 '성노예' 지옥이었다.

일본군 '위안부' 제도가 조선 공창제의 연장이 아니라는 것은 분명하다. 일본군 '위안부'들은 생명의 위험과 여성의 한계를 넘는 초고강도 노동 때문에 감금 상태에서 '성노예' 생활을 강요당한 존재였다.

이영훈은 위안부 제도의 수칙이 1916년 조선총독부가 시행한 공창제와 거의 같다면서 "위안부제가 군에 의해 편성된 공창제"[223]

임을 몇 번이나 강조한다. 그리고 1937년 이후의 일본군 위안부 제도는 조선 내의 "공창제가 군사적으로 동원되고 편성된 것"²²⁴⁾에 불과하다고 강변한다.

앞에서도 이야기했지만, 일본군 '위안부' 제도의 발단은 1937년 말 상하이의 일본 현지 군이 독자적으로 위안소 개설을 결정한 뒤, 선정한 업자들을 일본과 조선에 보내 작부 3,000명을 모집하면서 시작되었다. 이때 업자들은 여성들을 작부 명목으로 모집했고, 계약 관계는 업자(포주)와 여성 간의 계약이라는 공창이 아닌 피고용원 계약이었다.

뒤늦게 그 사실을 알게 된 일본 내무성은 1938년 3월 '내무성 통첩'을 하달했다. 이때 일본 정부는 업자들을 설득해 어디까지나 업자들의 자발적인 의사로 위안소를 경영한다는 형식을 취했다. 그 결과 '위안부'는 포주의 피고용원이라는 위장된 형식을 취하게 되었고, 그녀들은 해외로 연행되었다. 그 배후에는 항상 일본군, 일본 정부, 조선총독부가 존재했는데, 모두 업자에게 책임을 전가할 수 있는 시스템을 교묘히 만든 것이다. 업자들은 배후의 일본군이나 일본 정부, 조선총독부를 믿고, 일본군과 일본 정부, 조선총독부는 업자들에게 책임을 전가했다. 이렇게 아무도 책임지지 않는 버려진 존재로서의 일본군 '위안부'들이 생긴 것이다.

이영훈은 일본군 '위안부' 제도가 조선 내의 "공창제가 군사적으로 동원되고 편성된 것"에 불과하다며 조선 내의 군 위안소만을 염두에 두고 말한다. 그러나 일본군 '위안부' 제도의 본질은 일본이나 조선, 대만 외의 외국 격전지에 여성들을 보냈다는 데 있다. 그런 위험한 지역으로 원래 성매매에 종사하던 여성들이 일부러 갈 리는 없다. 훨씬 안전한 곳에서 생활하던 여성들이 언제 죽을지 모르는 격전지이자 최전선을 굳이 찾아갈 필요가 없다. 결국 매춘에 무지한 여성들을 취업 사기로 속여서 데려갈 수밖에 없었다. 이런 역사적 사실을 이영훈은 애써 외면하고 있다.

거듭 강조하지만, 일본군 '위안부'들은 결코 공창이 아니었다. 1929년 6월 상하이 공안국은 중국인 공창 폐지를 선포했고, 일본인 업자에게도 폐쇄를 강요했다. 따라서 1929년 6월 시점으로 중국 상하이에서는 공창제도가 사라졌다.

이에 상하이 일본 총영사관은 공창제도를 대체할 편법으로 요리점 작부 제도를 개설했다.[225] 이런 상하이의 사정이 1937년 이후 본격화된 중국이나 동남아에서의 군 위안소 형성의 기초가 되었다. 그래서 1937년 말부터 상하이 일본군은 3,000명의 작부를 모집하도록 그들이 선정한 업자들을 일본과 조선으로 보낸 것이다. 결국 일본군 '위안부' 제도의 모체는 공창제가 아니라 작부 제도다.

작부는 매춘도 했지만, 주된 일은 손님에게 술을 따르는 등 접대하는 일이었다. 그러므로 작부들은 매춘만을 하는 공창이 아니라, 요리점 등 가게의 사창에 가까웠다. 최전선, 격전지에 설치해야 하는 군 위안소의 특성상 여성들을 공창제로 모집한다면 모집 자체가 어려웠을 것이다.

그래서 업자들은 여성들을 취업 사기로 속이는 등의 방법을 사용했다. 일하는 장소가 전선이 아닌 안전한 지역이라며, 도쿄의 공장이나 싱가포르의 식당, 또는 국제조약상 군사 공격이 금지된 해군병원에서 일한다는 등의 거짓말을 했다. 그러고 나서 실제로는 여성들을 위험한 최전선으로 연행해 현지에서 강제적으로 위안부로 만들었다.

그리고 '위안부'를 공창이라고 하면 군이 책임져야 하니, 군이 통제하고 포주들이 경영하는 형태의 '위안부' 제도를 운영했다. 속아서 '위안부'가 된 여성들은 공창이 아니었으므로 버려진 존재가 되었다. 격전지에서 다수의 '위안부'가 죽은 것으로 알려져 있는데, 그들이 스스로 원해서 격전지의 성매매 여성이 된 것이 아니기에 더더욱 안타깝다.

이처럼 일본군 '위안부' 제도는 철저하게 여성의 생명과 인권을 앗아간 전쟁범죄다. 이영훈은 "맨땅에 건물을 짓고 여인들을 납치하여 가두었다고 생각해서는 곤란"[226]하다고 썼으나, 그 표현대로 일본군 '위안부' 제도는 맨땅에 건물을 짓고 여인들을 납치하여 가두었던 것이 진실이다.

이영훈은 또한 일본군 '위안부'에 대해 모순이 되는 말을 늘어놓았다. "군 위안부의 노동 강도가 민간 창기에 비해 높았던 것은 사실"[227], "그렇지만 그만큼 고수익"[228]이라고 하면서, 다시 "병사들의 화대는 민간 유곽에 비해 쌌지만, 하사관이나 장교의 화대는 비슷"[229]했다고 기술했다. 일본군 '위안부'들의 노동 강도는 민간 창기보다 높았지만, 화대는 민간 창기보다 싸거나 비슷하다면 어떻게 '위안부'들이 고수익이었다는 말인가.

이영훈은 자기모순에 빠져 있다. 수익이 낮은데 '위안부'들은 왜 스스로 위험천만한 전선이나 격전지로 갔을까. 그리고 이영훈은 일본군 '위안부' 제도의 고위험성을 스스로도 인정했다. "일선에 배치된 위안부는 큰 위험에 노출되었습니다. 특히 남태평양과 버마 전선에서 일본군이 붕괴할 때 그러하였습니다. 위안부들은 적기의 공습에 노출되었으며, 소속 부대로부터 버려지기도 했으며, 일본군과 함께 죽기를 강요당하기도 했습니다. 관련 기록이 전하는 참상은 그지없습니다"[230]라고 이영훈은 '위안부'들의 고위험성을 인정했다. 그런데 그것은 "전쟁 그 자체의 참혹함"[231]이라 평가하고, "대다수 위안부는 전쟁이 끝난 후 무사히 귀환"[232]했고, "전쟁이 끝나기 이전에도 적지 않은 위안부가 계약 기간이 만료됨에 따라 위안소를 떠났"[233]다는 근거가 확실하지 않은 추측과 일부만의 이야기를 써놓았다.

'위안부' 여성들은 속거나 납치당해서 전선으로 끌려갔고, 위험하다는 사실을 알면서도 군의 감시 때문에 도주하기가 거의 불가능했다. 많은 여성들이 그렇게 전쟁터에서 희생된 것이다. 그들이 처음부터 매춘부였더라면 조선 내의 안정된 매춘업소를 버리고, 목숨이 위험한 데다 수입까지 적은 해외의 전쟁터로 갈 이유는 어디에서도 찾아볼 수 없다.

이영훈은 다음과 같이 말한다. "일본군 위안부는 공창제라는 대집합의 부분집합이었습니다. (중략) 위안부제는 공창제를 후방부대로 하여 그 일부를 전방으로 배치한 것과 다를 바 없었습니다."[234] 그러나 진실은 다르다. 조선의 공창제라는 집합은 그대로 조선에 존재했고, 일본군 '위안부' 제도는 군이 통제하지만 책임지지 않는 제도로, 여성들을 취업 사기와 강제연행으로 해외에 만든, 병사들의 성을 관리하기 위한 일본군의 여성 인권유린 장치였다.

일본군 '위안부'의 총수 문제

이영훈은 '위안부'의 인원수가 20만 명이라는 것이 허위라고 주장한다. 그러면서 '위안부' 총수를 "합리적으로 추론할 수 있는 몇 가지 근거가 있"[235]다고 말하는데, 그 근거는 모두 가설에 불과하다. 이영훈은 여러 가지 가설 중 자신의 주장에 맞는 숫자를 인위적으로 선택해서 계산에 사용했을 뿐이다.

이영훈은 위안부가 병사 150명에 1명의 비율이었고, 전 일본군은 280만 명이었다고 주장한다.[236] 그런데 이 수치 자체에 문제가 있다. 전술한 바와 같이 위안부의 비율은 병사 70명에 1명, 100명에 1명 등 여러 문서가 남아 있어서, 병사 150명에 '위안부' 1명이라는 숫자는 정확한 게 아니다. 오히려 실제 문서에 있는 숫자를 택해 병사 100명에 '위안부' 1명의 비율이라고 하면 그나마 설득력이 있다. 그리고 이영훈은 일본군이 280만 명이었다고 단정하고 있으나, 그것은 1942년의 숫자에 불과하다.

통계를 보면 1938년부터 1940년까지의 일본군 병사 인원수는 205만 명이었고, 1941년 250만 명, 1942년 280만 명, 1943년 310만 명, 1944년 470만 명, 1945년 720만 명이었다. 그러므로 1938년부터 1945년까지 일본군의 인원수는 한 해 평균 약 380만 명이었다. 이 숫자를 100명으로 나누면 1년에 평균 3만 8,000명의 위안부가 필요하다는 계산이 나온다.

그런데 '위안부'들은 형식적으로는 기한이 있는 '성노예'였다. 짧은 사람은 6개월, 길어도 2년 정도로 전차금을 갚아서 자유의 몸이 될 수 있었다는 것을 전제로 한다면, 평균 1~2년에 한 번씩 '위안부'가 교체되었다고 여겨진다.

1938년부터 1945년까지 8년간 매년 3만 8,000명의 위안부가 1년에 한 번씩 교체되었다면 '위안부'의 총수는 30만 4,000명이 된다. 평균 2년마다 교체되었다고 해도 15만 2,000명이다. 그들 중

40%를 조선인 '위안부'로 보면 조선인 '위안부'의 총수는 약 6만 명에서 12만 명이라는 숫자가 나온다.

이영훈은 조선인 '위안부'가 전체 위안부의 20%였다고 주장하는데, 그 주장을 뒷받침해줄 근거는 없다. 일본인 위안부 약 50%, 조선인 위안부 약 40%, 나머지가 기타 민족 출신이라는 것이 가장 유력한 견해라 할 수 있다. 일본군의 인원수를 1942년의 숫자만으로 계산한 이영훈의 주장은 설득력이 없다.

이영훈은 결론적으로 "1937년부터 1945년까지 활동한 (조선인) 위안부의 연인원은 (중략) 7,200명쯤으로 짐작해 봅니다만, 무슨 근거가 있는 추산은 아닙니다"[237]라고 썼다. 어떤 근거가 있는 숫자는 아니라고 하면서 이영훈은 매우 적은 숫자를 제시했다. 이럴 경우 그동안 학자들 사이에서 거론된 숫자도 제시해야 하는 게 아닌가.

그동안 하타 이쿠히코가 1993년에 위안부 총수를 9만 명이라 주장했는데, 1999년에는 갑자기 2만 명으로 대폭 축소했다. 역사학자 요시미 요시아키吉見義明는 1995년에 4만 5,000~20만 명이라고 주장했고, 소지량蘇智良은 36만~41만 명으로 추산했다. 소지량의 숫자가 가장 많은 이유는 일본 병사 총수를 300만 명으로 추산한 뒤, 일본 병사 30명에 위안부 1명의 비율로 2년마다 위안부가 교체된 것으로 계산했기 때문이다.

그러니까 이영훈은 하타 이쿠히코가 가장 적게 계산한 '위안부'

총수와 가까운 숫자를 도입한 것으로 보인다. 하지만 그 숫자 역시 연구자들의 주장일 뿐 진실은 아니다. 앞에서 말했듯이 이영훈은 스스로 "무슨 근거가 있는 추산은 아닙니다"라고 했으면서, 위안부가 20만 명이었다는 설에 대해 "터무니없는 수치"[238]라고 비판하는 것 자체가 근거 없는 비난이라 하지 않을 수 없다.

요시다 세이지에 대해

일본군 '위안부' 제도가 강제연행이 아니었다는 증거로 일본 우파가 자주 거론하는 것이 요시다 세이지吉田淸治의 '거짓 증언'이다. 요시다 세이지는 1983년에 펴낸 『나의 전쟁범죄』라는 책에, 1943년 부하 6명을 데리고 제주도 성산포에서 조선 여성 16명을 '위안부'로 삼기 위해 강제연행했다고 '증언'했다.

처음 이 책이 출판되었을 때 한국과 일본에서는 충격이 컸다. 그러나 실제로 기자들이 제주도 성산포에서 현장 조사를 벌인 결과 여성들의 강제연행 같은 사건은 일어난 적이 없다고 결론 났고, 요시다 세이지의 증언 자체도 몇 번 바뀌어서 그 증언의 진의를 의심하는 사람들도 있었다.

그러나 요시다 세이지의 한반도에서의 강제연행 증언이 정치나 교육 현장에 미친 영향은 헤아릴 수 없을 정도로 컸다. 아사히

신문은 요시다의 증언을 1982년 9월 처음으로 기사로 실었는데, 이후 일본 사회에서의 파장은 매우 컸고, 요시다 세이지의 이름이 일본 국회에서까지 거론되었다.

1985년 2월 중의원 예산위원회에서 질문을 한 사회당(당시) 사토 간쥬佐藤観樹 의원은 전쟁 시에 젊은 조선인 남녀를 연행한 전 야마구치현 노무보국회 동원부장 요시다 세이지를 소개했다. 사토 의원은 요시다 세이지가 사비를 들여 한국 천안시에 '사과의 비'를 세운 것을 현지에서 무릎 꿇는 요시다 세이지의 사진과 함께 소개했다.

당시의 나카소네 야스히로中曽根康弘 총리는 사토 의원이 말한 요시다 세이지의 활동을 평가하면서 "요시다 세이지 씨가 하고 있는 일은 매우 귀중한 일이라고 생각한다. 지금 처음 들었지만 잘 알아보겠다"라고 국회에서 답변했다.

그렇게 답변한 나카소네 총리는 해군 중위 시절 인도네시아에서 군 위안소를 개설하는 데 주도적인 역할을 한 것으로 알려져 있다. 나카소네 총리는 해군 시절의 회고록에 스스로 "원주민 여자를 습격하는" 부하를 위해 "고생해서 위안소를 만들어주었다"고 증언을 써서 남긴 사람이다.

이 사실은 나카소네 총리가 해군 시절 주계장으로 통괄한 '해군 항공기지 제2설영반' 공식 자료에서도 확인된다. 나카소네 총리의 '위안소' 설치 사실은 '위안부 강제연행'에 대한 일본군의 직접적인 관여를 증명하는 객관적 자료 중 하나다. 요시다 세이지의 활동을 높이 평가한 나카소네 총리는 자신의 경험으로 요시다 세이지의 위안부 강제연행을 사실로 받아들인 것으로 보인다.

그런데 요시다 세이지의 증언 등 위안부 강제연행에 관한 기사를 1980년부터 1994년까지 16건 정도 게재한 아사히신문은 2014년 12월, 그 기사들을 모두 취소했다. 아베 정권의 압박이 있었기 때문이었다. 그렇게 해서 요시다 세이지 증언은 거짓 증언이 되고 말았다.

요시다 세이지의 증언이 거짓말이라고 한다면 왜 그는 자신의 부끄러운 과거를 드러내면서까지 '위안부 사냥'을 증언했는가, 라는 의문이 생긴다. 이런 일로 유명해지려고 했다는 우파의 주장 자체가 믿기 어려워 많은 일본인들이 그 같은 의문을 가졌다. 하지만 요시다 세이지는 이미 고인이 되었기에 확인할 수가 없다.

'진위를 확인할 수 없는 증언'이나 '사실과 다른 증언'인 경우, 그것을 '사실'로 취급할 수는 없지만, 그것이 반드시 '허위'나 '거짓말'이라고 단정해도 되는지는 다른 차원의 문제다. 잘못 기억하고 있을 가능성도 있고, 어떤 이유로 예를 들어 진실을 말하면 다른 사람들에 피해가 발생하는 등의 이유로 사실을 어느 정도 바꿔서 말하는 경우도 있다. 그러므로 증언한다는 것은 쉽지 않고 증인으로 나오기도 어렵다.

필자의 지인(고인)은 필자에게 "(자신이) 만주의 관동군 통신병이었는데, 만주에서 관동군 트럭이 와서 논밭에서 일하고 있던 조선인 남녀들을 잡아 트럭에 싣고 떠나는 장면을 몇 번이나 목격했다"는 충격적인 증언을 한 적이 있다. 그러자 같이 있던 그분의 가족이 필자에게 신신당부했다. "이 이야기를 외부에는 절대로 말하지 말아 달라. 자칫하면 우리가 우파에게 괴롭힘을 당한다!"라고. 그래서 필자는, 만주에서 관동군이 조선인 남녀를 사냥했다는 증언을 한 사람이 누군지를 지금도 공표할 수 없다. 요시다 세이지도 비슷한 처지에 있었던 것이 아닐까 하는 생각이 든다.

그런데 만주 관동군이 조선인 남녀를 사냥하는 부대를 운영했다는, 앞에서 말한 네모토 조주의 증언이 사이트 '조부의 증언─전쟁과 종군위안부'(https://testimony-of-grandfather.webnode.jp/)에 실려 만주에서는 요시다 세이지가 말한 '조선인 사냥'이 실제로 있었음을 실감할 수 있게 되었다.

필자는 요시다 세이지가 혹시 만주 관동군에 근무한 적이 있었는지 알아보았다. 예상대로 요시다 세이지는 1937년 만주국 지적정리국에 근무한 경력이 확인되었다. 그리고 1937년 4월 30일 만주에서 만난 이정익이라는 18세의 함경남도 출신자를 양자로 삼은 경력도 추가로 확인되었다.

필자의 추측이지만 한국인을 양자로 삼을 정도로 한국인에 대한 애정이 깊었던 요시다 세이지가 만주 관동군의 조선인 사냥이라는 만행을 알고, 그것을 제주도에서의 자신의 부대 소행으로 바

뛰서라도 일본군의 전쟁범죄를 세상에 알리고 싶었던 것이 아닐까 하는 생각이 들었다.

역사학자 요시미 요시아키는 요시다 세이지와 만나 이야기를 나누고는 요시다 세이지의 회상에 날짜나 장소가 바뀐 경우가 있다고 확인하면서 "증언으로서는 사용할 수 없다"고 지적했다. 그러나 요시미 요시아키는 요시다 증언이 모두 거짓말이라고 한 적이 없고, 현재 연구도 진행되고 있어서 "요시다 증언을 따르지 않아도 위안부 강제연행이 있었던 것은 분명해졌다"고 주장한다. 요시다 세이지의 증언 핵심은 '위안부' 제도의 강제성이므로 그 점은 모두 증명되었다.

한편 요시다 세이지의 증언이 거짓말이 아니라는 것을 조목조목 증언해 나가는 책이 일본에서 출판되어서 화제가 되었다. 바로 『요시다 증언은 살아 있다吉田証言は生きている』(2015, 水田真人 저)라는 책이다. '위안부' 연구자들은 이 책을 재고해 볼 필요가 있다.

과연 성노예였던가?

이영훈은 "문제의 핵심은 위안부들에게 선택의 자유가 전혀 없었나 하는 점"[239]이라고 지적하면서 "그러했다면 진정 노예"[240]였다고 인정하는 척한다. 그리고 이영훈은 "위안부들이 위안소나 그 주변을 함부로 이탈할 수 없었음은 사실"[241]이라고 하면서, '위안부'들이 감금 생활을 해야 했던 것도 인정했다.

하지만 그러면서도 이영훈은 "그 정도의 부자유는 위안부라는 직업의 특성에 부대하는 현상으로 이해"[242]될 수 있다고 '위안부' 피해자들의 성노예 상태를 "직업의 특성"[243]이라고 강변했다. 과연 '위안부'들이 몇 년 동안 감금 생활을 해야 한다는 사실을 처음부터 알면서도 왜 여성들이 자발적으로 일본군 '위안부라는 직업'을 선택했다고 말하는지 이영훈에게 되묻고 싶다.

이영훈도 '위안부' 여성들이 자발적으로 '위안부'가 된 게 아니라는 것을 잘 알고 있는 것으로 보인다. 버마에서 미군의 포로가 된 20명의 조선인 '위안부'에 대해 썼을 때, 이영훈은 그 여성들이 업자의 감언에 속아 '위안부'가 되었다는 사실을 인정했다. 미군의 포로 심문 보고서에 그렇게 기록되어 있기 때문이다.

조선 여성들이 원래 업자들과 계약한 내용은 준간호사라든가, 식당 여급, 해군병원의 잡역 같은 일을 한다는 것이었을 뿐, '위안부'로 성매매를 한다고 계약한 여성은 한 명도 없었다. 조선 여성들이 '위안부' 같은 추업을 하겠다고 업자들과 교환한 계약서는 하나도 없고, 그런 계약서는 처음부터 존재하지 않았다.

그러므로 이영훈이 말하는 "계약과 수칙의 문제"[244]로 여성들이 자유롭지 못했음이 당연하다는 식의 주장에는 큰 문제가 있다. 이영훈은 말한다. "1943년 동남아의 일본군은 전차금을 상환하거나 계약 기간을 채운 위안부의 귀향을 허락하였습니다. 박치근이 조바로 근무한 싱가포르 키쿠수이 클럽의 경우 1944년 한 해에 20여 명의 위안부 가운데 15명이 폐업을 하고 조선으로 돌아갔습니다."[245]

이영훈의 변명은 계속되지만, 여기에서 궁금한 점이 있다. 그가 말한 것처럼 그렇게 좋은 직업이라면 왜 대부분의 '위안부'들이 계약 기간을 연장하지 않고 그냥 귀향했을까. 계약 기간 중의 생활이 성노예였고 지옥이었기 때문에 그녀들은 계약을 연장하지 않고 귀향했음을 지금까지 몇 번이고 확인했다. 게다가 생명의 위협까지 있었다. 여성들은 계약 기간이 끝난 이후에 귀국이 허용되었다 하더라도 계약 기간 내에는 성노예 상태였다. 감금 상태였고 자유롭게 폐업할 수도 없었다.

앞에서 말한 대로 박치근이 조바로 근무한 버마의 위안소에서는 결혼하기 위해 위안소를 떠난 '위안부'가 일본군의 명령으로 다시 '위안부' 생활을 하게 된 사례가 있다. 이 사례는 '위안부'들에게 완전한 폐업의 자유란 없었다는 사실을 보여주는데, 이영훈은 그 사실도 은폐했다.

물론 귀국 허가를 받았지만 어쩔 수 없이 위안소로 돌아간 문옥주 같은 예도 있다. 그러나 문옥주의 경우, 다시 성매매할 목적으로 위안소로 돌아간 것이 아니라, 생명의 위험을 느껴 자신이 소속되었던 곳으로 돌아갈 수밖에 없었다.

이영훈은 "전쟁은 돈과 섹스로 흥청거리는 후방의 지원으로 치러졌습니다. 그 시장에서 채무노예로 침전한 여인들이 없지 않았지만 침소봉대해서는 곤란"[246]하다고 강변한다. 이영훈은 일부 '위안부'들이 채무노예 상태였다고 인정하지만, 그것은 극히 일부라고 생각하는 듯하다. 실제로는 거의 모든 '위안부'들이 채무노예였을 뿐만이 아니라, 일본군 위안소의 '위안부'들은 일본군이라는 폭력 조직에 의해 감금된 '성노예'였다.

계약 기간이 끝난 후에 대부분 폐업 허가를 얻을 수 있었다고 하더라도, 계약 기간 중에는 최전선의 격전지에서 목숨의 위험을 느끼며 때로는 100명 가까운 병사들을 상대해야 하는 인간 이하의 성노예 상태였다. 게다가 '위안부'들이 자발적으로 선택한 직업도 아니었다. 이영훈은 최전선의 일본군 '위안부' 제도를 후방의 민간 매춘업과 혼동한 척하거나 아니면 양자 구별을 하지 못하는 것으로 보인다.

이영훈은 "직업으로서의 위안업은 어디까지나 위안부 개인의 영업이었으며, 수익이 발생하지 않는다면 애당초 성립하기 힘든 시장"[247]이었다고 주장한다. 그는 여기서도 궤변을 늘어놓았다. "위안업은 어디까지나 위안부 개인의 영업"이었다는 것은 일본군이 만든 형식에 불과하다. '위안부'들을 형식상 포주의 피고용원이자 사창으로 만든 것이 일본군 '위안부' 제도였다. 일본군이 여성들에 대한 책임을 회피하려고 만든 극악의 제도다.

이영훈은 이어서 1924년의 『조선총독부통계연보』에 보이는 당시의 창기, 예기, 작부의 수에 관해 이야기하면서 본질적으로 성격이 다른 일본군 '위안부' 제도와 조선의 공창제를 혼동하도록 시도한 듯하다. 그러고 나서 다음과 같이 썼다. "업주와 창기는 기본적으로 계약관계였습니다. 그것은 산업혁명기 공장제 하의 노동자가 아무리 비참하다고 하나 노예가 아니었던 것과 동일한 원리입니다."[248] 산업혁명기 공장제 하의 노동자는 매일 16시간 이상 일을 해야 하는 사실상의 노예였는데도 이영훈은 아니라고 주장한다.

이영훈은 이 설명에서도 조선 사회의 창기, 예기, 작부 등과, 후방이 아닌 최전선이나 격전지의 일본군 '위안부'를 동일시하는 오류를 범하고 있다. 포주와 '위안부'의 관계는 업주와 창기의 관계와 전혀 다르다. 포주 위에는 일본군이 있었고, 군의 명령에는 포주와 '위안부'가 절대복종해야 했기 때문이다. 이영훈은 '위안부'의 포주 배후에 있는 일본군이나 일본 정부라는 존재를 모른 척하거나 아예 생각조차 하지 않는다.

또한 이영훈은 일본군 '위안부'와 관련된 운동가나 연구자들이 일본 사회의 학설을 무비판적으로 도입했을 뿐, 조선 사회의 성매매 문화와 역사에 대해서는 무지하고 연구도 하지 않았다고 거세게 비난했다.

이영훈은 결론적으로 말한다.

그들(일본군 '위안부' 문제 운동가나 연구자들)은 빈곤계층의 여인들에 강요된 매춘의 긴 역사 가운데 1937~1945년의 일본군 위안부제만 도려낸 가운데 일본 국가의 책임을 추궁하였습니다. 그들은 인도주의자도 여성주의자도 아니었습니다. 민족주의자였습니다. 아니 난폭한 종족주의자였습니다.[249]

이 같은 결론을 낸 이영훈의 핵심적 논리는 조선의 기생제와 공창제의 연장으로 일본군 '위안부' 제도가 생겼고, 그 연장선상에 해방 후 한국의 '위안부', 미군 기지촌 여성들이 있다는 논리다. 일본군 '위안부' 제도를 여성에 대한 남성들의 공통적인 성적 착취로 취급하는 데서 나온 발상임을 알 수 있다. 일본군 '위안부'가 안전지대에 있는 조선의 공창이나 해방 후의 위안부, 기지촌 여성들과 같다는 주장은 본질을 제대로 파악하지 못한 결과다.

이와 같은 이영훈의 주장에 대해 지금까지 몇 차례에 걸쳐 반론을 제기해왔다. 그 이유는 1937~1945년의 일본군 '위안부' 제도가 일본군과 일본 정부, 조선총독부에 의한 전쟁범죄이며, 다른 시기와는 달리 일본군이 타민족을 성노예로 만들어 목숨을 잃을 수 있는 최전선의 위안소에 보냈기 때문이다.

그들은 업자를 선정해 여성 모집, 이송, 현지에서의 포주 역할을 맡기면서 최종적으로는 모두 군의 통제하에 두었다. 따라서 업자들은 최종적인 책임자가 아니다. 일본군, 일본 정부, 조선총독부에 의한 인신매매이므로 궁극적으로 일본 정부가 책임을 져야 한다.

이영훈은 이 같은 치밀한 계획 아래 저지른 엄청난 죄에 대한 사죄를 요구하는 '위안부' 관련 운동가와 연구자의 행동을 '반일 종족주의'라고 비난한다. 이영훈은 비굴한 논리를 무엇 때문에 만드는 것인지 참으로 궁금하다.

해방 후 위안부 문제는 40여 년 동안 없었을까

낙성대경제연구소의 연구원 주익종은 『반일 종족주의』에 쓴 글 '해방 40여 년간 위안부 문제는 없었다'를 통해 한국의 '위안부' 문제는 1990년 이후에 만들어졌다고 주장한다.

그는 이승만 정부부터 박정희 정부까지는 '위안부'를 피해자로 보지 않았기 때문에 13년간에 걸친 한일회담에서 '위안부' 문제는 거론되지 않았고, 한국의 민간에서도 '위안부'를 일본 식민지배의 피해자로 인식하지 않았다고 주장한다.[250]

주익종은 "1990년 이전에 위안부 문제란 없었다"[251]고 주장한다. 그는 또 "대중문화 작품에서도 1980년대 초까지는 위안부는 불행하고 불쌍하며, 스스로 또는 남들에게 부끄럽고, 면목 없는 사람들이었"[252]고, "일본의 식민지배의 피해자가 아니었"[253]다고 주장한다.

그리고 1990년 이전까지 한국인들이 한일회담에서, 그리고 대중문화에서 '위안부' 문제를 일본에 의한 전쟁범죄로 보지 않았던 이유를 그는 다음과 같이 결론 내린다.

> 이건 지금 위안부를 보는 시각과 전혀 다릅니다. 옛날 사람들이 위안부가 뭔지 몰라서 그랬을까요. 오히려 반대죠. 위안부가 어떤 건지 잘 알았지요. 당대 사람들이지 않습니까. 어떤 사람들이 어떻게 위안부로 갔는지 잘 알았지요. 그래서 위안부를 일본 식민지배의 피해자로 보지 않았고, 일본에 배상을 요구하지도 않았던 겁니다.[254]

주익종의 글은 '위안부'란 일본군이나 조선총독부에 의해 강제 연행된 피해자들이 아니라 자발적으로 '위안부'가 된, 원래부터 매춘부였다는 논리다. 이 논리는 일본 우파의 논리와 똑같다.

한국인들이 1990년 이전에는 일본군 '위안부'를 문제 삼지 않았고, 오히려 부끄럽게 여기는 대상이었으니 '위안부'란 원래부터 매춘부였다는 주익종의 주장은 크게 잘못된 논리다. 역사적인 사건을 통해서도 알 수 있다.

고려시대나 조선시대에도 한반도의 여성들이 중국에 공녀로 끌려갔다. 그들은 자발적으로 공녀가 되지 않았다. 고려나 조선왕조가 중국에 굴복해서 바칠 수밖에 없었던 비극의 여성들이 공녀였다. 그처럼 강제로 중국으로 끌려간 희생자였는데도 그들이 한반도로 돌아왔을 때 사람들은 그들을 '환향녀'라고 부르며 경멸했다. 고려나 조선왕조는 중국을 비난하지 못했다. 사람들도 왕조를 비난하지 않았고 공녀로 다녀온 여성들을 경멸하기만 했다. 그녀들에게는 어떤 죄도 없었는데 말이다.

일본군, 일본 정부, 조선총독부에 의해 끌려간 '위안부'들이 한국으로 돌아왔을 때도 많은 한국인이 그들을 경멸했다. 문옥주가 자신이 '위안부'였음을 공표했을 때도 몇몇 사람들은 일본 측을 비난하기는커녕 오히려 문옥주를 비난하면서 인연을 끊는 처사까지 서슴지 않았다.

해방 후 1990년 이전까지는 한국인들의 인식이 일본 제국주의에 의한 피해자, 특히 '위안부' 피해자들에게 오히려 잔인했다. 고려와 조선시대 때 '환향녀'에게 잔인했듯이 말이다.

사람들은 왜 그랬을까. 고려와 조선시대 때 공녀를 중국에 바친 사람들은 나라의 관리들이었다. 그 관리들은 자신의 책임을 면하기 위해 귀국한 '환향녀'를 사회적으로 매장해버렸다. 일본군 '위안부'의 경우도, 특히 조선인 '위안부' 피해자들을 취업 사기나 납치 방법을 이용해 강제로 '위안부'로 만든 직접적 행동부대는 조선인들이었다. 물론 그렇게 된 것은 언어 문제와 한국 문화에 대한 이해도의 문제가 있었다고 하지 않을 수 없다.

중국, 동남아 등의 현지 일본군이 조선총독부에 '위안부' 동원을 의뢰했고, 조선총독부는 그들이 선정한 조선인 업자들에게 여성 모집을 지시했다. 조선총독부가 조선인 업자들에게 먼저 조선 여성 모집을 지시했다는 사실은 앞서 얘기했듯이 미군의 포로 심문 보고서 등으로 확인되는 중요한 사실이다.

한반도에서 조선 여성에 대한 취업 사기나 납치 등 강제연행을 직접 실천한 사람들은 조선인들이었고, 조선총독부 관리들은 그들이 여성들을 강제연행할 수 있도록 충분한 편의를 제공했다. 이것은 일본 '내무성 통첩'이 증명한 사실이다. 그런 사람들의 후손인 일부 한국인들은 할아버지의 범죄에 현재까지 입을 굳게 다물거나, '위안부' 문제 해결에 부정적으로 임한다.

결국, 일제강점기 때 몇몇 조선인들이 '위안부' 강제연행에 직접 관여했고 협력했다는 점은 역사적 사실이자 한국인 스스로가 해결해야 할 숙제다. 자신들의 할아버지가 당시 조선총독부의 지시로 여성들을 중국이나 동남아로 연행하고 포주 역할을 했다는 증언들이 나와야 일본군 '위안부' 문제에 대한 본격적인 진상 규명이 가능해진다.

주익종은 이어 앞에서 말한 요시다 세이지의 저서를 언급했다. 1989년 요시다 세이지의 『나의 전쟁범죄』의 한국어판이 한국에서 출판되었고, 1990년 11월에는 일본군 '위안부' 문제를 일본의 전쟁범죄로 규탄하는 한국정신대문제대책협의회(정대협)가 결성되었다.

그리고 1991년 8월 일본군 '위안부' 피해자 김학순 할머니가 자신이 일본군 '위안부'였다고 처음으로 공개적으로 고백했다. 이런 일련의 사건으로 1990년 이후 한국에서는 일본군의 '성노예'라는 '가공의 새 기억'이 만들어졌다고 주익종은 다음과 같이 주장한다.

> 1970년대까지 위안부의 실상을 잘 아는 사람들이 많이 살아 있을 때에는 위안부 문제가 제기되지 않았는데, 시간이 40년도 넘게 지나 이제 그런 사람들이 없어지고 그 기억이 희미해지자 가공의 새 기억이 만들어지면서 위안부 문제가 등장한 겁니다.[255]

먼저 "1970년대까지 위안부의 실상을 잘 아는 사람들이 많이 살아 있을 때에는 위안부 문제가 제기되지 않았"다는 그의 말은 '위안부'가 강제연행된 여성들이 아니라 자발적으로 매춘부가 된 여성들이라서 문제가 되지 않았다는 주장과 같다. 이 주장의 진상은 앞에서 말했지만 '위안부'에 대해 잘 아는 한국인 중에 실제로 군 위안소를 경영한 포주였거나 그 관계자, 혹은 조선 여성들에 대한 취업 사기나 납치를 직접 수행한 한국인들이 많이 포함되어 있기 때문에 자신들의 범죄를 발설하지 않았을 뿐이다.

그리고 주익종이 "시간이 40년도 넘게 지나 이제 그런 사람들이 없어지고 그 기억이 희미해"졌다고 했지만, 1991년 김학순이 '위안부'였음을 고백했을 때, 구 일본 병사들은 많이 생존해 있었다. 일제강점기 전쟁터로 징집된 사람들의 연령은 만 17세부터 45세까지였다. 그러므로 1945년에 만 17세였던 병사는 1991년에는 만 62세, 1945년에 만 45세였던 사람은 1991년에는 만 91세가 되어 있었다.

따라서 김학순이 고백했을 때 만 62세부터 91세까지의 전쟁 경험자 중에 많은 분들이 살아 있어 할머니의 고백을 들을 수 있었다. 그리고 그중 62세부터 80세 정도까지의 사람들이라면 자신들이 경험한 '위안부' 문제를 충분히 증언할 수도 있었다. 그러나 대부분의 사람이 입을 열지 않았다. 또한 '위안부'들이 매춘부였다고 말한 구 일본군 병사들도 없었다. 반대로 1980년대까지는 자신의 전쟁 경험기에 조선인 '위안부'들이 취업 사기로 속아 연행되었다고 쓴 사람들은 많았다.

이런 사실로 미루어 '위안부'가 어떤 사람들인지 알고 있는 사람들도 '위안부'들이 단순한 매춘부였다고 생각하지 않는다는 사실을 알 수 있다. 주익종의 말과는 달리 1990년대에도 '위안부'의 실상을 잘 아는 사람들이 많이 생존해 있었다.

전쟁을 경험한 생존자들이 김학순의 고백에 반론하지 않았던 이유는 김학순의 이야기가 주익종이 말하는 '가공의 새 기억'이 아닌 역사의 진실이었기 때문이다.

정대협을 공격하는 주익종

'위안부' 문제로 일본을 비판하는 선봉에 서 있는 정대협(현 정의기억연대)에 대해 주익종은 다음과 같이 주장한다.

> (1988년부터 정대협이 실시한 조사 결과는) 1990년 1월 『한겨레신문』에 '정신대 원혼 서린 발자취 취재기'란 제목으로 4회에 걸쳐 연재되었습니다. '원혼'이란 표현은 "조선 여성들이 일본군에 의해 전쟁 중에 위안부로 사역되었다가 패전 때 학살되었다"는 의미입니다. 즉 이들은 위안부를 정신대라 부를 만큼 사실관계도 잘 모르면서 일본의 위안부 학살이라는 선입견을 갖고 출발했습니다.[256]

주익종은 정대협이 위안부를 정신대와 혼동하여 패전 후에 일본군에 의해 학살당했다는 선입견을 갖고 결성되었다는 식으로 서술했다. 정대협은 일본군에 의해 학살당한 조선인 '위안부'들의 '원혼'을 달래기 위해 출범되었다는 의미다. 그런데 이와 같은 주익종의 인식에는 몇 가지 근본적인 잘못이 있다.

첫 번째는 정대협이 위안부와 정신대의 차이를 몰랐다는 서술과 관련된 주익종의 인식이다. 정대협이 결성된 것은 1990년 11월이었고, 이미 그 이전에 '위안부'는 '정신대의 일부'라는 인식이 일본에 상당히 많이 퍼진 상태였다. '위안부'가 '정신대의 일부'라는 가장 오래된 기술은 1978년에 출판된 센다 가코千田夏光의 『종군위안부』에 다음과 같이 나온다.

> '정신대'라는 이름하에 그녀들이 모아졌고 (중략) 모두가 위안부가
> 된 것은 아니다.[257]

일본에서 위안부 문제의 선구적 연구자로 알려진 센다 가코는 이미 1978년에 '위안부'가 '정신대의 일부'였다는 견해를 이렇게 피력했다. 그리고 1984년 송건호가 일본에서 출판한 『일제 지배하의 한국현대사』에는 다음과 같은 기술이 있다.

> (1943~1945년에) 일제가 정신대라는 명목으로 연행한 조선인 여성
> 은 어느 기록에 의하면 20만 명, 그들 중 5만~7만 명이 위안부가 되
> 었다.[258]

송건호는 한국의 자유언론을 대표하는 언론인이자 한겨레신문의 초대 대표이기도 하다. 그런 송건호는 '위안부'가 '정신대의 일부'라는 인식을 가지고 있었고, 그 견해를 담은 책을 일본어로 출판한 것이다. 이어서 1986년에 출판한 『조선을 알기 위한 사전朝鮮を知る辞典』에는 '종군위안부'라는 항목에 다음과 같은 기술이 있다.

1943년부터는 '여자 정신대'라는 이름하에 약 20만 명의 조선인 여성들이 노무에 동원되었고 그들 중 젊고 미혼인 5만~7만 명이 위안부를 강요당했다. [259]

이와 같이 일본의 저명한 헤이본샤平凡社 출판사에서 나온 『조선을 알기 위한 사전』에는 송건호가 주장한 '위안부'는 '정신대의 일부'라는 견해가 실렸다. 그리고 1988년에 출판된 『국사대사전』(吉川弘文舘) 제9권에 '조선인 강제연행 문제'라는 항목이 있는데, 여기에는 다음과 같이 기재되어 있다.

그리고 '여자정신근로령'에 의한 부녀자의 동원, 그들 중에는 수만 명의 '종군위안부'도 있다. [260]

이상과 같이 문헌상만으로도 정대협이 결성된 1990년 이전에 이미 일본에서 수차례에 걸쳐 권위 있는 '위안부' 문제와 조선인 강제징용 문제의 연구자나 저명한 출판사의 사전들이 '위안부'는 '정신대의 일부'라는 인식을 밝히고 있었다.

정대협은 이와 같은 일본에서의 인식을 협의회를 결성할 때 당연히 고려했을 것이므로, 주익종이 말하는 내용 즉 정대협이 '위안부를 정신대라 부를 만큼 사실관계도 잘 몰랐다'는 비판은 적절하지 않다. 오히려 그가 정대협이 정신대라는 이름을 사용하게 된 경위를 잘 모르면서 한 말로 보인다.

그리고 주익종이 주장하는 또 하나의 견해는 정대협이 '일본의 위안부 학살'이라는 선입견을 가지고 출발'했다는 데에 있다. 주익종이 지적한 대로 1990년 1월 『한겨레신문』이 정대협의 초대 대표가 된 윤정옥 교수(당시 이화여대 교수)의 취재기를 기사로 실었다. 여기서 윤정옥이 주장한 네 가지 중 하나가 "일본군은 패전 뒤 명령에 의해 위안부들을 기관총, 폭탄 등으로 집단 사살했는데, 이는 일본이 저지른 만행을 감추기 위한 목적에서였다"라는 내용이다.

주익종은 이러한 윤정옥의 의견, 즉 일본군의 조선인 위안부 학살은 '선입견'이라고 주장한다. 과연 그렇게 단정해도 문제가 없는 것일까.

우선 일본군이 '위안부'들을 학살했다는 기록은 당시의 중국 국민당 기관지 '소탕보掃蕩報'(1944년 9월 18일) 등 일부 언론의 기사로 남아 있다. 그리고 1944년 6월 미중 연합군은 일본군이 점령한 윈난성의 텅충 등을 공격해 9월 14일 그 지역을 함락했는데, 미중 연합 제54군이 보고한 정보 문서에는 "9월 13일 밤 일본군이 (텅충) 성내에 있는 조선 여성 30명을 총살했다"고 기록되어 있다.[261]

게다가 16초 분량의 영상도 발견되었다. 영상을 발굴한 서울시와 서울대 인권센터는 앞에서 말한 연합군 보고문서 등을 통해 이 영상이 "당시 일본군에 강제 동원된 조선인 위안부 피해자가 집단

총살된 현장"이라는 결론을 내렸다.[262] 그러므로 주익종이 주장하는 '일본군에 의한 조선인 위안부 학살은 선입견'이라는 말은 합당하지 않다.

　이후 주익종은 정대협의 활동, 김학순 할머니 등의 증언, 요시미 요시아키 교수가 발굴한 문서, 일본의 미야자와 키이치 총리의 한국 국회에서의 사과, 가토 담화, 고노 담화까지 언급했다. 또한, 그 후에 있었던 일본 정부와 한국 정부의 대응, 정대협의 대응 등을 비교적 정확하게 서술했다. 그런데 주익종은 결국 일본 정부나 일본군, 조선총독부의 '강제 동원'을 다음과 같이 부정한다.

　　위안부 모집과 수송에 일본 정부와 일본군이 관여했습니다. 하지만 일본군이 위안소업자를 선정했으며, 그로부터 위임을 받은 모집업자가 조선 부녀자를 데리고 일본군 주둔지로 여행하는 데 일본 관헌이 편의를 제공한 것이지, 일본 공권력이 강제로 부녀자를 위안부로 끌어간 것은 아닙니다.[263]

　우선 주익종의 말에 거짓이 포함되어 있다. 그는 "일본군이 위안소업자를 선정했으며, 그로부터 위임을 받은 모집업자가 조선 부녀자를 데리고 일본군 주둔지로 여행"했다고 주장하지만, 이는 사실과 다르다. 일본군이 선정한 업자는 모집, 인솔, 현지에서의 포주 일을 모두 도맡았다. 주익종은 일본군이 포주를 선정하고 그 포주가 다시 모집업자를 고용했다는 식으로 썼으나, 이는 사실을 왜곡하는 말이다.

1938년 11월 8일, 일본 내무성의 경보국장이 관계 기관으로 하달한 공문서 '남지나 방면 도항 부녀의 취급에 관한 건'에는 "인솔자(포주)는 유곽업자 같은 사람들 중에서 신원이 확실하고 남지나 방면에서 군 위안소를 경영하게 해도 지장이 없다고 인정되는 사람을 포주인 인솔자로 선정"하라고 적혀 있다.

주익종은 위안소업자(포주)가 모집업자를 다시 고용했다고 했으나 이는 군 위안소의 원칙에는 없다. 일본군이나 일본 정부는 '모집업자=인솔자=포주'라는 도식으로 일본군이나 일본 정부의 의향대로 업자가 움직이도록 기본적으로 그들을 한사람으로 규정한 것이다.

그리고 일본 내무성은 "그 인솔자(포주)에게만 은밀하게 실시하는 부녀 고용을 허가"해야 한다고 지시했고, 아울러 "인솔자(포주) 한 사람이 인솔하는 부녀의 수는 10명 내지 30명 정도로 할 것"을 지시했으며, 업자들은 "인솔 예정 부녀자 수를 비밀리에 전화 등으로 내무성에 통보할 것"이라는 지시까지 내렸다.

이 같은 '위안부' 동원 방법은 업자들의 배후에서 모든 지시를 내리면서도 궁극적으로는 일본군이나 일본 정부가 책임을 면하려는 술책이었다. 결국, 일본의 공권력에 속은 조선 여성들이 위안소로 강제연행되었다는 것이 위안부 문제의 실상이다.

주익종은 다음과 같이 주장하기도 한다.

물론 위안부 모집 과정에서 납치, 폭력이 별로 없었다고 해서 해당
부녀자가 자발적으로 위안부가 되었다는 이야기는 아닙니다. 세상
에 위안부가 되기를 원한 사람이 어디에 있겠습니까. 극빈한 가정
의 딸이 전차금을 받은 부모나 친척, 친지의 결정에 따라 숙명처럼
모집업자를 따라가거나, 가정에서마저 유리된 부녀자가 오갈 데 없
어서 모집업자를 따라갔던 경우가 대부분입니다.[264]

주익종은 조선 여성들이 자발적으로 '위안부'가 된 것이 아니라
고 한다. 그러나 가족이 전차금을 받고 여성들을 모집업자에게 팔
아넘겼거나, 오갈 데 없는 여성들이 모집업자를 따라간 결과 '위
안부'가 되었다고 강변한다. 여기서도 주익종은 군이 선정한 포주
와 모집업자는 동일 인물인데 고의로 양자를 다른 존재로 구별하
여 군이 선정한 포주들이 취업 사기 등을 저지르지 않았다는 왜곡
을 시도하고 있다. 주익종의 논리는 강제연행이나 취업 사기로 여
성들을 속여서 '위안부'로 만든 책임은 일본군도 모르는 포주들이
고용한 모집업자에게 있다는 거짓 논리를 만들어냈다.

그런데 주익종은 '위안부'가 속아서 '위안부'가 된 사실을 부정
하지는 않았다. 그리고 전차금을 상환하거나 계약 기간이 지나면
조선으로 돌아갈 수 있는 허가가 났기 때문에 "성노예라기보다는

성노동자"[265]였다고 주장한다. 결국 주익종이 주장하고 싶은 것은 '위안부'란 '성노예'가 아니었다는 이야기다. 그래서 그는 결론적으로 다음과 같이 주장한다.

> 그럼에도 채무에 묶인 기간 동안은 원하지 않는 성적 의무를 제공해야 하지 않았느냐면서 일본군 위안부제를 성노예제라 한다면, 식민지 조선의 공창제도 성노예제라 해야 할 것입니다. 아울러 해방 후의 한국군 위안부와 미국군 위안부, 민간 위안부도 마찬가지입니다. 일본군 위안부만 뽑아내서 성노예제라 비판할 근거가 없습니다.[266]

주익종은 일본군 '위안부' 제도가 '성노예'제라면 조선의 공창제, 해방 후의 한국군 '위안부', 미군 '위안부', 민간 '위안부' 모두 '성노예'제라고 해야 한다면서, 일본군 '위안부' 제도만을 '성노예'제라고 할 수 없다고 주장한다. 이는 이영훈과 똑같은 주장이라 할 수 있다.

필자는 앞에서 조선의 공창제 등과 일본군 '위안부' 제도의 차이에 대해 거듭 이야기해 왔는데, 그 차이의 핵심은 일본군 '위안부' 제도는 격전지에 '위안부'를 보내서 그녀들의 생명을 위험에 빠뜨렸다는 데 있다. 주익종도 그 부분을 아래와 같이 지적했다.

빈곤이 만연하고 인권 의식이 빈약한 곳에서는 어디서나 이런 '성노예'가 만연했습니다. 문제는 한 나라의 정부가, 그 군대가 이를 전쟁 수행기구의 일부로 활용한 데 있습니다. 한 나라의 군이 전선에서 위안소를 만들어 군인들이 그 위안부를 대상으로 성욕을 해소하도록 했던 것 자체가 지금 기준으로 보면 있을 수 없는 일입니다. 지금은 누가 봐도 야만적인 제도라 할 것입니다.[267]

주익종은 위 문장에서 일본이라는 국가가 전쟁 수행 기구의 일부로 '성노예' 제도를 활용했다고 인정했다. 여기서 그가 말하는 '성노예' 제도는 조선 공창제 등의 제도에 나타나는 형태를 말한다. 그리고 주익종은 일본군이 전선에 위안소를 만들어 군인들이 '위안부'를 대상으로 성욕을 해소하도록 했다는 것도 인정했다.

또한, 그는 일본군 '위안부' 제도는 지금 기준으로 보면 있을 수 없는 제도였다고 인정했다. 따라서 주익종의 문제는 모든 것을 인정하면서 결론에 일본군 '위안부' 제도는 '성노예' 제도가 아니었다고 앞뒤가 맞지 않는 이야기를 하는 데 있다.

일본군 '위안부' 제도는 첫째, 조선인이나 대만인 등 일본 민족이 아닌 타민족을 해외의 침략 지역이나 격전지에 배치했다. 조선의 공창제나 해방 후의 사례는 모두 조선/한국 내에서 같은 민족인 한국 여성만을 동원했다. 일본군 '위안부' 제도가 타민족에 차별적인 고통을 주었다는 점은 결코 간과할 수 없다.

둘째, 일본군은 생명의 위험이 큰 해외 최전선에 주로 조선인 여성들을 배치했다. 일본인 여성들은 보다 안전한 후방부에 배치했다는 점에서 조선 여성들의 목숨을 매우 경시한 잘못이 있다. 실제로 적군의 폭격 등으로 많은 조선인 위안부가 목숨을 잃었다.

셋째, 일본군 '위안부'들은 공창이 아니었다. 일본군이 책임을 회피하기 위해 포주와 '위안부'가 직접 계약하게 했으며, 실제로는 일본군이 위안소의 모든 것을 통제했다. 조선인 '위안부'들은 항상 총칼을 들고 다니는 일본군의 지배하에 놓여 있었기 때문에 늘 공포스러운 분위기에서 생활해야만 했다.

이렇듯 일본군 '위안부' 제도는 여성의 인권을 완전히 짓밟은 제도였고, 당시 일본이 가입한 국제 조약에도 위배되는 제도였다. 옛날이었다거나 전쟁 중이었으니 어쩔 수 없었다는 논리는 성립할 수 없다.

주익종은 제2차 세계대전에서 독일이 패전했을 때 독일 여성 중 최소 50만 명에서 최대 100만 명이 소련군에게 강간당했지만, 별 문제가 아니었던 것처럼 일본군 위안소도 문제가 없었다[268]는 이상한 논리를 전개하고 있다.

물론 독일은 이에 대해 소련에 어떤 문제 제기도 한 적이 없다. 그러나 소련 병사의 독일 여성에 대한 강간 사건이 문제가 없는 것이 아니라, 독일이 이 문제에 대해 문제를 제기하지 않았던 것뿐이다.

같은 사례는 일본에도 있다. 현재 원폭을 사용하면 국제적으로 큰 문제가 된다. 그러나 1945년 8월 일본에 투하된 두 발의 원폭에 일본은 어떤 문제 제기도 하지 않았다. 연합군의 원폭 투하는 당시도 금지되어 있던 비전투 일반 국민에 대한 대량 살육 행위다. 그러나 피해자 일본이 문제 제기를 하지 않았다.

그 이유는 독일이나 일본이 연합국에 입힌 침략 전쟁범죄가 훨씬 컸기 때문에, 두 나라는 심대한 전쟁범죄라고 할 수 있는 독일 여성 강간과 원폭 투하에 어떤 문제 제기도 하지 못했다. 그러나 한국은 일본의 식민지 피해국이다. 그러므로 조선인 여성에 대한 일본 정부, 일본군, 조선총독부의 집단 성폭행에 대해 문제 제기를 하는 것이다. 문제의 본질을 더는 왜곡해서는 안 된다.

주익종은 일본이 여러 번 사과와 사죄를 했고, 국고에서 위로금을 지급했는데 정대협이 받아들이지 않았다고 비난한다. 주익종은 "일본 정부가 책임을 져야 하지만, 정대협이 주장한 것과 같은 책임은 아닙니다"[269]라고 했는데, 일본 정부가 어떤 책임을 져야 하는가에 대해 확답을 피했다.

정대협이 일본 정부에 요구하는 것은 (1) 전쟁범죄 인정, (2) 공식 사죄와 법적 배상 집행, (3) 전범자 처벌, (4) 역사교과서에 '위안부' 문제 기재, (5) 추모비와 사료관 건립[270] 등이다. 그런데 주익종은 이 요구는 "일본 정부가 도저히 들어줄 수 없는 요구"[271]라고 일본 편에 서서 주장을 펼치고 있다.

고노 담화 발표 이후 일본에서는 (4) "역사교과서에 '위안부' 문제 기재"가 상당 부분 실천되었다. 하지만 제1차 아베 정권 (2006~2007)이 교육기본법을 개악하면서 '위안부'에 대한 기술은 일본 역사교과서에서 사라졌다.

독일에서는 (1)부터 (5)까지의 사항이 강약의 차이는 있으나 대부분 실천되었다. 이렇듯 같은 제2차 세계대전의 패전국인 독일과 일본의 전쟁 책임에 대한 태도에 너무나 큰 차이가 있다.

주익종은 일본 정부 편을 들면서, 마지막에 속내를 피력했다. 정대협과 문재인 정부가 같은 입장이라고 하면서, "이 문제를 이용해서 한일 관계를 파탄 내는 게 이들의 진짜 관심사일 것입니다. 한미일 삼각협력 체제를 무너뜨릴 수 있을 테니까"[272]라고 주장한다. 문재인 정부와 정대협이 '위안부' 문제를 이용해 한미일 삼각협력 관계를 무너뜨릴 거라는 생각이 아마도 『반일 종족주의』 저자들의 속내가 아닌가 싶다.

그들은 인권 문제와 안보 문제를 일부러 혼동하는 척하는 것 같다. 안보 문제를 거론하면서 '위안부' 문제나 강제 징용자 문제와 같은 인권 문제를 덮으려고 한다. 그것은 일본 우파가 원하는 방향이다. 하지만 미국 입장은 그렇지 않다. 미국은 인권 문제를 한일 두 나라가 제대로 해결해서 안보 협력이 잘 되기를 바란다. 그런데 한국의 신친일파는 일본 우파의 입장을 수용해서, 다시 말해 일본에 대폭적으로 양보해서 안보 협력을 하자고 주장한다.

한국의 신친일파는 일본이 제대로 사죄를 하고 일본의 법적 책임을 인정했을 때, 그 후에 전개될 진상 규명으로 자신들이나 선조의 친일 행각이 드러날 것을 두려워하고 있을 것이다. 『반일 종족주의』 저자들이 그런 부류나 신친일파가 아니기를 바랄 뿐이다.

제3부

일제 강점은
원천적으로 범법 행위였다

제1장

독도에 대한 거짓 주장들

독도에 대한 무지

이영훈의 독도에 대한 서술은 그동안의 독도 연구 성과를 전혀 모르면서 마치 자신의 주장이 절대적으로 옳다고 우기는 글이다.

그의 글에는 독도와 관련된 역사 연대조차 잘못된 부분이 많고, 사실관계 인식에도 오류가 많다. 예를 들어 이영훈은 독도를 거론할 때 기초적 문헌인 『세종실록지리지』 간행 연도가 1454년인데 1451년이라고 썼고,[273] 독도에 조금이라도 관심을 갖는 사람이라면 누구라도 알고 있는, 일본이 독도를 불법 편입한 연도인 1905년을 1904년으로[274] 잘못 썼다. 이는 단순한 실수로 간주할 수 없으며, 이영훈의 독도에 관한 '무지'를 여실히 보여준다.

그 이외에도 독도에 관한 연대의 무지가 다수 드러난다. 이영훈은 "조선왕조는 1417년 이래 울릉도를 비웠습니다"[275]라고 썼지만, 태종이 울릉도를 비우라는 명령을 내린 해는 1403년이었다. 이후 울릉도를 수색해 울릉도 도민을 모두 육지로 데려온 마지막 해가 1438년이었다.[276] 그리고 안용복이 울릉도로 들어갔던 해는 그가 말한 1693년[277]이 아니라 1692년이다.

이영훈이 말한 독도에 관한 사실관계도 틀린 것이 많다. 그는 『삼국사기』 신라본기 지증왕 13년(512)에 나오는 우산국을 사람들이 독도라고 말한다고 주장했다. 그런데 우산국은 울릉도와 독도를 통틀어서 칭하는 나라였다. 위의 문장에서 알 수 있듯이 그가 서술한 내용이 잘못되어 있다. 부연 설명을 하면 이영훈은 "사람들은 이 기사에 나오는 우산이 오늘날의 독도를 가리킨다고 주장"[278]한다고 했는데 이는 그의 억지 주장일뿐이다.

그 이유는 그렇게 주장하는 독도 연구자는 한 사람도 없거니와 독도를 조금이라도 아는 한국인이라면 그렇게 생각하지 않기 때문이다. 보통 한국사람들은 『삼국사기』에서 말하는 '우산국'은 독도가 아니라 울릉도를 중심으로 하는 나라라고 알고 있다.

우리나라의 중학교, 고등학교에는 독도동아리가 있고, 사이버 외교단 '반크'의 중·고등학교 지부도 전국 곳곳에서 활동하며 많은 학생들이 독도를 이론적으로 공부하고 있다. 필자는 학교 측 요청으로 여러 중학교, 고등학교에서 독도 강의를 해왔고, 종종

초등학교에도 강의를 간 적이 있다.

그때마다 느낀 사실이지만, 독도동아리 학생들의 수준이 상당히 높았다. 가끔 필자의 연구실을 방문하는 젊은 독도 연구자들의 수준도 꽤 높다. 옛날에 독도가 '우산도'였다는 것을 아는 사람이라면, '우산국'이 독도가 아니라 울릉도를 칭한다는 것쯤은 누구나 다 알고 있다.

이영훈은 우산국을 독도라고 사람들이 주장한다고 했지만, 그것은 그가 지어낸 이야기거나 그가 정확히 알지 못하는 비전문가에게 물어본 결과를 일반화했다는 생각이 든다.

울릉도에서는 독도가 가시거리 안에 있다. 울릉도의 낮은 곳에서는 독도가 1년에 40~60일 정도 보이고, 높은 곳에서는 1년에 100~120일 정도 보인다. 맑은 날 아침 6시경 해가 떠오를 때가 가장 잘 보인다. 그런 연유로 옛날부터 울릉도에 사는 사람들은 독도를 잘 알고 있었다. 따라서 우산국은 울릉도와 독도를 포함한 나라였다는 것은 당연한 귀결이다.

『세종실록지리지』에 나오는 우산도는 독도

이영훈은 독도를 '반일 종족주의의 상징'이라고 주장한다.

그는 조선시대에는 독도에 관한 인식이 없었는데, "지난 20년 사이에 급하게 반일 민족주의의 상징으로 떠오른 것"[279])이라고 주장한다.

그러나 이러한 그의 인식 자체가 굉장히 잘못되었다. 조선시대에는 『세종실록지리지』를 비롯해 독도를 '우산도'라 불렀고, 날씨가 맑을 때만 울릉도에서 보이는 섬이라고 정확하게 묘사해 놓았다. 울릉도에서 날씨가 좋을 때 보이는 섬은 옛날에도 지금도 독도 이외에는 없다. 그러므로 『세종실록지리지』에 기재된 '우산'은 정확하게 독도다.

그런데도 이영훈은 "'날씨가 좋으면'이라는 단서를 붙인 것 자체가 (우산도가) 상상의 산물"[280])이라는 이해하기 어려운 주장을 펴고 있다. 이영훈은 "우산은 원래 나라 이름이었는데, 언제부턴가 그것을 섬으로 간주하는 오해가 생겼다. 그러니까 우산도는 실재하지 않은 환상의 섬"[281])이라고 주장한다. 이 주장은 일본 측 주장과 흡사하며, 울릉도와 독도의 역사를 모르는 무지한 사람에게서 나온 망언일 뿐이다.

본래 '우산국'이라는 말은 울릉도에 거주했던 사람들이 자신의 나라를 부르는 이름이었다. 하지만 육지 사람들은 우산국을 울릉도라고 불렀다. 그러므로 울릉도는 처음부터 '우산국'과 '울릉도'라는 두 가지 이름이 존재했다.

1412년 울릉도에서 도민 12명을 태운 배가 표류해 강원도 고성高城 어라진於羅津에 도착했다. 그때 도민들은 "우리는 유산국도에서 왔다. 거기에는 11호 약 60명이 살고 있다"는 진술이 기록으로 남아 있다.[282] 그때 울릉도 도민들이 방언으로 말하고 있어서 조선 관리들은 '우산국'을 '유산국도'라고 잘못 듣고 잘못 기재한 것으로 추정된다.

1417년 안무사 김인우가 울릉도를 수색하고 귀환했을 때 그는 '우산도'에서 돌아왔다고 진술했다.[283] 잘 살펴보면 김인우는 울릉도를 우산국이 아니라 '우산도'라고 불렀다. 위와 같이 육지에서는 울릉도라고 불렀지만, 울릉도 도민들은 자신들이 사는 나라를 '우산국'이라 불렀으며 우산국의 중심 섬인 울릉도를 '우산도'라고 불렀음을 알 수 있는 증거다.

그런데 1438년 조선의 관리인 호군 남회와 사직 조민이 '무릉도'에서 돌아올 때 66명의 도민을 데려왔다는 기록이 있다.[284] 이때는 울릉도를 '무릉도'라고 불렀다. 1438년에 울릉도 도민을 모두 육지로 데려와서 울릉도를 비워놓는 데 성공한 조선왕조는 이후 5년에 한 번씩 울릉도에 배를 보내 울릉도와 그 주변을 돌며 수색했다. 이후 울릉도와 그 주변을 '우산국'으로 불렀고, 우산국의 중심심인 울릉도를 '우산도'라고 불렀던 도민들도 거기에서 살지 않게 되었다. 그래서 육지에서 부르는 울릉도와 무릉도라는 이름만이 남았다.

이러한 울릉도에 대한 대략적인 명칭의 변천사가 『세종실록지리지』에 등장한다. 육지에서는 옛 나라의 명칭을 울릉도라고 불렀고, 현재의 울릉도는 옛날에는 무릉도라 불렀다. 그리고 거기에서 우산도라는 이름이 독도의 이름으로 옮겨갔다고 볼 수 있다. 원래의 독도의 명칭은 옛날의 울릉도 도민들만이 알고 있을 것이다. 이에 대해서는 상세한 기록이 남아 있지 않다.

『세종실록지리지』에는 다음과 같은 기록이 있다.

> 우산과 무릉 두 섬은 현의 정동(正東) 바다 가운데 있다. 두 섬이 서로 거리가 멀지 않아 날씨가 맑으면 가히 바라볼 수 있다. 신라 때는 우산국 또는 울릉도라고도 했는데 지방은 100리다.[285]

위 문장을 보면 '우산과 무릉 두 섬은 신라 때 우산국 또는 울릉도라고 칭했다'라고 되어있다. 이 말은 신라 때, 즉 『삼국사기』 512년에 우산국 또는 울릉도라고 부른 섬은 '우산과 무릉 두 섬'이었다는 것이다. 이를 종합해보면 15세기 후반 조선시대에는 '울릉도=우산국=우산도(독도)+무릉도(현재의 울릉도)'라는 개념이 존재했다.

조선 고지도와 안용복 사건

이영훈은 조선 고지도를 여러 장 거론하면서 우산도(독도)의 위치를 문제 삼았다. 그는 1402년에 그려진 '혼일강리역대국도지도'에는 울릉도만 그려져 있으며 독도가 없고, 19세기 말에 작성된 '대한전도'(1899)에는 '우산도'가 그려져 있지만 그것은 '독도'가 아니라고 주장한다. 그리고 '우산도'는 처음 '팔도총도'(1530)에 울릉도 서쪽에 그려진 이후로 울릉도 남쪽에 그려졌고, 그것이 동쪽으로 이동해서 마지막에는 울릉도 동북쪽에 그려졌다고 조선 고지도를 제시하면서 설명했다. 또한 이영훈은 지도 속 '우산도'가 현재의 독도와는 위치나 크기가 다르므로 독도가 아니라고 설명한다. 즉, 독도는 조선인들이 정확하게 인식하고 있지 않은 환상의 섬이었을 뿐이라는 게 이영훈의 주장이다.

그런데 조선의 고지도에는 관찬지도가 거의 없다. 그것은 조선왕조가 작성한 지도가 거의 없다는 뜻이다. 이영훈이 거론한 지도 중에 관찬지도라고 할 수 있는 것은 1530년의 '팔도총도'와 '대한전도'뿐이다. 다른 지도들은 개인이 만든 지도여서 조선왕조의 영토 인식을 반영했다고 볼 수 없다.

게다가 '대한전도'는 1899년에 발행된 『대한지지』의 첨부 지도이며, 『대한지지』 자체가 일본의 지리 도서를 그대로 번역한 교과서라서 여기에 실린 지도 역시 일본인이 작성했다.[286] 결국 '대한전도'도 한국에서 만든 지도가 아니다. 이 내용들은 필자의 졸저 『대한민국 독도』(2010)나 『독도, 1500년의 역사』(2016) 등에 상세하게 밝혀 놓았다.

'팔도총도'에는 '우산도'가 '울릉도'의 서쪽에 그려져 있다. 이 지도가 그려졌을 당시의 무릉도라는 조선시대 초기의 명칭은 현재 울릉도로 바뀌었다. 그리고 팔도총도에는 '우산도'의 위치가 분명히 잘못 그려져 있다. 그 이유는 1438년부터 조선은 울릉도에서 사람을 살지 못하게 해서 독도에 대한 조선왕조의 인식이 희박해졌다는 이유를 들 수 있다. 그후로도 조선이 5년에 한 번씩 울릉도를 수색하고 독도를 확인하는 과정에서 '팔도총도'를 그린 관리가 '우산도'에 대해 제대로 파악하지 않고 그 지도를 그렸을 가능성이 크다.

그러나 그에 대한 잘못된 인식은 후에 정정되었다. 바로 안용복 사건과 신경준의 저술이었다. 조선 후기에 안용복은 일본을 두 번 왕래했다. 그는 두 번째 도일했을 때 일본 오키섬에 표류했는데, 오키섬 관리들에게 울릉도와 독도가 조선의 강원도에 속한다고 주장했던 사실이 오키섬의 공식 기록에 남아 있다.[287] 필자는 이 내용 역시 『우리 역사 독도』(2009), 『독도, 1500년의 역사』에서 상세하게 정리했다.

그런데 이영훈은 "조선왕조는 울릉도에만 관심이 있었지 우산도에는 하등의 관심을 표하지 않았"[288]다고 주장한다. 하지만 그것은 잘못된 인식이다. 안용복이 1693년에 일본을 처음 다녀왔을 때 조선왕조는 대마도 도주가 보낸 귤진중이라는 대마도 관리와 울릉도에 대한 논쟁을 벌였다. 귤진중이 울릉도를 일본 영토라고 계속 우겼지만, 대마도 도주 사망 소식을 듣고 그가 대마도로 돌아가면서 이 문제는 일단락되었다.

그 소동이 일어난 후인 1694년 조선왕조는 무신 장한상을 울릉도로 파견했다. 장한상은 한성(서울)으로 귀환한 후에 『울릉도 사적』이라는 글 속에 독도 조사 내용에 관한 기록을 남겼다.[289] 장한상의 보고를 받은 숙종은 울릉도를 3년에 한 번씩 정식으로 수색하라고 명령했다.

1696년 5월, 안용복은 다시 울릉도, 독도를 거쳐 일본의 돗토리 鳥取번으로 건너갔다. 『숙종실록』에 따르면 안용복 일행은 울릉도로 건너온 일본인들을 쫓아냈고, 독도에도 들러 그곳에 있던 일본인들도 쫓아냈다. 이때의 『숙종실록』에 당시 일본인들이 독도를 '송도'라고 불렀다는 사실과 안용복이 "송도는 우산도이고, 이 섬도 조선 땅"이라고 천명한 내용이 기록되어 있다. 국가 실록인 『숙종실록』은 이 기록을 통해 독도가 조선 영토임을 정확하게 밝혀놓았다.

조선왕조실록 『숙종실록』에 대마도주의 아버지 소 요시자네宗義眞의 말을 통해 "두 섬이 이미 조선의 영토가 되었다"[290]고 하여 두 섬, 즉 울릉도와 독도가 조선 영토로 인정한 사실을 정확하게 기록했다. 이와 같은 조선왕조실록의 기록을 전혀 모르면서 이영훈은 왜 '우산도'가 환상의 섬이고, 그런 환상이 없어지지 않아 고지도에 계속 나타났다는 무지한 말을 하는 것인지 알 수가 없다.

전혀 알지 못하면서 자신의 생각을 마치 사실인 것처럼 서술하는 행위는 일부러 거짓말을 양산하는 것과 다를 바가 없다.

신경준과 조선의 독도 인식

조선왕조는 18세기에는 3년에 한 번씩 울릉도와 그 주변을 수색했다. 이 경험을 바탕으로 영조 46년(1770)에 왕명에 따라 홍봉한 등이 고금의 문물과 제도를 수록한 공문서 『동국문헌비고東國文獻備考』를 편찬했다.

이 책은 100권이 40책으로 묶어진 활자본이며, 그중 「여지고興地考」에 우산도와 관련된 내용이 기록되어 있다. 그런데 이 책은 독도에 관해 『신증동국여지승람』(1530)의 내용을 바로잡았다는 점에서 의미가 크다. 『동국문헌비고』에는 우산도가 현재의 독도임을 정확하게 저술해 놓았다.

안용복의 활약으로 당시 조선에서는 일본인이 말하는 송도가 조선의 우산도, 즉 독도라는 인식이 확실하게 정착되었다. 『동국문헌비고』에는 다음과 같이 기록되어 있다.

여지지(興地誌)가 말하기를 울릉·우산은 모두 우산국의 땅, 우산은 즉 왜가 말하는 송도(松島)이다. 〈원문〉 興地志云鬱陵于山皆于

山國地于山則倭所謂松島也(申景濬『增補文献備考』卷之三十一「輿地考 十九」蔚珍古縣浦条)

일본에서는 한국이 독도를 영유한 적이 없다고 주장하지만, 이 책은 조선왕조가 독도를 영유하고 있었다는 정확한 증거를 제시한다. 그리고 『동국문헌비고』의 「여지고」는 학자 신경준申景濬이 썼는데, 『만기요람』(1808)이나 『증보문헌비고增補文獻備考』(1908)에도 그 부분을 그대로 다시 기록해 놓았다. 조선왕조는 안용복이 확고하게 우리 땅으로 만들었던 울릉도와 독도를 18세기에 이르러 더욱 명확하게 문헌 속에 기록해 놓았다.

『동국문헌비고』 중 「여지고」에 나오는 『여지지』는 유성원柳聲遠이 1656년에 편찬한 문헌이다. 그러나 현재는 남아 있지 않아 신경준이 인용했던 부분을 직접 확인할 수는 없다. 「여지고」의 근거가 된 문헌은 신경준의 『강계고疆界考』라고 알려져 있는데, 『강계고』의 해당 부분은 다음과 같다.

생각건대 여지지가 말하기를, 일설에 우산·울릉 원래는 한 섬이다. 그런데 여러 도지(圖誌)를 보고 생각하니 두 섬인 것이다. 하나는 바로 소위 송도이고 두 섬 다 우산국이다. 〈원문〉按輿地志云一説于山鬱陵本一島而考諸圖志二島也一則其所謂松島而蓋二島倶是于山國也(申景濬 『旅菴全書』 卷之七, 「疆界考」十二, 鬱陵島)

위 인용문의 '일설에 우산·울릉 원래는 한 섬'이라는 구절은 『신증동국여지승람』의 주기에 나온다. 앞에서 말한 『세종실록지리지』에 의해 확정된 '우산국=울릉도=우산도(독도)+무릉도(현대의 울릉도)'라는 독도에 관한 인식이 울릉도가 무인도가 되는 바람에 흔들렸다. 그 흔적이 『신증동국여지승람』의 주기에 나타나 있다. 그 문제를 안용복이 바로잡았고, 이를 신경준이 문헌상으로 바로잡아 기록했다. 그래서 우산도와 울릉도는 두 섬이고, 우산도는 일본이 말하는 송도(독도)이며, 둘 다 우산국, 즉 조선 영토라는 인식이 신경준에 의해 더욱 확실해졌다. 이것이 조선왕조가 독도를 조선의 영토라고 천명했던 증거다.

일본 정부도 이와 같은 조선 측의 인식을 인정했다. 1877년 당시 메이지 정부의 행정기관이었던 태정관은 『태정관 지령문』을 통해 '울릉도와 그 섬 밖에 있는 한 섬은 월록 5년(1692) 조선인들이 그 섬으로 들어간 이후 본방(일본)과 관계가 없다. 울릉도와 그 밖에 있는 한 섬에 관한 건은 본방과 관계가 없음을 명심할 것'이라는 지령을 각 부처에 하달했다.

여기서 지령문이 말하는 '월록 5년 조선인들이 그 섬으로 들어간 이후'라는 내용은 1692년 이후 안용복이 울릉도와 독도에 들어간 사건을 말한다. 일본 측도 안용복 사건을 계기로 울릉도와 그 섬 밖에 있는 한 섬을 일본 영토 이외의 섬, 바로 조선 영토로 인정한 것이다. '울릉도 밖에 있는 한 섬'이 '송도=독도'라는 사실은 다음과 같이 『태정관 지령문』의 첨부 지도 '기죽도약도'에 잘 표시되어 있다.

<울릉도와 그 밖에 있는 한 섬이 독도임을 보여주는
1877년 '태정관 지령문' 첨부 지도 '기죽도약도'>

대한제국 칙령 제41호에 관한 황당무계한 거짓말

이영훈의 독도에 관한 잘못된 인식은 대한제국 칙령 제41호를 설명하는 과정에서도 여실히 드러난다. 대한제국 칙령 제41호는 1900년 10월 25일 반포된 것으로, 울릉도를 군으로 승격하여 도감을 군수로 승격시켰고 군의 이름을 울도군이라고 정했다. 현재의 울릉군의 시작이다.

그리고 울도군의 범위를 '울릉도와 죽도, 석도'라고 규정했다. 죽도란 일본에서 말하는 다케시마가 아니라, 울릉도에서 동쪽으로 2킬로미터 거리에 있는 작은 섬을 말한다. 이 섬에는 대나무가 많이 자생하고 있어서 '죽도'라는 이름이 붙었다. 이 칙령에서 말하는 '석도'가 바로 독도인데, 이영훈은 다음과 같이 독도에 관한 자신의 무지를 다시 한 번 보여주었다.

> 우산도가 그 종적을 감추었다는 사실에 주목할 필요가 있습니다. 이후 우산은 어느 자료에도 나타나지 않습니다. 15세기 초 울릉도를 비우면서 생겨난 우산도가 이리저리 떠돌다가 결국 소멸한 것입니다. 그 1년 전의 대한전도에까지 이어져 온 섬이었습니다. 그 유서 깊은 섬을 대한제국이 더 이상 언급하지 않게 된 것은 그것이 환상의 섬임을 이윽고 깨달았기 때문입니다. 그 외에 달리 해석할 방도가 있을까요. 대한제국의 칙령 41호는 우산도는 환상의 섬이라고 공포한 것과 다를 바 없다고 생각합니다.[291]

이와 같이 이영훈은 독도를 깊이 연구하지도 않고 표피적인 부분만으로 설명했다. 먼저 1900년의 칙령 제41호 이후로 우산은 어느 자료에도 나타나지 않는다고 논한 것부터가 이영훈은 독도에 관해 아무것도 모르고 있음을 증명해준다.

1908년 대한제국이 출판한 『증보문헌비고』에는 다음과 같이 우산도가 기재되어 있다.

여지지가 말하기를 울릉·우산 모두 우산국의 땅. 우산은 즉 왜가 말하는 송도이다.[292]

1908년에 대한제국이 출판한 『증보문헌비고』는 1770년에 출판된 『동국문헌비고』를 개정한 지리지인데, 『증보문헌비고』 출판은 당시 일본 통치하에 들어간 대한제국이 자국 영토를 다시 확인하기 위한 작업이었다. 여기에서도 우산도가 우산국의 땅, 즉 한국의 영토라고 기재되어 있고, 우산도는 일본이 말하는 송도, 즉 독도라고 기재되어 있어, 독도가 한국 영토임을 명확하게 밝혔다.

대한제국은 1908년에 우산도라는 독도의 옛 명칭을 사용하면서, 1905년 일본이 멋대로 시마네島根현에 편입시킨 독도에 대해 한국의 영유권을 주장했다. 그러므로 우산도가 환상의 섬이어서 소멸되었다는 이영훈의 주장이야말로 그의 환상이자 거짓말인 셈이다.

그렇다면 왜 칙령 제41호에 우산도라는 명칭 대신 '석도'라고 기재되어 있었을까, 라는 문제를 살펴보자. 그러기 위해 1882년으로 거슬러 올라가야 한다. 당시 고종은 울릉도를 유인도로 바꾸기 위해 이규원이라는 사람을 울릉도 검찰사로 임명하여, 그가 울릉도로 떠나기 전에 불러서 면담을 했다.

이때 고종은 "울릉도 옆에 송죽도(현재의 죽도)와 우산도가 있다"라고 했고, 이규원은 "우산이란 옛 우산국의 도읍 이름"이라고 의견을 피력하자, 섬의 명칭에 혼동이 생길까 염려한 고종은 그 자리에서 '우산도'라는 당시의 독도 명칭을 다른 이름으로 바꿨다.

고종은 "송도, 죽도라고도 하는데 우산도와 함께 세 섬을 통칭해서 울릉도라 하였다"[293]라고 다시 말했다. 고종의 이 말은 약간 애매모호하지만 이어지는 이규원과의 대화를 보면 결국 고종이 우산도를 옛날처럼 울릉도의 뜻으로 말했고, 우산도(울릉도)에 죽도와 송도를 합해서 울릉도라고 주장했다는 것을 알 수 있다.[294] 이 내용 역시 필자의 졸저 『대한민국 독도』 등에 자세하게 서술해 놓았다. 결국, 그 자리에서 독도의 옛 이름인 우산도라는 명칭이 사라졌고, 일시적으로 다른 명칭이 붙었다. 이리하여 1882년에 옛 독도의 이름인 우산도라는 명칭은 고종과 이규원의 대화를 끝으로 사라졌다. 이것이 이영훈이 말한 "그렇다면 우산은 왜 버려졌습니까"[295]라는 질문에 대한 정답이다.

칙령 제41호는 1882년 고종이 말한 "울릉도는 세 섬이다. 바로 울릉도와 죽도와 우산도다. 혹은 울릉도는 울릉도 본도와 죽도와 송도"라고 하여 울릉도를 이제는 유인도로 만들어 통치하겠다는 말을 칙령으로 옮긴 문서다. 송도라는 섬의 이름은 독도의 일본식 이름인데, 옛 독도의 명칭인 우산도라는 이름이 없어져서 한때 독도를 일본식 이름을 차용해서 부른 이름이다.

결과적으로 칙령 제41호에 "울릉 본도와 죽도, 석도"가 울도군의 범위로 명시되었고, 여기에서 말하는 죽도竹島는 울릉도에서 동쪽으로 2킬로미터 거리에 있는 섬을 말하고 독도는 석도石島라고 기재되어 있다.

석도가 독도다

이영훈은 칙령 제41호에 나온 석도는 독도가 아니라 오늘날의 관음도라고 우긴다. 일본의 주장과 똑같다. 이영훈은 그 이유로 울릉도에 속하는 "사람이 사는 섬"296)이 관음도와 죽도밖에 없기 때문이라고 주장한다. 하지만 그 주장은 큰 착각에서 비롯된 것이다. 관음도에는 사람이 살지 않았다. 최근에는 울릉도 본도와 관음도에 다리가 놓여 섬을 관리하는 사람이 사는지 모르겠지만, 적어도 2010년까지 관음도에는 역사적으로 사람이 살지 않았다.

그리고 1900년 칙령 제41호가 반포되었을 때만 해도 관음도에는 '도항'이라는 또 다른 이름이 있었다. 만약 관음도가 석도라면, 석도의 또 다른 이름인 도항을 쓰지 않고 칙령 제41호에서는 왜 '석도'라 썼을까. 그 이유를 뒤집어보면 석도는 결코 관음도나 도항이 아니기 때문이다.

석도石島는 1882년에 이름을 상실하고 이후 울릉도 사람들이 돌섬이라고 부른 독도를 한자 이름으로 부른 명칭이다.

이영훈이 왜 일본 측 논리를 그대로 대변하는지 알 수 없다. 이영훈은 한국 측 연구자들의 주장에는 아예 귀를 닫은 채 왜 일본 측 논리만을 신봉하는지 모르지만, 학자라면 모름지기 여러 의견이나 주장을 두루 살펴야 하는데도 말이다.

이영훈은 1911년 미국 로스앤젤레스의 교민들이 출간한 이승만의 『독립정신』이란 책에 실려 있는 '죠선디도(조선지도)'의 울릉도 남쪽에 그려진 '돌도'가 돌섬이자 석도라고 말한다.[297] 여기서 그가 말하는 석도는 관음도를 뜻한다. 그러나 관음도는 울릉도의 동북쪽에 있어야 하므로 이영훈도 이 돌도의 위치가 울릉도의 바로 남쪽에 있어서 의아해했다. 어쨌든 그의 문제점은 돌섬이든 석도든 돌도든 다 통틀어 관음도이지 독도는 아니라고 주장하는 데 있다.

이 역시 문제가 있다. '죠선디도'는 민간이 작성한 지도이지 공식적인 지도는 아니다. 그러므로 이 지도를 근거로 독도 영유권을 논하는 것 자체가 잘못되었다. 게다가 돌도의 위치가 울릉도 남쪽에 있다고 해서 이 섬이 독도가 아니라고 단정할 수는 없다.

이영훈에 주장에 따르면 돌도는 관음도이자 석도인데 실제 관음도는 울릉도 동북쪽에 붙어있는 섬이다. 그런데 '죠선디도'에서는 돌도가 울릉도 남쪽에 그려져 있다. 이영훈은 이 민간 지도를 제시하여 돌섬이 석도이고 돌도이기도 한데, 돌도는 그가 석도라고 말하는 관음도의 위치에 없기 때문에 그의 주장이 엉켜있다. 그가 도대체 무엇을 주장하고 싶은지 종잡을 수 없다.

돌섬이 전라도 방언으로 독섬이 되어서 독도가 되었다는 이야기는 정설이다. 지금도 전라도에서는 '돌'을 '독'이라고 발음한다. 필자 역시 전라도에 가면 청중들에게 재미 삼아 돌을 전라도 사투리로 어떻게 발음하는 일부러 질문하곤 한다. 전라도 사람들은 '돌'을 '독'으로 발음한다고 일제히 대답한다.

1882년 고종은 40년 만에 울릉도로 관리를 보냈는데, 거주하면 안 되는 울릉도에 조선인이 40명이나 살고 있다는 보고를 받았다. 그것을 계기로 울릉도를 유인도도 바꾸는 정책을 시작하였고, 이규원을 울릉도로 보냈다.

당시 몰래 울릉도에 들어가 거주하고 있던 사람들이 모두 전라도 사람들이었다. 울릉도와 가까운 강원도나 경상도 사람들은 한 사람도 살고 있지 않았다. 전라도에서는 이순신 장군의 임진왜란 승전 이후 전통적으로 우수한 배를 만드는 기술이 전해 내려오고 있었다. 그 중심지가 여수였는데, 1696년 안용복의 제2차 도일 때 타고 갔던 배가 여수의 배였다. 그래서 여수 흥국사 스님들 5명도 동행하여 돗토리번을 방문했던 것이다.

그런 연유로 전라도 사람들은 자신들이 잘 만든 단단한 배를 타고 전라도에서 멀리 떨어진 울릉도까지 몰래 왕래했고, 그중 40명 정도가 울릉도에 정착했다. 고종은 그들을 용서해주었고, 1882년 이후 울릉도의 첫 번째 도감이 그들 중에서 선출되었다. 이후 전라도 사람들을 중심으로 울릉도 이주가 시작되었다.

이주 처음에는 도민이 120명 정도였다고 하는데, 그들 대부분이 전라도 사람들이었기에 돌섬을 전라도 방언인 독섬으로 불리게 되었고, 한자 표기로 석도라고 써서 중앙에 보고되었다. 이렇게 해서 1403년에 태종이 내렸던 울릉도 무인도 정책(공도 정책)이 480년 만인 1882년에 유인도 정책으로 바뀌었고, 이후 울릉도를 전라도 사람들이 개척하여 이 섬의 새로운 역사가 시작되었다.

1904년 9월 25일, 일본의 군함 니타카新高가 울릉도에 기항했을 때, 일본 군인이 울릉도 주민에게 멀리 보이는 섬의 명칭을 물었다. 맑은 가을 날씨에 독도가 울릉도에서 잘 보였기 때문이었다. 그때 울릉도 주민들은 멀리 보이는 섬의 이름을 '독도獨島'라고 써서 일본 군인에게 알려주었다. 그 기록이 일본 도쿄에 있는 국립 공문서관에 '군함 니타카 행동 일지'라는 공문서에 남아 있다. 독도라는 명칭이 일본에서 처음 쓰인 공문서 기록이다. 이 공문서에는 '일본 어부 등은 이 섬을 랸코도라고 부른다'라는 기록도 들어 있다.

'랸코도'란 1849년 독도를 발견한 프랑스의 포경선 리앙쿠르호 선원들이 독도에 붙인 이름 '리앙쿠르 락스'를 일본인들이 일본식 발음으로 '리안코르트 열암'이라고 불렀는데, 그것을 줄인 말이다.

일본인들이 옛날에는 독도를 송도라고 불렀지만, 1904년 당시에는 독도의 일본식 이름이 없었다. 당시 일본인들이 독도를 프랑스식 이름으로 부르고 있었으니, 일본 영토라고도 인식하지 않았음이 틀림없다.

하지만 1904년에는 이미 한국에 '독도'라는 고유의 명칭이 존재했고, 이는 독도의 주인이 줄곧 한국이었음을 잘 나타내고 있다.

일본의 독도 편입과 울도군수 보고서

일본은 1905년 독도를 일본 영토로서 부당하게 편입시켰다. 이영훈은 일본의 행위를 다음과 같이 정당화했다.

주지하듯이 1904년 일본은 독도를 자국의 영토에 편입하였습니다. 어떤 계기로 독도의 내력을 조사한 다음, 그것이 조선왕조에 소속한 적이 없음을 확인하고서였습니다. 2년 뒤 1906년 그 사실을 우연히 알게 된 울릉군수가 "본군 소속의 독도가 일본으로 편입되었습니다"라고 보고합니다만, 중앙정부는 그에 대해 별다른 반응을 보이지 않았습니다.[298]

위의 인용문에는 엄청난 거짓말이 포함되어 있다. 하나하나 짚

어보자.

앞에서도 설명했듯이 이영훈은 일본이 독도를 자국에 편입한 해를 1904년이라고 주장했다. 하지만 일본이 독도를 불법 편입한 해는 1905년이다. 그가 단순하게 잘못 쓴 것이 아님을 금방 알 수 있다. 이어지는 '2년 뒤 1906년'이라는 문구를 통해 이영훈은 일본이 독도를 편입한 해를 1904년으로 잘못 인식하고 있다는 것을 알 수 있다. 이것은 말도 안 되는 실수이자 무지의 소치다.

당시 일본 정부는 독도가 한국 영토라는 것을 잘 알고 있었다. 1883년부터 일본 해군성 수로부가 발행한 『수로지』에 그 내용이 들어 있다. 1905년까지 독도는 『조선수로지』에 '리안코르트 열암' 이라는 명칭으로 조선 동해안에 항상 표기되었다. 그런데 1906년 6월, 일본 해군성은 독도를 『조선수로지』에서 『일본수로지』로 갑자기 바꿔서 기재하여, 일본 북서쪽 해안에 속하는 일본의 한 섬으로 정했고, 이후 독도를 조선 소속에서 일본 소속으로 변경해 버렸다.

독도는 일본 해군성이 작성한 수로지에 1905년까지 조선(한국)으로 명시되어 있었지만, 1905년 일본 정부가 시마네현으로 편입시킨 다음, 일본 영토로 변경했다. 일본은 처음부터 독도가 조선에 속해 있었다는 것을 알고 있었다. 그러나 이영훈 그에 대해서는 어떤 것도 언급하지 않았다.

"1906년 그 사실을 우연히 알게 된 울릉군수가 '본군 소속의 독도가 일본으로 편입되었습니다'라고 보고합니다만, 중앙정부는 그에 대해 별다른 반응을 보이지 않았습니다"라고 이영훈은 주장했는데, 이 또한 의도적으로 왜곡했거나 그의 무지함의 소치다.

당시 울도군수 심흥택은 독도가 일본에 편입된 것을 '우연히' 알게 된 것이 아니다. 1906년 3월, 일본 시마네현 관인들이 처음으로 독도를 시찰하고 나서 울릉도까지 직접 찾아와서 "랸코도가 일본 영토 다케시마가 되었다"고 전해주었기 때문에 심흥택은 그 사실을 알게 되었다.

그렇다면 시마네현 관인들이 독도를 1905년 2월 22일 자기네 현에 편입해 놓고, 1년이 넘도록 시찰하지 않은 이유는 무엇일까. 보통 새로운 영토가 생기면 바로 시찰에 나서는 것이 공무원의 일인데 그들은 그렇게 하지 않았다. 그것은 바로 그들이 느닷없이 독도를 시찰하여 독도가 이제 일본 영토가 되었다고 하면 한국 측 반발을 살 것을 우려했기 때문이었다.

그래서 그들은 1905년 11월 일본이 한국에 을사늑약을 강요하여 한국의 외교권을 박탈한 후에 독도를 시찰했다. 이제 독도뿐만 아니라 한국 전체를 일본 지배하에 두었으니 한국인들의 반발을 살 염려가 없다고 여기고 시찰에 나섰던 것이다.

울도군수 심흥택은 '본군 소속 독도'가 일본 영토가 되었다는 보고서를 춘천군수 이명래를 통해 의정부에 올렸다. 이에 이영훈은 '중앙정부는 별다른 반응을 보이지 않았다'고 강조했지만 이것은 사실과 다르다.

울도군수가 춘천군수를 통해 올린 보고서를 읽고 의정부의 참정대신 박제순은 "독도가 일본 영토가 되었다는 설은 사실무근이다. 일본인들이 어떤 행동을 하는지를 조사하여 보고하라"라는 지시인 '지령 제3호'를 내렸다. 이때 박제순은 명확하게 '독도'라는 이름을 사용하여 독도가 한국 영토임을 밝혔다.

이처럼 한국의 중앙정부는 일본의 독도 편입을 부당한 조치로 결론을 내렸고, 춘천군수를 통해 울도군수에게 지령 제3호를 하달했다. 지령 제3호는 일본의 독도 편입에 대한 대한제국의 저항의 시작이었다. 그 후에 일본인들이 다시 독도를 침탈하는 행위가 있으면 조사를 한 후, 그다음 단계로 정식 항의를 할 계획이었을 것으로 추정된다.

하지만 이후 일본은 대한제국을 통째로 침략하기 시작했다. 1907년 6월 고종황제는 네덜란드 헤이그에서 개최된 만국평화회의에 이준 열사 등의 밀사를 보내 밀서를 공개하게 했다. 밀서에는 "황제는 독립제권을 일모도 타국에 양여한 적이 없다"고 기재되어 있었다. 이 선언은 독도처럼 아무리 작은 영토라도 타국에 그 주권을 넘기지 않았다는 선언이었다. 그리고 대한제국은 앞서 언급했듯이 1908년 『증보문헌비고』를 발행하여 독도를 옛 이름 '우산도'로 표기했고, 독도가 한국 영토임을 재천명했다.

독도가 한국의 고유 영토인 증거

이영훈의 주장은 다음과 같이 일본의 논리를 그대로 따르고 있다.

> 솔직히 말해 한국 정부가 독도가 역사적으로 그의 고유한 영토임을
> 증명하기 위해 국제사회에 제시할 증거는 하나도 존재하지 않은 실
> 정입니다.[299]

참으로 한심하기 짝이 없는 주장이다. 오랫동안 일본 측의 논리
만 파고들었다 할지라도 이 같은 발언은 결코 할 수 없을 것이다.
그렇다면 독도가 한국 영토라는 역사적 증거를 살펴보자.

(1)『세종실록지리지』: 독도를 우산이라 표기하였고, 날씨가 맑으
면 무릉도(울릉도)에서 바라다보이는 섬으로 묘사되어 있다. 그런
섬은 독도 외에는 없으므로 우산(도)이란 독도를 말한다.『세종실록
지리지』는 독도를 울진현 소속으로 기록해 놓았다.

(2)『숙종실록』: 안용복은 일본인들이 말하는 송도(독도)를 조선의
우산도라고 주장하며 일본인들을 독도에서 쫓아냈다. 그리고『숙
종실록』에는 대마도주의 아버지 말을 빌려 "두 섬(울릉도와 독도)이
조선 땅"이라고 기재되어 있다.『숙종실록』을 비롯해 조선왕조실록
은 조선의 공식 기록이므로 독도가 조선 영토라는 인식은 조선왕조

의 인식이었다.

(3) 『원록 9 병자년 조선 배 착안(着岸) 한 권의 각서』 : 1696년 안용복 일행이 돗토리번으로 가기 전 오키섬에 표류해 심문받을 때 오키섬 관리가 작성한 문서로, 안용복이 독도가 강원도에 속한다고 주장한 기록이 포함되어 있다.

(4) 일본의 공식 지도 『게이초 일본도』(1615), 『쇼호 일본도』(1645), 『겐로쿠 일본도』(1702), 『이노도』(1820), 『대일본전도』(1877), 『대일본국전도』(1880) 등에는 독도가 일본 영토로 그려져 있지 않았고, 『대일본제국전도』(1894)에서는 독도가 일본 영토 외(한국 영토)로 그려져 있다.

(5) 신경준의 『강계고』(1756), 『동국문헌비고』(1770), 『만기요람』(1808), 『증보문헌비고』(1908) 등 조선의 관찬서에는 우산도가 왜나라에서 말하는 송도(독도)라고 지적하며, 독도가 조선의 영토임을 명기했다.

(6) 『태정관 지령문』(1877)에는 울릉도와 독도가 일본 영토 외로 기재되어 있고, 특히 울릉도는 조선 영토라고 명기되어 있다. 따라서 '울릉도와 독도가 일본 영토 외'라는 표현은 결국 독도도 조선 영토임을 나타낸다.

(7) 『대한제국 칙령 제41호』 : 울도군 소속에 석도라는 섬이 기재되어 있는데 이 섬이 독도다. 우산도라는 명칭이 사라진 후에 울릉도에서 독도를 돌섬이라고 부르기 시작했고, 돌섬을 한자로 표기하면

석도가 되는데 전라도 방언으로 돌섬이 독섬이 되어 독도가 되었다.
(8) 일본 해군성 수로부는 『조선수로지』에 독도를 기재했다. 그러나 1905년 이후로 독도를 『일본수로지』로 옮겨서 기재했다. 이 모든 것이 독도가 원래 한국 영토였음을 증명해주는 증거들이다.

위의 독도가 한국 땅이라는 역사적 증거는 일부만을 소개했을 뿐이다. 독도가 한국 영토라고 증명할 수 있는 증거는 수도 없이 많다. 그러나 이영훈은 그러한 증거들을 알지 못하는 척 얼토당토 않은 예를 들어가며 일본 우익의 대변자 역할을 자처하고 있다.

러스크 서한과 독도

이영훈은 그다음 주장으로 소위 일본 측의 독도 필살기라 할 수 있는 '러스크 서한'을 꺼내 들었다. 러스크 서한은 지금도 일본 외무성 사이트의 독도 관련 페이지 중 가장 많은 분량을 차지하며, 독도가 일본 영토라는 그들의 억지 논리를 뒷받침해주는 대표적인 '거짓 증거' 자료다. 그 내용을 살펴보면 다음과 같다.
한국은 대일평화조약의 조인국이 아니었기 때문에 초안 작성 과정에 대한 정보가 충분하지 못했다. 그런 이유로 한국 정부는 처음 대일강화조약의 미국 측 초안에서 한국 영토로 명기되었던 독도가 최종안에서는 한국 영토에 명기되지 않은 사실을 뒤늦게 알게 되었다. 그래서 한국 정부는 당시 주미 한국대사였던 양유찬 대사를 통해 미 국무성에 한국의 독도 영유권을 초안에 명시해 달라고 요청했다. 양유찬 주미 한국대사는 미 국무성 고문이었던 덜레스 대사를 만나, 한국 영토 조항과 관련한 수정 요청 서한을 건넸다. 그 내용은 다음과 같다.

> 일본이 한국과 제주도, 거문도, 울릉도, 독도, 그리고 파랑도를 포함한, 일본의 한국에 대한 합병 이전, 한국의 일부였던 도서들에 대한 모든 권리, 권원, 그리고 청구권을 1945년 8월 9일자로 포기했다는 것에 동의한다.(1951년 7월 19일자 양유찬 대사의 서한)

이어서 열린 양유찬 대사와 덜레스의 회담에서 덜레스는 "1905년 이전에 이 섬들이 한국 영토였다는 것이 확실하다면 일본이 포기해야 할 한국 영토조항에 이들의 명칭을 명기하는 것은 큰 문제가 아니다"라고 대답했다. 당시 덜레스가 독도와 파랑도의 위치에 관해 물어봤을 때, 양유찬 대사 대신 한표욱 일등 서기관이 "아마도 울릉도 가까이에 있다고 생각한다"라고 답했다. 이 대답은 독도에 관해서는 맞는 말이지만, 파랑도는 제주도 남쪽에 있는 '이어도'를 뜻하므로 주미 한국대사관 직원들은 당시 파랑도의 위치를 잘 몰랐던 것으로 보인다. 델러스가 독도와 파랑도에 대한 정

확한 위치 정보를 요청했고, 그 후 미 국무성도 다시 주미 한국대
사관에 독도와 파랑도에 대해 질문했다. 그런데 대사관 직원들이
'독도는 울릉도, 혹은 다케시마 가까이에 있는 섬이라고 생각한
다. 파랑도도 아마 그럴 것이다'라고 엉터리 대답을 했고, 이 내용
이 1951년 8월 3일자 미 국무성 메모에 기록되어 있다.[300] 물론 한
국대사관 직원이 어떤 직위에 있는 사람인지 기재되지 않아 이 부
분은 무책임한 발언으로 여겨진다. 그러나 당시 미국의 한국대사
관 직원은 다케시마가 독도의 일본명이라는 것도 모르고 있었다.

당시 한국 정부는 부산 임시수도 시절이라 정부 청사가 부산에
있었고, 그래서 독도의 정확한 경위도 같은 상세한 정보가 없었을
것이다.

미국 측이 1951년 8월 7일 연합국을 대표하는 극동위원회 회원
국에 대일평화조약에 관해 설명을 해야 했으므로 한국 정부는 서
둘러야 했다. 결국 한국대사관은 독도의 정확한 위치 정보를 미
국무성에 답변하지 못했다. 8월 7일 회의 기록을 보면 한국 관련
내용은 다음과 같이 기록되어 있다.

2조 — 한국이 두 가지 질문을 제기했다. (1) 한국은 '1945년 8월 9
일자로 포기'라는 표현을 원했지만, 우리는 그것을 못 한다는 데 합
의했다. (2) 독도와 파랑도에 대해서는 (한국에 있는 고문관) 무초
(Muccio)에게 정보를 보내도록 연락했다.[301]

1951년 8월 7일에 있었던 대일평화조약에 관한 극동위원회는 독도 소속에 대해 한국에 있는 정치 고문인 무초에게 정보를 얻기로 했고, 무초는 독도라는 섬이 다케시마라는 답변을 보내왔다.

그런데 3일 후인 1951년 8월 10일자로 미 국무성은 극동 담당 국무차관보 딘 러스크 명의로 다음과 같은 서한을 주미 한국대사관으로 보냈다.

> (전략) 합중국 정부는 1945년 8월 9일 일본에 의한 포츠담선언 수락이 이 선언에서 취급된 지역에 대한 일본의 정식 내지 최종적인 주권 포기를 구성한다는 이론을 (샌프란시스코 평화) 조약이 취해야 한다고는 생각하지 않는다. 독도 또는 다케시마 내지 리앙쿠르 암(岩)으로 알려진 섬에 관해서는, 통상 무인(無人)인 이 바위섬은 우리의 정보에 의하면 조선의 일부로 취급된 적이 결코 없으며, 1905년 경부터 일본의 시마네현 오키섬 지청의 관할 하에 있다. 이 섬은 일찍이 조선에 의해 영유권 주장이 이루어졌다고는 볼 수 없다. (후략)

미국 정부의 견해는 대일평화조약이 포츠담선언을 반드시 지킬 필요가 없다고 먼저 전제한 다음, 미국의 정보에 의하면 1905년 이전에 독도가 한국의 일부였다는 증거가 없고, 한국이 독도 영유권을 주장한 적도 없으며, 1905년 이후 독도는 일본 시마네현 오키섬 관할 하에 있다는 것이다. 그러므로 독도를 한국 영토 조항에 넣어 달라는 한국 정부의 요구를 수용할 수 없다는 것이 미국 정부의 결론이었다.

현재 일본 정부는 이 부분을 크게 선전하면서 독도가 일본 영토로 남았다고 주장하는데, 이영훈도 일본 측의 이러한 주장에 동조하고 있다. 그러나 러스크 서한은 미국만의 견해였고, 비밀문서였다. 또한 러스크 서한이 공개된 것은 그 후 25년 이상이 지난 1978년이다. 그때까지는 미 국무성의 당시 관계자만 아는 정보였기 때문에 국제적으로 인정된 문서가 아니었다.

미 국무성도 러스크 서한에 '우리(미국)의 정보에 의하면'이라고 전제하고 있는데, 그것은 일본이 준 정보였다. 그래서 미국은 그들만의 견해를 연합국회의에서 다른 연합국에 공표하지 않았다.

한편 미국 외의 연합국들은 독도를 한국 영토로 인식하고 있었다. 1946년 연합국 사령부가 일본 정부에 송부한 훈령인 SCAPIN 제677호에 독도가 한국 영토라고 분명히 기재되어 있었고, 연합국이 설치한 맥아더 라인에서도 독도는 분명히 한국 측 수역에 포함되어 있었다.

한국 영토가 SCAPIN 제677호와 맥아더 라인을 토대로 결정되는 것은 당연한 일이었고, 변경이 있을 시에는 연합국 대표들의 승인을 얻어야 했다. 그러나 미국은 그런 절차를 밟지 않았으므로 독도는 한국 영토로서 그대로 남았다.

1953년 12월 9일 러스크 서한과 관련 있던 덜레스 국무장관은 비밀문서를 통해 "독도에 대한 미국의 견해는 많은 (샌프란시스코 조약) 서명국 중 하나의 견해일 뿐"이라고 밝혔고, 독도가 일본 영토라는 견해는 샌프란시스코 조약의 내용이 아니라고 결론 내렸다. 그 인식을 토대로 1954년 이래 미국은 미국지명위원회 사이트를 통해 독도의 주권국가는 '한국'이라고 인정하고 있다.

이승만 라인과 현재의 독도

이후 대한민국은 국제적 선례에 의거해 1952년 1월 18일, 이승만 대통령에 의한 '해양주권선언'을 선포해 동해에 평화선을 긋고 독도를 한국 측 해역에 포함시켰다. 이 행동은 한국이 1948년 8월 15일 유엔 감시 하에 대한민국을 선포하여 미국을 비롯한 많은 나라에 의해 독립을 인정받은 주권국가라서 가능했다. 주권국가인 한국이 일방적인 '러스크 서한'을 따라야 할 이유는 전혀 없었다.

한편 한국 정부가 '해양주권선언'을 선포했을 때 연합국 총사령부는 어떤 조치도 취하지 않았다. 사실상 맥아더 라인을 계승한 평화선(이승만 라인)을 연합국이 인정해준 셈이다.

이후 1965년까지의 한일회담에서 독도는 당초 한일회담의 의제도 아니었다. 그런데 1962년부터 일본 측이 독도 문제를 국제

사법재판소에 회부하자고 한국 측에 요구하기 시작했다. 한국 측은 독도는 한국의 고유 영토이므로 국제사법재판소에 갈 이유가 없고, 한일협정 문서 어디에도 '독도'나 '다케시마' 명칭을 명기하는 것에 반대했다.

결국, 일본과 한국은 1965년 6월 22일 조인식 예정 시간을 30분쯤 남겨놓고 '분쟁을 해결하기 위한 교환 공문'에 합의했다. 이 문서에는 한국의 요구대로 '독도' 혹은 '다케시마'라는 명칭을 넣지 않았고, '양국 간의 분쟁이 있을 경우 우선 외교적 경로로 해결하고, 해결이 되지 않을 경우 양국이 합의한 절차에 따라 조정을 통해 해결하자'는 내용을 넣었다.

이후 일본은 독도 문제를 '분쟁'이라고 주장하고, 한국은 '분쟁'이 아니라고 주장해 왔다.

이영훈의 독도 인식의 잘못

이영훈은 역대 한국 정부가 독도를 잘 관리했는데 2003년 노무현 때부터 독도에 대한 공격적인 자세를 취하기 시작해 상황이 달라졌다고 주장했다.[302] 그는 노무현 정부 때부터 "독도에 여러 시설을 설치하고, 주민을 입주시키고, 민간 관광을 권장하였"[303]다고 주장했지만, 이는 아주 잘못된 인식이다.

먼저, 독도에 첫 번째 주민이 거주하기 시작한 것은 1981년이다. 독도의 첫 번째 주민 자격으로 거주하기 시작한 사람은 울릉군 주민이었던 최종덕 씨였다. 이어서 1991년에는 김성도, 김신열 씨 부부가 독도에 이주하여 거주했다. 현재 김성도 씨는 고인이 되었고, 김신열 씨가 독도 서도에 살고 있다.

한국은 1997년 김영삼 정부 때 독도에 접안시설 공사를 시작했고, 그때부터 독도 입도를 허가제로 운영하기 시작했다. 이어서 1998년 김대중 정부 때 1954년에 건립한 독도 무인등대를 유인등대로 승격시켰고, 그때부터 2~3명이 등대에 거주하며 근무하고 있다. 1952년 이승만 대통령이 평화선을 선포한 이후 한국은 꾸준히 시설물을 독도에 설치해왔다. 그럼에도 이영훈은 마치 노무현 대통령 때 시설물을 설치하기 시작한 것처럼 사실 확인도 하지 않은 채 거짓말로 일관한다.

노무현 정부 때부터 시작된 것은 2005년에 독도 입도 허가제를 신고제로 바꾼 일이다. 이를 계기로 독도 관광객이 비약적으로 증가했다.

이영훈은 독도에 관해 실제로 중요한 것은 거론하지 않았다. 그것은 일본 측의 끊임없는 도발이다. 일본 시마네현 의회는 2005년 3월 '다케시마(독도)의 날'을 제정해 독도를 시마네현 소속의 영토라고 우기기 시작했고, 매년 2월 22일 다케시마의 날 행사를 결행하고 있다. 시마네현과 자매 관계를 맺고 있던 경상북도는 이에 반발하여 교류를 단절했다.

이어서 2006년 4월 당시 일본의 고이즈미 정권은 독도 영해에 일본 해상 자위대의 탐사선을 보내겠다고 한국에 일방적으로 통보했다. 당시 일본 관방장관이었던 아베 신조의 아이디어였다. 이에 노무현 정부는 독도 영해 12해리에 16척의 경비정을 배치했고, 노무현 대통령은 일본 탐사선이 독도에 오면 배로 밀어 부수라는 명령을 내렸다. 한국의 기세에 놀란 일본 측이 외교차관회담을 제의해 사태는 수습되었고, 이후 일본 배는 독도에서 13해리까지는 접근하지만 독도 영해를 노리는 행위는 하지 않았다.

이렇게 노무현 정권 때 한일 간의 '독도 전쟁'이 한 차례 있었고, 한국이 이긴 것과 다름없다. 필자는 노무현 정권의 당시 일본에 대한 대처가 바람직했다고 확신한다. 그런데 이영훈은 당시 일본 측에 한국이 대응했던 점을 왜곡했다.

이영훈이 독도는 조용히 관리하는 게 좋다고 했는데, 이 점에 대해서는 필자도 동의한다. 그러나 독도가 한국 영토라는 증거가 없다는 이영훈의 거짓 주장과 한국인이면서 일본 우익의 대변인 역할을 하는 행위는 용납할 수 없다.

일본은 독도 문제를 역사적 사실까지 왜곡해가며 일본식 종족주의로서 교묘하게 거짓말을 만들어 미국에 끊임없이 로비하고 있다는 사실을 이영훈은 알고 있을까?

제2장

일제강점이 원천적으로 무효인 이유

문재인 정부는 위안부 합의를 파기하지 않았다

『반일 종족주의』 3부 '종족주의의 아성, 위안부'에서 이영훈은 "예컨대 박근혜 정부는 일본 정부와 이 문제를 최종적으로 완전히 청산한다는 협약을 체결하였습니다. 그렇지만 문재인 정부는 이를 파기하였습니다"[304]라고 썼다. 그러나 이 주장은 크게 틀린 말이다. 결론부터 말하면, 문재인 정부는 일본과의 위안부 합의를 파기하지 않았다.

2018년 1월 9일 문재인 정부는 위안부 합의에 대한 검증을 실시하여 후속 조치를 발표하면서 일본 정부에 파기라든가 재협상을 요구하지 않겠다는 입장을 분명히 했다. 2015년 12월 28일 한일

두 나라가 맺은 위안부 합의가 양국 간의 공식 합의였으므로 이를 일방적으로 파기하거나 재협상을 요구하지 않겠다는 뜻이었다. 그러나 문재인 정부는 이 합의로 위안부 문제가 다 해결되었다고는 생각하지 않는다고도 했다. 이 견해는 위안부 합의 이후 UN 인권위원회가 줄곧 견지해온 견해와 동일하다.

그 후 2018년 11월 21일 한국의 여성가족부는 위안부 합의에 의해 설립된 화해치유재단 해산의 법적 절차에 들어간다고 공식 발표했다. 화해치유재단은 한일 위안부 합의에 입각해 '한국 정부가 위안부 피해자들의 지원을 목적으로 하는 재단을 설립하고, 이에 일본 정부가 일본 예산으로 자금을 일괄 거출한다'는 약속에 따라 2016년 7월 서울에 설립되었다.

일본이 출연한 기금은 10억 엔(약 103억 원)이었다. 재단의 임무는 위안부 피해자 및 유족에게 현금을 지급하는 것이었고, 재단은 해산 결정 시점에서 피해자 34명, 사망자 58명(유족이 대신 기금 수령)에게 총 44억 원의 '상처 치유금'을 지급했다.

그런데 문재인 정부가 화해치유재단을 해산한 것은 위안부 합의를 파기하기 위해서가 아니었다. 재단 이사장과 이사들이 모두 사임하여 5명의 직원만 재단을 지키는 상황에서 재단 유지비용만 들어가는 낭비를 막기 위해서였다. 그런 다음 문재인 정부는 남은 59억 원 정도의 일본 지원금을 일본 정부와 협의해 적절하게 사용하겠다고 발표했다.

따라서 이영훈의 '문재인 정부가 (위안부 합의를) 파기했다'는 주장은 엄연한 거짓이다. 화재치유재단을 해산하여 한일 위안부 합의 파기를 주장해온 것은 문재인 정부가 아니라 '위안부' 피해자 여성들과 지원 단체들이다. 피해자들을 지원하는 나눔의 집은 논평을 통해 "피해자를 철저히 배제한 채 한일 정부가 정치적 야합으로 발족한 화해치유재단의 해산 소식에 나눔의 집 일본군 '성노예' 피해 할머니 모두 기뻐했지만, 일본이 보내온 10억 엔 처리 문제는 여전히 남아 있다"며 "피해자들 요구대로 일본이 보내온 10억 엔의 조속한 반환을 바라며 이를 바탕으로 2015년 한일 위안부 합의안을 파기 또는 무효로 하는 데 정부가 힘써주기를 바란다"고 밝혔다. 이와 같은 나눔의 집의 논평을 봐도 위안부 합의 파기를 원하는 것은 문재인 정부가 아니라 피해자들이었다.

나눔의 집에 따르면 이옥선 할머니는 "일본의 돈을 받아 재단을 설립한 것은 이전 정부가 할머니들을 도로 팔아먹은 것과 같다. 이제라도 해체돼 다행"이라고 말했고, 강일출·박옥선 할머니 등도 "일본의 사죄도 받을 수 있도록 정부에서 힘써 주었으면 좋겠다"고 하면서 "일본이 보낸 돈 10억 엔도 하루빨리 돌려주길 바란다"고 했다.[305]

이영훈은 사실을 왜곡하여 문재인 정부가 위안부 합의를 파기했다고 주장했다. 하나하나 왜 사실대로 정직하게 쓰지 않고 일부분만을 취해서 그럴싸하게 거짓을 만들거나 왜곡시켜 사람들을 현혹시키는 걸까.

먼저 위안부 합의를 깬 쪽은 일본이다

2017년 문재인 정부 출범 후로 한국 정부는 외교부에 위안부 합의 검증을 위한 태스크포스(TF)를 만들어 2015년 12월 한일 간에 체결한 한일 위안부 합의를 검증했다. 검증을 진행한 이유는 위안부 합의가 직접적으로 피해를 입은 일본군 '위안부' 피해자 여성들과는 사전 합의조차 없이 '불가역적'이라는 말이 들어간 부당한 합의였으므로 한국 사회 일각과 피해자들로부터 꾸준히 위안부 합의 철회 요구가 있었기 때문이었다. 국민의 목소리에 귀를 기울이는 것은 정부로서는 당연한 일이었다.

피해자의 입장에서 보면 국가 간에 합의를 했다 할지라도 합의에 관여하지 않은 개인의 권리나 청구권은 소멸되지 않았다. 이것은 1966년 UN에서 채택된 국제법이다. 그러므로 아무리 한일 간에 위안부 합의가 이루어졌다고 할지라도 피해자들의 권리는 소멸되지 않았다.

피해자 할머니들의 가장 큰 불만은 한일 위안부 합의 시에 일본은 돈만 냈지 끝까지 자신들의 범죄 사실을 인정하지도 않았고 사과도 하지 않았다는 데서 비롯되었다. 일본은 '책임을 통감'한다고 표명했지만, 그 '책임'은 '법적 책임'이 아니라 '인도적 책임'일 뿐이었다.

'법적 책임'을 인정하는 것은 자신의 범죄 행위를 인정한 것과 같다. 그러나 '인도적 책임'만을 인정하겠다는 것은 일본이 범죄를 부정하고 자신의 행위가 합법이었다고 잘못을 회피하는 것과 다름없다.

만약 일본이 사과를 했다 하더라도 진심어린 사과가 아니라면 아무런 의미가 없다. 따라서 일본이 한국에 건넨 10억 엔은 범죄를 인정한 배상금이 아니라 어디까지나 합법적인 과정에서 생긴 손해에 대한 보상금을 지급한 것이었다.

2015년 12월 28일 서울에서 한국의 윤병세 외교부장관(당시)과 함께 위안부 합의 내용을 발표한 일본 기시다 후미오 외상(당시)은 "10억 엔은 배상금인가"라는 일본 기자들의 질문에 "그렇지 않다. 10억 엔은 위로금"이라고 대답했다. 위로금이란 보상금을 뜻한다. 이 말 뜻을 헤아려보면, 일본 정부는 위안부 피해자들이 합법적으로 위안부가 되었다는 종래의 입장을 되풀이하면서 돈으로 해결하려는 것이다.

이 합의를 한 후에도 일본 정부는 위안부 강제연행을 인정하지 않았다. 합의한 지 얼마 지나지 않은 2016년 1월 18일, 아베 총리는 국회 참의원 예산위원회에서 야당 국회의원의 질문에 "현재까지 정부가 발견한 자료 중에는 군이나 관헌에 의한, 소위 (위안부) 강제연행을 직접 제시한 기록은 발견되지 않았다", "이번 합의에 의해 전쟁범죄를 인정한 것은 아니다" 등의 답변을 했다.

위안부 문제의 범죄성과 위안부 강제연행을 부정하고, 위안부는 자발적으로 성매매를 한 여성들이라는 주장을 다시 한 번 반복한 것이다.

이후에도 일본의 고위 관료들은 전과 다름없이 아베 총리와 똑같은 말을 국내외 무대에서 되풀이했다. 위안부 합의 시에 '피해자들의 명예와 존엄을 회복한다'라고 말했지만 '위안부'가 합법적 매춘부였음을 주장하는 말을 반복하여 위안부 피해자들에게 더욱 깊은 상처를 주었다. 일본 정부는 처음부터 합의를 통해 화해할 생각이 없었다고 봐야 한다. 한일 위안부 합의 시에 '합의 내용을 지킬 때만 이 합의는 최종적이고 불가역적'이라고 했는데, 일본 측에서 제대로 지키지 않는 이 합의는 아무런 의미가 없다.

결국 이 합의는 피해 당사자를 제외하고 정부 간에 맺은 잘못된 합의였다.

일제강점은 원천적으로 범법 행위였다

이 책에서는 '반일 종족주의'라는 명칭, 그리고 한일 관계에 영향을 미치는 핵심적인 문제로서 강제징용 문제, 일본군 '위안부' 문제, 독도 문제를 중심으로 『반일 종족주의』 저자들의 논리를 비판하고 반박했다. 현재 한일 간 현안에서 가장 중요한 논거들이다.

『반일 종족주의』에서는 그 밖에도 소설 『아리랑』을 집필한 조정래 작가에 대한 비판, 일제강점기 일제에 의한 토지 수탈론이나 쌀 수탈론에 대한 비판, 육군 특별 지원병이나 학도 지원병이 강제로 징병된 것이 아니라 스스로 지원했다는 주장, 백두산 신화 비판, 쇠말뚝 신화 비판, 구 총독부 청사 해체에 대한 비판, 고종 황제 비판, 친일 청산에 대한 비판 등이 포함되어 있으나 본서에서는 다루지 않았다.

이에 대해서도 차차 그들의 그릇된 주장을 파고들 생각이다.

지금부터는 필자의 일제강점기에 대한 견해를 밝히고자 한다.

1905년 11월 일본 제국주의는 한국과 강제로 을사늑약을 체결했다. 그로 인해 한국은 일제에 외교권을 박탈당했고, 일본은 한국을 자신들의 보호국으로서 침탈해버렸다. 한국의 많은 역사학자들처럼 필자 역시 을사늑약 자체가 무효라는 입장이다. 을사늑약에 고종 황제의 옥새가 찍혀 있지 않았기 때문이다.

당시 대한제국은 국회가 없어서 황제의 윤허로 국가의 대사가 결정되었다. 그러므로 외국과의 조약 승인 절차에는 반드시 황제의 인가가 필요했다. 따라서 인가를 의미하는 옥새가 찍혀 있지 않았다는 것은 그 조약이 무효임을 뜻한다. 또한 을사늑약을 비롯하여 을사늑약 체결이 토대가 되어 조인된 1910년 8월의 한일병합조약도 당연히 무효이다. 원천적으로 무효인 협정이나 조약이 1945년 8월 15일 일본 패전까지 유효인 것처럼 시행되었다.

일본 측은 독도가 1905년 2월 22일에 시마네현 오키섬에 편입되었으므로 을사늑약 체결 이전의 문제라며 독도가 일본 영토라고 주장한다. 하지만 그것은 일본 국내법으로 볼 때만의 이야기다. 독도가 일본 영토가 되었다고 일본이 한국에 알린 시점이 1906년 3월이었다. 을사늑약 체결 이후이므로 국제법상 독도 편입 자체가 무효다.

1910년 8월 22일 한일병합조약 체결, 8월 29일의 조약 시행 이후 이루어진 한국에 대한 강제 동원, 일본군 '위안부' 강제연행, 침략 전쟁을 위한 한국인 지원병 모집이나 한국인 징병제 등도 모두 원천적으로 무효다. 을사늑약이나 한일병합조약 자체가 불법이자 무효이기 때문이다.

1965년 6월 22일 체결된 한일기본조약 제2조에는 한국과 일본 간에 "1910년 8월 22일 이전에 체결된 모든 조약 및 협정은 이미 무효"라고 기재되어 있다.

이 조문은 1910년 8월 22일 체결된 한일병합조약을 비롯해 그 이전에 체결된 한일 간의 모든 조약과 협정이 원천적으로 무효라는 뜻이다. 그러나 일본은 이 조문을 패전한 1945년 8월 15일 이후부터 모든 조약과 협정이 무효라고 해석한다. 그것은 일제강점을 합법으로 정의하고 싶은 일본의 입장일 뿐이다. 또한 일본 법원은 일제강점 자체는 합법이라는 입장을 유지한 채 한국인 피해자들이 제소한 재판을 기각하거나 한국 측을 패소하게 만들었는데, 이 역시 일본 측 입장에서 선고된 판결에 불과하다.

한국 측의 법적 입장은 일제강점이 어디까지나 '불법'이고, 당시의 조약 및 협정이 원천적으로 무효라는 것이다. 그렇기에 한국 대법원이 일제강점의 불법성을 거론하면서 일제강점기에 벌어진 한국인 강제 징용자에 대한 일본 기업의 불법성을 이유로 일본의 전범 기업에 유죄를 선고한 것은 당연한 귀결이다. 한국 내의 법적 입장을 반영한 판결이므로 다른 나라가 개입하는 것은 부당하다.

그리고 일본군 '위안부', 한국인 학도병과 한국인 징병자 문제도 모두 일제강점기에 일제의 침략이 원인이 되어 생긴 문제이므로 죄다 불법이다.

이처럼 한국의 입장이 분명한데도 신친일파들은 일본 측 입장을 옹호한다. 여기는 한국이다. 당연한 말이지만 한국의 법이나 관습이 통하는 곳이다. 예를 들면 싱가포르에서는 여성에 대한 성폭력 범죄는 태형에 처해진다. 맞다가 엉덩이가 찢어지면 상처가 회복된 후에 다시 형을 속행한다. 외국인에 대해서도 똑같이 형을 집행한다. 이렇듯 어느 나라든 자국의 법이 적용된다.

한국에는 한국법이 있다. 그런데도 한국에서 일본법을 주장하는 사람들이 있다는 것은 아이러니하다. 자국을 침략한 나라를 옹호해주고 이상한 논리로 침략국을 감싸는 데도 그것이 옳다고 한다면, 자라나는 아이들이 무엇을 배운단 말인가.

신친일파 청산은 국가의 존망과도 연결된다. 친일 청산은 반드시 이뤄져야 하고 신친일파의 잘못된 사상도 바로잡아야 한다.

일제강점기에 일제는 한국, 대만, 중국 등에 동화정책을 시행했다. 동화정책은 피지배국의 문화와 언어를 말살하고 피지배 민족의 일본인화를 추진하는 정책이었다. 그 목적을 달성하기 위해 일제는 식민지에 내지연장 정책을 시행했다. 내지연장 정책이란 일본 본토의 법체계를 식민지에도 시행하면 타민족을 쉽게 동화시킬 수 있다는 이념이었다.

그러나 일제는 패망할 때까지 일본 본토와 똑같은 법을 식민지에 시행하지 않았다. 즉 내지연장 정책은 속임수였다. 일제는 본토에서 30~50년 전에 시행했던 묵은 법을 식민지에 시행했다. 그래서 일제가 패망할 때까지 내지와 식민지 사이에는 법적 불평등이 존재했다. 그랬던 이유는 일제가 본토와 식민지 사이에 법적 불평등을 두어 두 지역 사이의 불평등을 정당화하기 위해서였다. 바로 민족차별이 법적으로 제도화되어 있었던 것이다. 그러므로 일제강점기에 일본인과 식민지 민족 사이에 차별이 없었다는 말은 엄청난 거짓이다.

1938년 본토에서 국민총동원령이 시행되어 1939년 국민징용령이 공포되었는데도 일제가 조선에 즉각 그 법을 시행하지 못한 이유도 여기에 있었다. 그런 연유로 조선인들을 강제 동원할 때 1939년부터 '모집', '관 알선', '징용'이라는 순서를 밟아나갔다. 눈 가리고 아웅 하는 식이다. 이처럼 조선인에게는 일본인과 똑같은 법적 지위는 주지 않았으면서 일본인과 똑같은 의무만을 강요했다. 바로 식민지 국민에 대한 차별이었다.

앞에서 언급했던 것처럼 조선인들의 임금 지불 방식에서도 차별이 심했다. 예를 들어 저축한 돈이 만기가 될 때까지 돌려주지 않는 제도를 조선인, 중국인, 포로에게만 적용했고, 조선인 징용자들을 가장 위험한 갱내부로 투입시키는 등 끔찍한 차별이 존재했다. 간혹 개선하려고 노력한 작업장도 있었지만 일반적이지는 않았다.

일제강점기에 일본인은 일본 정부가 정한 법에 따라야 했고, 조선인은 조선총독부가 시행하는 법에 따라야 했다. 그러나 『반일종족주의』 저자들은 민족 간 '차별이 없었다'고 주장한다.

일본군 '위안부' 문제는 좀 더 복잡했다.

'황군'이라고 칭한 일본군은 일왕 직속이었으므로 법적으로 일본 정부의 명령을 받지 않았다. 명령 체계도 일왕－대본영－일본군 각 부대의 형태로 이루어져 있었고, 총리 산하의 일본 정부는 협조만 했다. 목숨을 걸고 싸우는 현지의 군부대가 가장 큰 발언권을 갖고 있었다. 그런 맥락에서 현지의 군부대가 여성들의 동원도 독자적으로 결정할 수 있었고, 일본 정부에 협조 요청을 할 경우, 정부는 그 요청을 거절하지 못하는 구조였다.

'위안부' 모집에서도 일본군과 일본 정부는 포주(업자)를 극비리에 선정하여 그들이 어린 여성들에게 취업 사기나 납치 같은 불법과 횡포를 자행해도 모두 허용해주었다. 이처럼 일본군 '위안부' 문제의 본질은 범죄행위라는 데 있다. 게다가 같은 '위안부'라도 조선인 '위안부'들은 최전선에 배치하여 항상 생명의 위협을 받는 등 오로지 전쟁의 도구로만 이용했다.

『반일 종족주의』 저자들의 일본군 조선인 '위안부'에 관한 억지 논리는 고통받은 그분들을 두 번 죽이는 것과 다를 바가 없다.

일본이 저지른 끔찍한 전쟁 범죄를 왜 한국인인 그들이 대신 나서서 옹호해주고 변호해주는지 그 진의는 알 수 없지만, 동족의 여성들이 침략국의 전쟁 소모품으로 이용당하며 이루 말할 수 없이 힘든 세월을 보냈는데 보호해주지는 못할망정 왜 또 괴롭히는지 이해하기 어렵다. 다만 더는 '위안부' 피해자 할머니들을 괴롭히지 말기를 간절히 바라는 마음이다.

『반일 종족주의』 저자 중 한 사람인 이우연은 일본의 극우단체 '국제역사논전연구소' 파견단에 참가하여 2019년 7월 2일 제네바 유엔인권이사회(UNHRC)의 제41세션에서 전시 조선인 노무 동원에서 차별은 없었다는 취지로 연설했다. '국제역사논전연구소'는 그 홈페이지에 『반일 종족주의』를 한국의 '진정한 애국자'들이 쓴 책이라고 높이 평가했다.[306] 이 단체는 혐한을 일삼는 일본의 극우 단체다.

이우연은 2019년 12월 11일 서울의 일본대사관 앞에서 일본군 '위안부' 문제를 규탄하는 수요 집회를 방해하려는 목적으로 '위안부상(평화의 소녀상) 철거하라, 수요 집회 중단하라', '역사 왜곡, 반일 조장'이라고 쓴 플랜카드를 들고 시위를 벌일 정도였다.

개인의 언론 자유는 보장되어야 하지만, 역사 왜곡 행위는 막아야 한다. 이우연을 비롯한 『반일 종족주의』의 저자들은 역사를 왜곡하는 글과 동영상을 서슴지 않고 발표해왔다.

어려운 시대를 사는 지금, 우리는 진실이 무엇인지 분별할 줄 아는 눈이 절실히 필요하다. 본서가 올바른 세상과 밝은 미래를 꿈꾸는 모든 분들께 미약하나마 나침반이 되어줄 수 있다면 더없는 영광이다.

주석

1) 이영훈 외, 『반일 종족주의』(2019), 4~5쪽. **(이하 이 책에서의 인용일 경우 페이지만을 표시함)**

2) 13쪽.

3) 14~15쪽.

4) 17쪽.

5) 16~17쪽.

6) 강제징용—한국 대법원 판결문(2018.10.30.), 13쪽.

7) 20쪽.

8) 20쪽.

9) 20쪽.

10) 329쪽.

11) 329쪽.

12) 17쪽.

13) 네이버 인물 검색, 2020.1.5. 기준.

14) 20쪽.

15) 20쪽.

16) 20쪽.

17) 20쪽.

18) 20쪽.

19) 20~21쪽.

20) 21쪽.

21) 21쪽.

22) 21쪽.

23) 大牟田市史編纂委員会, 『大牟田市史(中)』(1966), 396쪽.

24) https://kotobank.jp/word/囚人労働

25) 田中智子, 「労働者の特性にみる戦前の三池炭鉱における労務政策の変遷と労働者の抵抗に関する考察」, 『佛教大学大学院紀要-社会福祉学研究科篇』, 第37号(2009), 39쪽.

26) 위의 논문, 43쪽.

27) 위의 논문, 41쪽.

28) 위의 논문, 41쪽.

29) 竹内康人, 『調査・朝鮮人強制労働①炭鉱編』(2013, 社会評論社), 234쪽.

30) 위의 책, 234쪽.

31) 위의 책, 240~241쪽.

32) 위의 책, 241쪽.

33) 위의 책, 242쪽.

34) 68~69쪽.

35) 69쪽.

36) 69쪽.

37) 古庄正, 『足尾銅山・朝鮮人強制連行と戦後処理』(2013, 創史社), 20~21쪽.

38) 69쪽.

39) 竹内康人, 207~208쪽.

40) 일본 지민당 우파 아소 타로 부총리 겸 재무상(2020년 1월 현재)의 조상들이 운영한 탄광.

41) 竹内康人, 208쪽.

42) 위의 책, 201쪽.

43) 古庄正, 21쪽.

44) 위의 책, 21쪽.

45) 「復命書」, 아시아역사자료센터, 레퍼런스코드=B02031286700

46) 위와 같은 문서.

47) 위와 같은 문서, 270쪽.

48) 70쪽.

49) 70쪽.

50) 竹内康人, 206쪽.

51) 위의 책, 207쪽.

52) 나가사키 재일조선인의 인권을 지키는 모임, 『軍艦島に耳を澄ませば』(2016, 社会評論
社), 70쪽.

53) 古庄正, 22쪽.

54) 69쪽.

55) 『特高月報』(복각본, 政会出版社, 1973), 1943년 10월호의 181쪽.

56) 위의 책, 1944년 4월호의 79쪽.

57) 古庄正, 22쪽.

58) 위의 책, 23쪽.

59) 위의 책, 23쪽.

60) 78쪽.

61) 山田昭次 외, 『朝鮮人戦時労働動員』(2005, 岩波書店), 202쪽.

62) 위의 책, 202쪽.

63) 위의 책, 199~200쪽.

64) 위의 책, 200쪽.

65) 79쪽.

66) 79쪽.

67) 81~82쪽.

68) 山田昭次 외, 185쪽.

69) 82쪽.

70) 84~85쪽.

71) 85쪽.

72) 85~86쪽.

73) 85쪽.

74) 86쪽.

75) 86~87쪽.

76) 山田昭次 외, 50쪽.

77) 후쿠시마(福島)현과 이바라키(茨城)현에 걸친 탄광.

78) 長澤秀, 「戰時下常磐炭田における朝鮮人鉱夫の労働と闘い(2)」, 『史苑』第49卷 第2号 (1988), 62쪽.

79) 91쪽.

80) 山田昭次 외, 58쪽.

81) 위의 쪽.

82) 위의 쪽.

83) 94~95쪽.

84) 96~97쪽.

85) 山田昭次 외, 203쪽.

86) 1941년 일본의 상공회의소가 석탄 증산을 위해 설립한 기구.

87) 山田昭次 외, 203쪽.

88) 위의 책, 203~204쪽.

89) 위의 책, 204쪽.

90) 위의 책, 55쪽.

91) 위의 책, 57쪽.

92) 위의 책, 57쪽.

93) 115쪽.

94) 115~127쪽.

95) 山田晴太, 『徴用工裁判と日韓請求権協定』(2019, 現代人文社), 60쪽.

96) http://kokkai.ndl.go.jp/cgi-bin/KENSAKU/swk_list.cgi?SESSION=19177&SAVED_RID=1&MODE=1&DTOTAL=1&DMY=22937

97) 286쪽.

98) 314쪽.

99) 314~315쪽.

100) 315쪽.

101) 315쪽.

102) 와다 하루키 외, 『'종군 위안부' 관계자료집성』(龍溪書舍, 1997), 제5권, 204쪽.

103) 위의 자료집, 205쪽.

104) 위의 자료집, 204쪽.

105) 위의 자료집, 207쪽.

106) 위의 자료집, 208쪽.

107) 316쪽.

108) 313쪽.

109) 313쪽.

110) 314쪽.

111) 조바는 일본말로 위안소 등의 접수대에서 일하는 사람을 가리킨다.

112) 안병직 편저, 『일본군 위안소 관리인의 일기』(이숲, 2013), 5쪽.

113) 위의 책, 20쪽.

114) 317쪽.

115) 318쪽.

116) 318쪽.

117) 안병직, 20쪽.

118) 위의 책, 21쪽.

119) 『'종군 위안부' 관계자료집성』, 제5권, 204쪽.

120) 319쪽.

121) 319쪽.

122) 319쪽.

123) 안병직, 97쪽.

124) '부록-2, 연합국 최고사령부 연합번역통역조사보고, 『일본군 위안시설』제2절 위안 시설9위안소b버마(1)', (안병직 전계서, 418~419쪽.)

125) 안병직, 38~39쪽.

126) 안병직, 423쪽.

127) 320쪽.

128) 안병직, 40쪽.

129) 위의 책, 40쪽.

130) 문옥주, 모리카와 마치코, 『文玉珠 ビルマ戦線盾師団の「慰安婦」だつた私』(2015, 梨 の木舎), 권두언.

131) 부록-2, (안병직 전계서, 418쪽.)

132) 일본 국립공문서관, 『내무대신 결재서류, 쇼와 13년(상)』, 문서명「支那渡航婦女の取 扱に関する件」.

133) 위와 같은 문서.

134) 위와 같은 문서.

135) 280쪽.

136) 282쪽.

137) 282쪽.

138) 일본 국립공문서관, 『내무대신 결재서류, 쇼와 13년(상)』, 문서명「支那渡航婦女の取 扱に関する件」.

139) 264쪽.

140) 265쪽.

141) 秦都彦, 『慰安婦と戦場の性』(1999, 新潮社), 40쪽.

142) 275쪽.

143) 275쪽.

144) 275쪽.

145) 289쪽.

146) 289쪽.

147) 290쪽.

148) 291쪽.

149) 292쪽.

150) 일본 국립공문서관, 『내무대신 결재서류, 쇼와 13년(상)』, 문서명 「支那渡航婦女の取扱に関する件」.

151) 방위성 방위연구소, 쇼와 13년(1938) 『육지밀대 일기』, 제10호.

152) 鈴木卓四郎, 『憲兵下士官』(1974), 91~93쪽.

153) 위의 책, 90쪽.

154) 일본 국립공문서관, 『내무대신 결재서류, 쇼와 13년(상)』, 문서명 「支那渡航婦女の取扱に関する件」.

155) 일본 국립공문서관, 「婦女及児童ノ売買禁止ニ関スル国際条約並醜業ヲ行ハシムル為ノ婦女売買禁止ニ関スル国際条約ニ関シ帝国ノ附シタル留保ヲ撤廃ス」.

156) 297쪽.

157) 『'종군 위안부' 관계자료집성』, 제1권, 87~94쪽.

158) 위의 자료집, 139~142쪽.

159) 「중국 도항 일본인 잠정처리에 관한 건(渡支邦人暫定処置ニ関スル件)」(1940.5.4. 방위성 연구소 자료).

160) 261~262쪽.

161) 267쪽.

162) 270쪽.

163) 『'종군 위안부' 관계자료집성』, 제2권, 147~149쪽.

164) 321~322쪽.

165) 문옥주, 모리카와 마치코, 『문옥주—버마 전선 방패사단의 '위안부'였던 나』(일어판, 1996), 28~30쪽.

166) 사이트, '조부의 증언', https://testimony-of-grandfather.webnode.jp/

167) 324쪽.

168) 문옥주, 모리카와 마치코, 18쪽.

169) 시마다 도시히코(島田俊彦), 『관동군 재만(在滿) 육군의 독주』(1965, 2005〈재발행〉), 222쪽.

170) 秦郁彦, 97쪽.

171) 위의 책, 100쪽.

172) 위의 책, 100쪽.

173) 위의 책, 100쪽.

174) 문옥주, 모리카와 마치코, 33쪽.

175) 위의 책, 36쪽.

176) 위의 책, 36~37쪽.

177) 322쪽.

178) 문옥주, 모리카와 마치코, 56~57쪽.

179) 위의 책, 57쪽.

180) 호사카 유지 편저, 『일본의 위안부 문제 증거자료집1』(2018, 황금알), 350쪽.

181) 위의 책, 352쪽.

182) 문옥주, 모리카와 마치코, 64쪽.

183) 위의 책, 76쪽.

184) 위의 책, 81쪽.

185) 위의 책, 89쪽.

186) 위의 책, 97쪽.

187) 322~323쪽.

188) 문옥주, 모리카와 마치코, 74쪽.

189) 위의 책, 112쪽.

190) 323쪽.

191) 문옥주, 모리카와 마치코, 104쪽.

192) 위의 책, 114쪽.

193) 324쪽.

194) 문옥주, 모리카와 마치코, 45쪽.

195) 안병직, 40쪽.

196) 323쪽.

197) 문옥주, 모리카와 마치코, 117쪽.

198) 325쪽.

199) 문옥주, 모리카와 마치코, 118쪽.

200) 325~326쪽.

201) 326쪽.

202) 문옥주, 모리카와 마치코, 126쪽.

203) 위와 같음.

204) 위의 책, 128쪽.

205) 326쪽.

206) 문옥주, 모리카와 마치코, 150~167쪽.

207) 337쪽.

208) 문옥주, 모리카와 마치코, 168쪽.

209) 위의 책, 175쪽.

210) 338쪽.

211) 문옥주, 모리카와 마치코, 176쪽.

212) 위의 책, 172쪽.

213) 337쪽.

214) 아시아역사자료센터, 레퍼런스코드=A03020700700, 문서명=御署名原本・明治40
年・法律第45号・刑法改正.

215) 300쪽.

216) wam, https://wam-peace.org/ianfu-koubunsho/list/k-all-list.html, 189번째 문서.

217) 아시아 역사자료센터, https://www.jacar.archives.go.jp/, 레퍼런스코드
=C13070262500

218) 한겨레신문: 2019.12.9. http://www.hani.co.kr/arti/politics/diplomacy/920008.html

219) 303쪽.

220) 303쪽.

221) 『'종군 위안부' 관계자료집성』, 제5권, 205쪽.

222) 303쪽.

223) 303쪽.

224) 301쪽.

225) 『'종군 위안부' 관계자료집성』, 제1권, 447~450쪽. "쇼와 13년(1938) 재류 일본인 특종
부녀의 상황 및 그 단속과 조계당국의 사창 단속 상황"

226) 301쪽.

227) 304쪽.

228) 304쪽.

229) 304쪽.

230) 304쪽.

231) 304쪽.

232) 304쪽.

233) 304쪽.

234) 305쪽.

235) 311쪽.

236) 311쪽.

237) 312쪽.

238) 312쪽.

239) 328쪽.

240) 328쪽.

241) 328쪽.

242) 328쪽.

243) 328쪽.

244) 328쪽.

245) 328쪽.

246) 329쪽.

247) 329쪽.

248) 330쪽.

249) 334쪽.

250) 340~341쪽.

251) 340쪽.

252) 346쪽.

253) 346쪽.

254) 347쪽.

255) 351쪽.

256) 353쪽.

257) 秦郁彦, 374쪽.

258) 위의 책, 374쪽.

259) 『朝鮮を知る辞典』(1986, 平凡社), 189쪽.

260) 『국사대사전』(吉川弘文館) 제9권, 614쪽.

261) 한겨레신문, 2018.2.27.

262) 위의 기사.

263) 366쪽.

264) 367~368쪽.

265) 370쪽.

266) 370~371쪽.

267) 371쪽.

268) 372~373쪽.

269) 372~373쪽.

270) 372쪽.

271) 372쪽.

272) 373쪽.

273) 153쪽.

274) 169쪽.

275) 160쪽.

276) 호사카 유지, 『우리 역사 독도』(2009, 책문), 103쪽.

277) 160쪽.

278) 153쪽.

279) 151쪽.

280) 157쪽.

281) 154쪽.

282) 『태종실록』 권23, 태종 12년 4월조.

283) 『태종실록』 권33, 태종 17년 2월조.

284) 『세종실록』 권82, 세종 20년 7월조.

285) 『세종실록』 권153, 지리지, 강원도, 삼척도호부, 울진현.

286) 『대한민국 독도』(2010, 책문), 117~120쪽.

287) 『우리 역사 독도』, 226~238쪽.

288) 161~162쪽.

289) 『우리 역사 독도』, 194~198쪽.

290) 『숙종실록』 권30, 숙종 22년(1696) 9월 25일.

291) 164쪽.

292) 『증보문헌비고』 권31, 여지고 19.

293) 『고종실록』, 고종 19년 4월조.

294) 『대한민국 독도』, 19~30쪽.

295) 165쪽.

296) 165쪽.

297) 166~167쪽.

298) 169쪽.

299) 169~170쪽.

300) 신용하 편, 『독도영유권 자료의 탐구3』(2000, 한국독도보전협회), 383쪽.

301) 1951년 8월 7일자 극동위원회 회의록 메모, 평화조약 제2조 관련 부분(국사편찬위원회 보관자료).

302) 171쪽.

303) 171쪽.

304) 255쪽.

305) 『백세시대』, 2018.11.23.

306) https://i-rich.org/?p=297